Salvador
ALLENDE
UNA ÉPOCA EN BLANCO Y NEGRO

EL PAIS AGUILAR

Título original: Salvador Allende. Una época en blanco y negro.
Editores: *Fernando Diego García y Oscar Sola*

Dirección del proyecto: *Fernando D. García*
Relato: *Alejandra Rojas*
Diseño: *Sebastián García y Daniela Rossi*
Investigación iconográfica y supervisión histórica: *Fernando D. García y Oscar Sola*

Editora asociada: *Valeria Satas (Argentina)*
Asistentes de investigación: *Alicia Salomone (Chile), Mark Healey (EE.UU.)*
Asistente de producción: *Isabel Larraín (Chile)*

Colaboradores especiales: *Silvina Der-Meguerditchian (Alemania), Santiago Nonini (Francia)*
Digitalización de imágenes: *Fabio Massaro (Argentina), Adalberto Roque (Cuba),*
Sergio Barros (Chile)

© 1998, Fernando D. García, O. Sola
E-mail: editor@berlin.snafu.de
© De esta edición: 1998, Aguilar, Altea, Taurus, Alfaguara S.A.
Beazley 3860. 1437 Buenos Aires

Santillana S.A.
Juan Bravo 38. 28006 Madrid
Aguilar Chilena de Ediciones Ltda.
Pedro de Valdivia 942. Santiago de Chile, Chile
Ediciones Santillana S.A.
Javier de Viana 2350. 11200 Montevideo, Uruguay
Santillana de Ediciones S.A.
Avenida Arce 2333, Barrio de Salinas, La Paz, Bolivia
Santillana S.A.
Prócer Carlos Argüello 288, Asunción, Paraguay
Santillana S.A.
Avda. San Felipe 731 - Jesús María, Lima, Perú

ISBN: 950-511-386-2
Hecho el depósito que indica la ley 11.723.
Impreso en Argentina. Printed in Argentina
Primera edición: agosto de 1998.

Salvador

Salvador
ALLENDE

UNA ÉPOCA EN BLANCO Y NEGRO

Investigación iconográfica y edición:
Fernando Diego García y Oscar Sola

Relato:
Alejandra Rojas

Diseño:
Sebastián García y Daniela Rossi

Prólogo de
Isabel Allende

ALLENDE

Agradecemos en primer lugar a la Fundación Salvador Allende y especialmente a su presidenta, María Isabel Allende. Contra un sinnúmero de dificultades, la FSA ha asumido durante los últimos años la imprescindible tarea de reunir materiales dispersos para contribuir a la reconstrucción histórica de la figura de Salvador Allende, su vida y su tiempo. Nuestra búsqueda en el archivo de la Fundación habría sido infinitamente menos productiva sin la colaboración y paciencia de Teresa Rubio Farías.

Queremos agradecer especialmente a Alejandro Labado, quien empujó la idea de este proyecto en su fase inicial con más fuerza y convicción que nadie.

No podemos dejar de mencionar a Magdalena Figueroa, cuyo concurso nos abrió numerosas puertas para la realización de este libro.

En Chile pudimos contar con el apoyo decisivo de varias instituciones. El Centro de Documentación de la Editorial COPESA nos abrió generosamente sus archivos; nuestro agradecimiento en particular para su directora, María Soledad de la Cerda, y sus colaboradores. Lo mismo vale para Alejandro Witker, director del ELCO-Archivo Salvador Allende de Concepción.

Luis Ladrón de Guevara nos facilitó fotografías provenientes de los álbumes destruidos de la familia Allende. Luis Poirot también preservó de la destrucción algunas de esas fotografías, que partieron con él al exilio. Nos aportó además, con sus propias fotos, un panorama multifacético y conmovedor de treinta años de historia de Chile.

Algunos de los fotógrafos que han colaborado con nosotros en este libro sólo lograron salvar parte de su trabajo de la destrucción o el secuestro. Luis Lagos, quien acompañó a Allende durante más de una década, no tuvo esa suerte, pero no queremos dejar de mencionarlo. Reconocemos nuestra deuda con todos los entrevistados que entregaron su testimonio y su tiempo para resolver infinidad de inquietudes pendientes. En forma especial, agradecemos a Víctor Pey, Ramón Huidobro, Eduardo Grove, Arturo Jirón, Jacques Chonchol, Luis Corvalán, Jorge Arrate, Patricio Guzmán, Alfredo Jocelyn-Holt, Manuel Cabieses Donoso, José Balmes, Isabel Jaramillo, Carlos Jorquera, Olga Corssens, Benjamín Viel, Andrés Pascal Allende, Faride Zerán, Diana Veneros, Douglas Hübner y póstumamente a Clodomiro Almeyda.

Agradecemos finalmente a Moy de Tohá, Joan Jara, Antonio Larrea, Jorge Montealegre, Juan Domingo Marinello, Marcelo Montecino; Gustavo Leiva, del Museo Histórico Nacional; José Moreno, del Depto. Fotografía de la U. de Ch.; Carmen Gloria Acevedo, de la Biblioteca del Congreso, la revista *Punto Final*.

En Francia, queremos agradecer especialmente a Costantin Costa-Gavras. En Cuba, a Manuel Martínez de Prensa Latina. En Alemania, Thomas Billhardt, quien fue testigo de los primeros tiempos del gobierno de Salvador Allende; Matthias Remmert, del equipo de documentalistas de la RDA, Studio Heinowski y Scheumann, que rodó en Chile en los últimos meses de la UP; Christian Dertinger y la gente del FDCL de Berlín; el Instituto Iberoamericano SPKB.

De un modo personal, Alejandra Rojas quiere agradecer a Nilda Astudillo por hacerse cargo sufridamente del sistema de Archivos y Bibliotecas. A Carlos Orellana, a Ascanio Cavallo, a Olivia Cook, por su generosidad bibliográfica y sus invaluables aportes. A Tomás Moulian, por compartir el saber tanto como la incertidumbre en la medida justa de su compromiso. Finalmente, a Fernando Villagrán, por el apoyo invariable y la lectura paciente, pero sobre todo por dar una razón para emprender este impostergable itinerario de regreso.

ÍNDICE

9   PRÓLOGO

14   INDICIOS

16   EL SEGUNDO SALVADOR

26   CONTRA LA CORRIENTE

34   LA IZQUIERDA UNIDA...

46   ECOS TROPICALES

60   VENCEREMOS

70   VIRTUAL REALITY

74   EN PRIMAVERA Y DE FIESTA

88   LA BATALLA DE PAPEL

100   ALFOMBRA ROJA, UNIFORME VERDE

104   LA CULTURA DEL HOMBRE NUEVO

116   LOS RUSOS BLANCOS DE AMÉRICA

124   AVANCES, TROPIEZOS Y ZANCADILLAS

134   ARDIENTE IMPACIENCIA

146   UN CORO DE OLLAS VACÍAS

162   LA VUELTA AL MUNDO EN 14 DÍAS

168   EL OCASO

186   PLANES SEDICIOSOS EN BUSCA DE UN AUTOR

190   LA ÚLTIMA ESCENA

207   IN MEMORIAM

230   CRONOLOGÍA

234   BIBLIOGRAFÍA

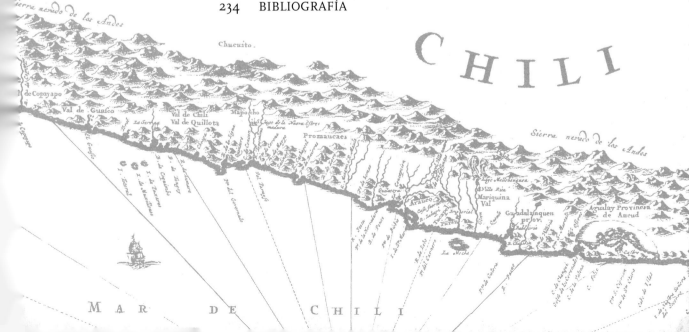

PRÓLOGO

Algunos recuerdos de Salvador Allende

por *Isabel Allende*

¿Nacemos marcados por el destino? ¿O hacemos el destino al andar? Esta pregunta, que todo escritor se hace al crear un personaje, me viene siempre a la mente cuando pienso en Salvador Allende y en otros, como él, que asumen la tarea de movilizar la historia. En una novela los protagonistas tienen vida propia, crecen, actúan y sienten en las páginas, apoderándose del texto. Ellos determinan los acontecimientos. En la vida real, la gran novela de la humanidad está escrita por esos hombres y mujeres extraordinarios cuyo papel –o destino– es producir cambio. Se les puede juzgar como héroes o villanos, pero sin ellos no se escribe la historia.

Salvador Allende fue uno de esos protagonistas: héroe para algunos, villano para otros, pero sin duda un hombre excepcional. No se puede escribir la historia de Chile, de América latina o del siglo XX, sin otorgarles el sitial que les corresponde. Como casi todos los grandes personajes, estaba lleno de contradicciones que a nadie dejaban indiferente. Para unos representó la esperanza de una sociedad más justa, para otros encarnó el peligro del marxismo. Le correspondió actuar en tiempos de la Guerra Fría, en una época desgarrada por los extremos irreconciliables del capitalismo y del comunismo. Cuando fue elegido presidente de Chile en 1970 los ojos del mundo entero se posaron en ese largo y angosto país al sur del mapa: por primera vez un marxista era elegido en limpia votación democrática. De inmediato las fuerzas de la oposición en Chile, apoyadas por la Central de Inteligencia de los Estados Unidos, iniciaron una guerra feroz para acabar con el experimento de Allende y con los sueños socialistas de millones de hombres y mujeres en América latina.

Mis primeros recuerdos de Salvador Allende se remontan a la infancia, cuando partíamos de excursión con su familia –incluyendo dos perros enormes–, mi madre y mis hermanos al cerro San Cristóbal, que entonces era medio salvaje y hoy es un parque. Mi padre había desaparecido de mi vida muy temprano y su imagen iba desdibujándose día a día para mí: así, el único vínculo con mi familia paterna fue Salvador Allende, ese hombre generoso y exigente, que nos obligaba a seguirlo en su desenfrenada carrera hacia arriba. Entonces él ya era un político renombrado, el diputado más combativo de la izquierda y blanco del odio de las fuerzas conservadoras del país, pero para nosotros se trataba sólo de un tío más en una familia numerosa. Subíamos a duras penas por senderos mal trazados entre malezas y pastizales, acarreando pesados canastos con provisiones y chales de lana. Nos instalábamos en la cima mirando la ciudad de Santiago tendida a nuestros pies. A veces se escuchaba el rugido ronco y lejano: era el león del Zoológico, enjaulado no lejos de allí. Después de dar cuenta de los comestibles con épica glotonería, descendíamos corriendo, empujándonos, rodando por las partes más abruptas, Salvador Allende, siempre adelante con los perros; su hija Carmen Paz y yo, siempre las últimas. Para mí ese paseo era una mezcla de esfuerzo, temor y fascinación.

Creo que así puedo definir la impresión que ese tío, primo hermano de mi padre, provocaba en mí. Cada vez que estuve en su presencia, aun en los más relajados almuerzos campestres, debía realizar un portentoso esfuerzo –siempre insuficiente– por estar a la altura de la conversación política y del desafío intelectual. Ante él me debatía entre el temor a parecer ignorante y la fascinación que su personalidad ejercía sobre todos los presentes. Resultaba difícil resistir ese embrujo, que incluso sus peores enemigos reconocían: durante el golpe militar los generales se negaron a hablar con él cara a cara, porque –según se publicó posteriormente– "puede darnos vuelta". Tenía ángel, una fuerza interior capaz de cautivar por igual a las muchedumbres en la calle, a sus colegas y contrincantes en el Congreso y a cada persona que estrechaba su mano.

La misma fuerza vital, tenacidad y perseverancia que lo impulsaban a llegar primero a la cima del cerro San Cristóbal lo mantuvieron más de treinta años en una carrera de obstáculos para cumplir un sueño de justicia e igualdad para Chile.

Las exigencias de esa tremenda tarea le crearon el hábito de dormir poco. Empleaba buena parte de la noche en leer, estudiar y jugar interminables partidas de ajedrez. Agotados por sus bríos, sus colaboradores no podían seguirlo y debían turnarse; él les exigía dedicación total, sin contemplar horarios, vacaciones o feriados. Carlos Cortés, ministro de la Vivienda y Alcides Leal, subsecretario de Relaciones Exteriores durante la presidencia de Allende, murieron en sus cargos. Otros se extenuaron, como Antonio Benedicto, que salió en camilla del despacho presidencial, y Osvaldo Puccio, su secretario privado por décadas, quien sufrió más de un infarto en su oficina. No era fácil trabajar con él. Su chofer, Mario, lo sabía bien. Delgado, pálido, peinado a la gomina, muy discreto, Mario soportaba a Allende a su lado dirigiéndolo: ¡frena! ¡acelera! ¡luz roja! En una ocasión, durante una gira política, estaban los dos cenando en un restaurante popular y Allende le preguntó:

—¿Qué haces tú después que me dejas en el hotel, Mario?

—Si quiere que le diga la verdad, compañero, después que lo dejo a usted salgo con un tarro de pintura a escribir en las murallas ¡Muera Allende! —replicó sobriamente el chofer.

El mismo Salvador repetía esta historia, encantado. Era irónico, incisivo y rápido en las respuestas, no perdía oportunidad de hacer un chiste. A primera vista parecía arrogante, porque tenía gran sentido de la dignidad y exigía respeto por su cargo, primero como parlamentario y después como presidente. En ese aspecto no aceptaba bromas, pero en el plano personal no tenía inconveniente en ser blanco de ellas. Dicen que muchos chistes que circulaban sobre su persona los inventaba él mismo; en todo caso, los contaba y se reía de buena gana. También tenía frecuentes arrebatos de mal humor, que él llamaba "allendadas"; sin embargo, pocos le guardaban rencor, porque se disculpaba con prontitud y simpatía.

Su temperamento explosivo lo indujo a batirse a duelo con Raúl Rettig, senador radical a quien más tarde, durante su gobierno, nombró embajador en Brasil. El asunto comenzó con un debate acalorado en el Congreso y terminó con ambos duelistas vestidos de oscuro, con corbata y sombrero, provistos de sendos pistolones. Estaban dispuestos a morir por el honor, pero afortunadamente no fue necesario, porque ambos tenían pésima puntería. Más tarde Allende afinó la suya y llegó a tener algunas armas en su casa, que dieron pie a sus detractores para acusarlo de poseer un arsenal.

Recuerdo una ocasión, durante su presidencia, cuando fui invitada con mis padres a la casa de campo donde solía descansar los domingos. Después de un almuerzo muy sencillo vimos absurdas películas de vaqueros, que a él lo relajaban. En unos dormitorios en el patio vivían jóvenes guardaespaldas voluntarios, llamados por Allende *grupo de amigos personales* (GAP) y, por sus opositores, simples guerrilleros y terroristas. El gobierno de Allende estuvo marcado por la amenaza permanente de asesinarlo y por un estado de violencia latente, desconocido hasta entonces en Chile. Los GAP rondaban alertas, armados y dispuestos a protegerlo con sus propios cuerpos. Ese día, él intentó enseñarnos a disparar al blanco con un fusil, regalo de Fidel Castro, el mismo que encontraron junto a su cadáver el día del golpe militar. Yo nunca había tenido un arma en mis manos y había crecido con el dicho de mi abuelo: "Las armas las carga el diablo". Cogí el fusil como si fuera un paraguas, lo moví torpemente y apunté al presidente entre los ojos. De inmediato se materializó en el aire uno de esos guardias, me saltó encima y rodamos por el suelo.

Salvador Allende era un amigo leal y un adversario benevolente, tal vez porque se sentía invulnerable a la maldad ajena. Su exagerado sentido de la amistad permitía a algunos de sus enemigos políticos considerarse sus amigos personales. Al conocerlo se llegaba a apreciarlo, aunque no se compartieran sus ideas. Proyectaba una imagen de honestidad y franqueza. Tenía la sonrisa fácil, la voz precisa y una mirada apasionada, capaz de hipnotizar al interlocutor. De estatura mediana, ágil, caminaba muy erguido, tal vez con la intención de verse más alto. Era frugal, cuidaba su salud y bebía poco, contrariamente a lo que intentaron divulgar sus adversarios. Un amigo lo proveía de pequeñas botellas de su vino tinto preferido, que él guardaba celosamente. Generoso por todo lo demás, se portaba como un avaro con ese vino y los helados de coco que solía enviarle Fidel Castro desde Cuba. Hablaba con sencillez, sin recursos inútiles y con gran conocimiento del alma humana; nadie podía pretextar no haberlo comprendido. Poseía velocidad mental, intuición y encanto. Su sentido de la hidalguía rayaba a menudo en lo quijotesco. Durante su primera campaña presidencial en 1952, vio a un hombre golpeando a una mujer en un camino. Sin vacilar detuvo el vehículo, se bajó y de un puñetazo lanzó al hombre al suelo. Víctima y victimario lo reconocieron y lo insultaron por intervenir en una pelea de esposos: "Por intruso perdió dos votos, doctor", le gritaron. En esa época los votos de izquierda se contaban de a uno.

Lo acusaban de ser "hombre de mujeres" y posiblemente lo fue, porque sabía apreciarlas y atraerlas. Fue el primero en darse cuenta de que el voto femenino era decisivo y se esmeró en conquistarlo, sin embargo uno de los peores obstáculos de su gobierno fue el miedo inculcado en las mujeres por la derecha política. Las campañas de terror amenazaban con la destrucción de la familia, el aniquilamiento de la religión y mostraban niños chilenos raptados por soldados soviéticos. Tuvieron un efecto devastador.

A sus hermanas Laura e Inés lo unía un vínculo de inmenso cariño y afinidad de metas e ideales. Se casó con Hortensia Bussi, quien lo acompañó en los altibajos de su carrera sin flaquear jamás. Tuvieron tres hijas, Beatriz, Isabel y Carmen Paz, criadas en el rigor de una intensa vida pública y política. Hortensia y Salvador Allende formaban una pareja refinada, a cuya casa acudían artistas e intelectuales del mundo entero. En su biblioteca había muchos libros dedicados por los autores, en los muros colgaban cuadros regalados por pintores célebres y fotografías firmadas por las personalidades de la época. En un lugar de honor estaba la de Ho Chi-Minh, por quien Allende sentía una gran admiración. La casa de la calle Guardia Vieja, donde vivieron por más de veinte años, tenía modestas proporciones, pero estaba decorada con buen gusto, llena de obras de arte, alfarería precolombina y plantas; la puerta, siempre abierta a los amigos. La afición por la ropa de buena factura le dio a Allende fama de "pije" (cursi, en Chile), lo cual fue duramente criticado por sus propios partidarios, entre quienes estaba de moda vestir lo más informal posible. El periodista yugoslavo Bjuka Julius fue a entrevistarlo vestido con una chaqueta que a él le gustó mucho. Ofreció comprarla, pero el otro no quiso venderla. Dos días después, Allende se la llevó del cuarto del hotel donde se hospedaba, dejando en su lugar una tarjeta, que el asombrado Julius aún conserva.

Su testarudez, fastidiosa en la vida diaria, le sirvió de mucho en su carrera política. Nunca dudó de que estaba señalado para un gran destino y eso le confería seguridad, alegría y temple, tanto en el éxito como en la derrota. En 1952, la primera vez que postuló a la presidencia, sacó tan pocos votos que parecía un chiste. La noche de la elección, mientras sus partidarios se lamentaban en la Casa del Partido, él les dijo sonriente y tranquilo que el triunfo era seguro, pero faltaban muchos años de lucha y lo importante era ganar conciencias. Dieciocho años después les recordaría sus palabras, cuando la banda tricolor cruzó su pecho.

Poseía una increíble habilidad para negociar y dar vuelta en su favor cualquier situación crítica. Hasta el último instante, mientras caían las bombas sobre La Moneda, todos esperaban que sacara un as de la manga y transformara la tragedia en victoria. En 1960, siendo presidente del Senado, asistió a una concentración en la mina de cobre de El Teniente, al sur de Santiago. En medio de una silbatina hostil, un minero se apoderó del micrófono para decir que Allende se desinfectaba la mano con agua de colonia después de estrechar la de un obrero. Sin perder el aplomo, él respondió: "No diga tonterías, compañero; ¿no sabe que sólo me echo colonia cuando voy a ver a una mujer?". Una salva de aplausos acogió su bravata, porque para el pueblo chileno el amor por las mujeres es signo de hombría.

Las más notables virtudes de Salvador Allende fueron la nobleza y el valor, que mantuvo aun en los arduos momentos finales. Se puede juzgar su criterio político de maneras diversas, pero no se puede cuestionar su rectitud como ser humano ni reprocharle una mezquindad. Tanto así, que los generales golpistas echaron un manto de olvido sobre su nombre ante la imposibilidad de desprestigiarlo a los ojos de su pueblo o del mundo. En los primeros bandos militares después del golpe, los generales declararon que Allende, borracho, se había suicidado de vergüenza no sólo por el fracaso de su gobierno, sino porque las honorables Fuerzas Armadas habían descubierto sus depósitos de armas, su despensa llena de alimentos y licores, su corrupción y sus bacanales, como demostraba una serie de fotografías pornográficas que por decencia no podían exhibir. La campaña de difamación tuvo un efecto tan contrario a lo esperado, que duró tan sólo unas horas. Prefirieron no volver a nombrar a Salvador Allende.

Los últimos días antes del golpe militar la situación en Chile resultaba insostenible. Allende se encontraba sobre un polvorín y lo sabía. Se veía demacrado, inapetente, insomne, preocupado tan sólo por conciliar las fuerzas antagónicas que desgarraban a su patria. La última vez que lo vi con vida, poco antes del final, comimos en familia en su casa. Reinaba un clima de pesadumbre, porque todos presentíamos el desenlace. Los periódicos de derecha publicaban grandes titulares exigiendo su renuncia y su exilio, insinuando que se suicidara y pidiendo a los chilenos que "juntaran odio". En la mesa, el presidente dijo: "No renunciaré. No traicionaré al pueblo. De La Moneda saldré cuando termine mi período constitucional o me sacarán muerto".

Pocos días más tarde, el 11 de septiembre de 1973, se rebelaron los generales de las Fuerzas Armadas y Carabineros y se tomaron el poder a sangre y fuego. Hubo muy poca resistencia. No existían los armamentos rusos en manos del pueblo, los arsenales clandestinos, los guerrilleros cubanos ni los soldados soviéticos en Chile, como tanto se había dicho. Con implacable eficacia, los generales terminaron en menos de veinticuatro horas con un siglo de trayectoria democrática e iniciaron un régimen de terror que habría de cambiar para siempre la fisonomía de Chile y de los chilenos. Salvador Allende murió en La Moneda. Poco antes de morir se dirigió por última vez al pueblo a través de la única emisora de radio que no estaba aún en manos de los militares sublevados. Su voz era tan pausada y firme, sus palabras tan precisas y proféticas, que esa despedida no parece el postrer aliento de un hombre que va a morir, sino el saludo digno de quien entra para siempre en la Historia. Se cumplía su destino.

¿Quién fue Salvador Allende? No lo sé y sería pretencioso de mi parte intentar decribirlo en estas pocas páginas; se necesitarían varios volúmenes para examinar su compleja personalidad y su papel como estadista y revolucionario. Tampoco intento analizar su trayectoria política; eso corresponde a otros mucho más capacitados que yo. Pero no puedo olvidarlo... Como los grandes personajes de algunas novelas memorables, me persigue, me pena. Aún hoy, después de tanta vida y tantas pérdidas, de tanto esfuerzo y tanta nostalgia, de tantos libros escritos y tantos amores desgarrados, su memoria me conmueve profundamente.

Este hombre extraordinario me dejó una invaluable herencia: el orgullo de llevar su sangre y su apellido.

INDICIOS

Asentamiento El Chorrillo, 1970.

C hile aparece en su memoria como una herida. ¿Qué era, antes de comenzar a ser? Para el resto del mundo, nada. Un borde en un mapa inexistente, una anécdota improbable, el signo de un interrogante que nadie se ha interesado en formular. Con visión retrospectiva: un puñado de pueblos originarios imprimiendo su lenta huella sobre una falla geográfica. Para entrar en el lenguaje, el lenguaje desde el que hoy se piensa a sí mismo, para tener nombre, para escribir su historia, necesita de un choque ensordecedor. Flechas y balas. Treguas, asaltos y masacres. Sin victoria y sin derrota, este Chile simplemente no sería. Por partida de nacimiento está condenado a hacerse cargo de ese acto de violencia original. Entre vencidos y vencedores habrán de construir una promesa de conciencia nacional, una pálida sospecha de identidad. Estos dos linajes pueden cambiar de nombre, cruzarse para agregar nuevos términos a la ecuación, reinventar la fórmula de sus relaciones, acortar o extender la distancia: jamás llegarán a suprimirla. Bajo un lenguaje apenas compartido y una fe inoculada a punta de carabina, se esconde el áspero ejercicio del poder. Dominio y sometimiento. Nosotros o ellos. Herederos del trauma de fundación a ambos lados de la diferencia. Trescientos años de colonia no pretenden ni consiguen modificar el tejido social, la Guerra de la Independencia significa una liberación de la tutela española, no la reinvención de Chile. No importa cuántas veces se licite el sillón presidencial, ni quien lo reciba: la grieta tiende a reproducirse.

Ésta es la genealogía de nuestro sistema de castas, y no sólo afecta a Chile. Sin embargo, por razones difíciles de objetivar, Chile siempre se ha imaginado como el alumno superdotado de la civilización occidental. Un islote de serenidad en medio de las ardientes pasiones, la Suiza del Cono Sur, los ingleses de Sudamérica. ¡Cuántas veces no se ha puesto a sí mismo como ejemplo de estabilidad para sus vecinos! Sólo de ese país imaginario podía nacer una concepción imaginaria de la dinámica del poder que desafiara todas las teorías vigentes. Porque aunque la historia todavía no lo supiera, aunque no existiera el lenguaje para describir lo que sería, la "vía chilena hacia el socialismo" suponía dar dos saltos mortales en lo desconocido. Por una parte, superar la herida original sin recurrir al trauma refundante. Por otra, evitar el estancamiento del poder y la generación de una nueva aristocracia de burócratas. Si bien pocos la entienden en toda su rareza, ésa fue la propuesta de Salvador Allende; ése, el empeño de la Unidad Popular. Aun para la década de los '70, era una empresa de incalificable dificultad. Lo habría sido incluso contando con una aplastante mayoría, una coalición partidaria tan disciplinada como el Ballet Bolshoi y una oposición bajo anestesia general. Salvador Allende lo in-

tentó sin mayoría absoluta, con el apoyo de partidos con serias discrepancias entre sí, a la sombra de un enemigo implacable. Por si esto no bastara, al mismo tiempo que él defendía la vía pacífica, un voluntarioso grupo rebelde trataba de imponer su propia idea de revolución.

Ésta puede parecer una aproximación irreverente a lo que fue el gobierno de Salvador Allende; quizá sea precisa una aclaración. Los mil días de la Unidad Popular pueden juzgarse como una epopeya o como una comedia, pero nunca como una tragedia. Plagados de errores tácticos, de miopía política, a veces de desquiciante soberbia, fueron un ejercicio de la libertad, con todos los riesgos que la libertad conlleva. La tragedia comenzó el 11 de septiembre de 1973 y, para tener alguna objetividad, es preciso delimitar territorios. Ni el gobierno de Allende es responsable de la crueldad del régimen de Pinochet, ni los crímenes de la dictadura eximen a la Unidad Popular de sus falencias. Sin suspender la compasión, sin renunciar a las inevitables simpatías, seguiremos condenados a la alabanza cómplice. Pero desprovistos de compasión y simpatía, resultaría imposible abordar esta inédita producción cuyo *unhappy ending* nos ha entregado una de las lecciones más amargas sobre el precio del ejercicio democrático. La tradición culta y civilizada, de la que Chile se sentía tan orgulloso, era como esas cartas de navegación de la Edad Media. Más allá de los límites de lo conocido se escondía el horror primordial en estado puro.

EL
SEGUNDO
SALVADOR

¿ Quién fue este hombre que se creyó capaz de conseguir lo imposible? Nada más equivocado que suponerlo un aventurero romántico, un advenedizo que quiso tomar la historia por asalto. La vida de Salvador Allende fue una larga preparación para la presidencia. Casi medio siglo de desarrollo político a la búsqueda de un socialismo ecléctico que pudiera encuadrarse en la tradición nacional que él encarnaba mejor que nadie. Su simple árbol genealógico es una taquigrafía de los grandes hits de la historia. Tres de sus bisabuelos Allende Garcés participaron en la fundación misma de la patria: uno, como comandante de la guardia personal de O'Higgins, el institucionalista; dos, con los Húsares de la Muerte, el movimiento guerrillero de su tiempo. Prehistóricos conflictos de "vías". Su bisabuelo Vicente Padín fue decano de la Facultad de Medicina de la Universidad de Chile y fundador del Hospital San Vicente de Santiago. Su abuelo Allende Padín sirvió como médico en la Guerra del Pacífico, aquella larga disputa con Bolivia y Perú, que significó la anexión a Chile de las salitreras del norte. Hoy las oficinas mineras son poco más que fantasmas abandonados a su nostalgia, pero hasta la Primera Guerra Mundial, el salitre era la base de todos los sueños de progreso de Chile, la plataforma de un pequeño imperio, el caucho de nuestro Manaos... El intento de nacionalizarlo fue una de las causas de la Guerra Civil de 1891, donde murió otro pariente ilustre de Allende: su tío Arsenio Segundo Gossens. Para concluir la épica familiar, su padre, Salvador Allende Castro, participó como teniente-artillero en la batalla de Con Cón, de la misma guerra.

Más que una disposición genética a dar la vida por los ideales, de su lado paterno Salvador heredó un intransigente –a veces asfixiante– sentido del deber. Su abuelo Ramón Allende Padín aportó su beligerante rectitud, la filiación a la masonería, de la cual era Serenísimo Gran Maestre, las ideas progresistas... Por algo lo llamaban "el Rojo" Allende, apodo

Yo estuve diez años en Tacna y vine dos veces a Santiago. La primera, cuando Chichito tenía cuatro años y medio, me lo traje a la inauguración de la gran tienda Gath & Chaves. Ahí le compré un traje de marinero que le quedó de lo más mono. También le saqué una foto que siempre he guardado como hueso de santo.

Recuerdos de la Mama Rosa, institutriz de Salvador.

Abuelo ejemplar. Médico, masón y radical, Ramón Allende Padín entregó su cuota de coraje en la Guerra del Pacífico.

que encaró derechamente en su campaña a diputado de 1873: "Rojo, pues, ya que es preciso tomar un nombre y aunque éste me haya sido impuesto como infamante. Rojo, digo, estaré siempre de pie en toda cuestión que envuelva adelanto y mejoramiento del pueblo". Miembro del Partido Radical, Allende Padín fue uno de los grandes promotores de la separación de la Iglesia y el Estado, de la educación y los cementerios laicos, fundador de la primera Maternidad de Santiago, investigador en temas de salud pública, editor de un periódico llamado *Guía para el Pueblo y el Deber*. Para Salvador, un modelo difícil de superar. El legado del "Rojo" Allende, sin embargo, no se extendió a los bienes materiales. Su práctica profesional fue un caso típico de apostolado: cuando sus pacientes no podían pagar, no les cobraba; si faltaban medicamentos, los compraba con su propio dinero; si alguno necesitaba frazadas, para eso estaban las su-

yas... El camino más corto para conseguir admiradores incondicionales y quedar en la ruina. En su vejez, la logia masónica debió regalarle la casa en que vivía y otra más para que dispusiera de una pequeña renta. En la segunda casa creció el pequeño Salvador, cerca de ese ejemplo lacerante de renuncia. Para el futuro líder, la conciencia del privilegio sólo sería aceptable como una culpa a superar. Ésta es la versión oficial que figura a menudo en las biografías. Sin embargo, arañando la superficie aparece una curiosa incongruencia. Sabemos que el abuelo Allende Padín murió a los cuarenta años, por lo tanto no hubo tal vejez de asceta; sabemos que su ataúd fue portado por ilustres de su tiempo, entre los que se contaba el futuro presidente José Manuel Balmaceda. Dicho con mayor claridad, sabemos que la influencia más grande en la vida de Salvador, el lacerante ejemplo de renuncia, había muerto ya en 1884, veinticuatro años antes de que su nieto naciera. No fue un hombre sino el relato de un hombre el que marcó esta incipiente conciencia política. Un fantasma, con lo que todo fantasma tiene de simulacro.

Su padre, el abogado Salvador Allende Castro, fue también masón y radical, fórmula segura de los caballeros de entonces. Sea por profesión o por temperamento, su trayectoria no estuvo marcada por el mismo espíritu de sacrificio del viejo Allende Padín. Brillante, incisivo, gozador de la vida y las mujeres hermosas, fue más conocido por su encanto social que por su compromiso político, aunque tuvo una participación relevante en las negociaciones diplomáticas que concluyeron con el trazado de la "línea de la Concordia", límite imaginario entre Chile y Perú, en 1929. Registra el anecdotario que durante la campaña del plebiscito para resolver la situación de Tacna –pendiente desde la Guerra del Pacífico– se dio el gusto de insultar al dictador peruano mediante un soneto en apariencia elogioso que escondía un virulento acróstico: Me Cago En Leguía. Una versión saneada de sus aptitudes poéticas se encuentra en su necrología publicada por *El Mercurio*, donde se destaca esa sensibilidad delicada que salía a la luz "cuando la galantería o la amistad le pedían el brindis serio o sentimental". Su éxito con el sexo opuesto tenía caracteres míticos –aunque nadie ha especificado cómo se forjó el mito– y de él puede haber heredado su proverbial galantería el futuro presidente. O, al menos, la inclinación retórica.

Por el lado de su madre concurría la otra vertiente de la sociedad chilena: agraria, formal y profundamente católica. Belga de nacimiento, el abuelo

Salvador Allende Castro, abogado, notario, payador y "hombre de hogar con ternuras exquisitas".

Laura Gossens Uribe. Piadosa y formal. Hasta su muerte, en 1964, fue una fuerte presencia en la vida de Salvador.

Arsenio Gossens recaló en el puerto de Concepción en busca de fortuna y, tras conquistar a una de las bellezas de la "alta sociedad", se hizo de algunas tierras e instaló una mercería en Lebu, dando chispa a la vida pueblerina con sus ideas consideradas de avanzada. Lebu, hay que decirlo, debe haber necesitado de bastante chispa en esos fines del siglo pasado, pues la visita de cualquier extranjero daba para páginas de cotilleo en la gaceta local. Por su parte, "de avanzada" era cualquier iniciativa que oliera a Partido Radical, incluso algo tan inocente como la fundación de un cuerpo de bomberos. Pero ni Gossens ni su bella esposa animarían por demasiado tiempo la vida del pueblo. En una época en que la supervivencia era un privilegio también para los notables, su hija Laura quedó huérfana siendo todavía adolescente. Dos años después vio a su hermano fusilado durante la Guerra Civil. Este itinerario de duelos habría hecho tambalearse la piedad más inconmovible, pero en el caso de Laura Gossens sólo logró consolidar su fe. En 1898 contrae matrimonio con Allende Castro para experimentar nuevos dolores: sus dos primeros hijos mueren a corta edad; Salvador antes de cumplir el año, Laurita con menos de tres. Como una negación de la pérdida volvería a repetir los nombres en los hijos menores, una ocurrencia digna de García Márquez, castigada por la fatalidad. El segundo Salvador y la segunda Laura mueren de un modo todavía más trágico.

Así, ya antes de su nacimiento, la mano del futuro presidente muestra varias líneas contradictorias.

Doña Laura lo acompañó en las campañas y sufrió bastante. Salvador tenía fama de comunista y a ella, que era muy católica, le decían: «¿Cómo usted, tan católica, tiene un hijo comunista?». Cuando una vez le preguntaron: «¿Cree usted que su hijo será un buen presidente?», les respondió con mucha sabiduría: «Si ha sido un buen hijo será un buen presidente».

Hortensia Bussi evoca a su suegra, Doña Laura Gossens de Allende.

Ni en dioses, reyes
ni tribunos,
está el supremo salvador.
Nosotros mismos
realicemos
el esfuerzo redentor.
La Internacional.

¿Incipientes Brigadas socialistas
o boy scouts? Con precoz sentido
del compromiso, Salvador se
cuadra en uniforme.

Cuna del líder: Valparaíso, 1908.
A su regreso, en 1921, comenzará
su educación política junto
a un viejo zapatero.

Por una parte el espíritu combativo de sus antepasados patriotas, junto a la vena progresista del estoico Allende Padín y los ideales laicos de la francmasonería. Súmese a esto la vertiente formal, el hábito de las tertulias y las fiestas, el culto de la vida amable y respetuosa, el profundo catolicismo de su madre, la retórica de salón de su padre... En una sola figura deben encarnarse todas las tensiones de la burguesía liberal, su apego a la tradición y su deseo de cambio. Una clase que no se experimenta a sí misma como "pueblo", pero reconoce la base de su bienestar en esa precaria existencia.

El 26 de junio de 1908 nace Salvador Allende Gossens, en el ocaso de una década sangrienta que ha presenciado los primeros ensayos de movilización popular y su infaltable castigo. Baste con recordar que sólo un año antes se produjo la matanza de Santa María de Iquique, una noche de San Bartolomé que enlutaría por años al movimiento obrero. Dos mil trabajadores, con sus mujeres y niños, fueron asesinados en la escuela donde se habían reunido para solicitar mejores condiciones de trabajo. La lección estaba clara: bajo la fina estampa de las tertulias liberales, Leviatán vigilaba atento sus intereses. Las primeras nociones del socialismo utópico habían sido formuladas ya a mediados del siglo XIX: Blanc, Proudhon y Fourier, en boca de los adelantados locales, que traían de contrabando el germen de la agitación junto con los brocatos y terciopelos para esos salones llenos de nostalgia europea. Pero no fue sino hasta principios de este siglo que comenzaron a difundirse las ideas marxistas y anarquistas entre sus destinatarios naturales. Mientras Salvador dormía en su cuna jacobina, el obrero Luis Emilio Recabarren causaba las primeras iras de la oligarquía al transformar los ideales, siempre soportables en su forma abstracta, en una concreta amenaza.

Valparaíso fue el escenario temprano de su niñez. A ese puerto improbable, mal equilibrado entre la gloria pretérita y la miseria de sus cerros, entre oficinas inglesas y burdeles clandestinos, volvería Salvador en los grandes momentos de su vida. Como diputado, como senador, como presidente, como mártir. Pero la suya fue, en verdad, una infancia viñamarina, con bucles dorados, trajecitos de Gath & Chaves y una Mama Rosa siempre lista para preparar el

PEDRO LOBOS

küchen de manzanas y la torta selva negra tal como le gustaban al proyecto de estadista. Entre el puerto áspero y anárquico y el balneario próspero y beato se dividirían sus primeras memorias, de las cuales no hay prácticamente registros. Con menos de dos años, el trabajo de su padre lo obliga al primer desarraigo. La familia viaja a la ciudad de Tacna, en el extremo norte del país, donde permanece por seis años, un récord de estabilidad en la vida de Salvador. ¿Qué sabemos de esos años decisivos? Casi nada: que tiene dos hermanos mayores –Alfredo e Inés– y que, poco después de su llegada al norte, muere la primera Laura y nace la segunda, quien será su discípula en materias políticas. Por si tiene alguna utilidad, una vieja amiga de familia lo recuerda como "el niñito más lindo que existía en el norte de Chile". En Tacna aprendió a cabalgar en los potreros de la finca de su padre, y presenció la íntima amistad de su madre con la esposa del general Carlos Ibáñez del Campo, su futuro enemigo político. Continúa la infancia itinerante. A los ocho años viaja a Iquique, donde permanece hasta los diez y en el mismo año (1918) debe trasladarse por algunos meses a Santiago y luego a Valdivia. En el liceo de esta ciudad se destaca por su cuidadosa indumentaria. Entre hijos de campesinos abrigados con mantas de lana o sacos harineros, Salvador es el único que viste "de ciudad" y se protege de la lluvia con un impermeable. Es un niño elegantito, las mujeres se vuelven en las calles a alabar su pelo dorado, en la fiesta de la primavera corona un carro alegórico vestido de príncipe... Este culto de la imagen lo mortificará muchas veces, pero el "pije" Allende no se empeña en contradecirlo. Después de todo, el camino hacia la revolución precisa de luchadores conscientes, no mal vestidos.

Obreros del salitre a principios de siglo. Iquique, 1907, espacio y tiempo para una de las gestas más trágicas en la lucha popular.

El tipógrafo Luis Emilio Recabarren, padre del movimiento obrero chileno.

Señoras y señores venimos a contar aquello que la historia no quiere recordar. Pasó en el norte grande fue Iquique la ciudad mil novecientos siete marcó la fatalidad. Allí al pampino pobre mataron por matar.

Luis Advis, *Cantata Popular de Santa María de Iquique.*

Chicho, en disfraz de "matador", 1915. Durante este año la familia Allende se traslada a la histórica ciudad de Iquique.

Cuando vuelve a Valparaíso para iniciar su educación secundaria, su personalidad ya está definida. A los trece años revela el mismo carácter serio, autoexigido y un poco solemne que lo perseguirá hasta el fin de sus días. Bajo una coraza de ironía y arrogancia –y probablemente ciertos asomos de frivolidad– se esconde un hombre callado, reflexivo, aquejado por una impaciente lucidez y un agudo entendimiento de la realidad social. La trashumancia lo ha endurecido y ha acentuado su introversión. Es, y seguirá siendo, el amigo que reserva el tuteo para unos pocos elegidos, el enigma transparente que se deja conocer en las razones más que en las emociones, el objeto de lealtades incondicionales que siempre mantendrá su distancia. A una edad en que el universo adolescente gira alrededor de imaginarias conquistas y batallas contra el acné, el futuro presidente recorre los cerros y plazas del puerto tomando nota de los profundos contrastes. Ya ha comenzado su instrucción política en manos de un viejo zapatero anarquista. El italiano Juan Demarchi le presta libros de Bakunin, Kropotkin, Lafargue y Malatesta y, como Salvador no es dado a las lecturas profundas, hace un deber de explicárselos mientras le enseña a jugar ajedrez. Matizado esto por las supuestas visitas al abuelo Ramón, el estudio de la *Guía para el Pueblo y el Deber*, sus reminiscencias de las gestas heroicas familiares, el "señorito" despierta a su deber histórico. En las tertulias de sus tíos santiaguinos ha conocido a Arturo Alessandri, dos veces presidente de Chile, y por

Cuando era un muchacho, entre los 14 y los 15, me acercaba al taller de un zapatero anarquista llamado Juan Demarchi... Me enseñó a jugar ajedrez, me hablaba de cosas de la vida, me prestaba libros... Sus comentarios eran importantes porque yo no tenía una vocación profunda de lecturas y él me simplificaba los problemas...
Salvador Allende.

Un señorito con deber histórico. Además de pulir su imagen, Salvador estudia a los clásicos anarquistas.

años guarda su retrato dedicado entre sus fotografías más queridas. Afirman que en estos encuentros se desarrolló el "complejo presidencial" que algunos correligionarios imputarían a Allende. Su misma Mama Rosa dirá que "Chicho", como lo llamaban en familia, sólo tuvo un antojo en su vida: ser presidente de la República. Si ésa es su meta, debe ponerse en forma. Por naturaleza es un buen alumno y, sin mayores esfuerzos, conquista una distinción honorífica a su paso por el Liceo Eduardo de la Barra, donde ha ganado el lugar de presidente del Centro de Alumnos. Pero la suya es una disciplina del cuerpo y del espíritu, no basta con las buenas notas y los falsos pergaminos. Allende se esfuerza en el deporte, llegando a ser campeón nacional de natación y decatlón. Además de la equitación, practica el tiro al blanco y se hace socio de un club viñamarino. Poco tiempo después, en su regreso a Tacna como aspirante del Regimiento Lanceros, adquiere una nueva destreza: el pugilismo. Así será recordado en el libro *Los partidos políticos en Chile*: "Siempre en las primeras líneas de la batalla; atacado y atacando, pronto a repeler el denuesto, la injuria o la acusación que hiere. Altivo y agresivo, también, para contragolpear, para acometer al enemigo y sorprenderle junto a la barricada". Atrás ha quedado el principito de los cabellos rizados, para dar paso al "duro". Metafórica y literalmente, Allende forja su imagen a golpes.

En su búsqueda de templanza, y quizá de expiación, Salvador solicita hacer el servicio militar, un penoso entrenamiento que ningún joven de su clase sufre por gusto. Los únicos que se prestan a las duchas glaciales y los trotes de madrugada son los hijos de la mala suerte que encuentran consuelo en el rancho diario. El candidato a líder desea compartir su destino. Y ese deseo lo lleva a ganarse una mala antigüedad y varios arrestos, entre ellos uno por "formular reclamos colectivos". Su inicial infatuación con la vida militar choca con la rigidez de las jerarquías; en compensación, destacan sus altas calificaciones como equitador. Pero no todo es sufrimiento durante su paso por el regimiento de Tacna. Mientras sus compañeros de armas gastan miradas en las recatadas señoritas de la sociedad local, Salvador Allende vive tórridos romances con mujeres casadas, adelantándose en décadas a su leyenda de transgresor.

Hoja de vida. Durante su servicio militar en los lanceros de Tacna, 1925, el joven Allende alza la voz para presentar reclamos colectivos.

CONTRA
LA CORRIENTE

Atlético y rompecorazones,
Salvador bien acompañado,
al borde de una piscina.
1931.

Santiago, vida universitaria. Lo habitual: de la seguridad familiar en casa de su tía Ana –donde providencialmente trabaja Mama Rosa, alquimista de la cazuela de gallina– a la bohemia inanición de una residencia de estudiantes. ¿Cómo culparlo? A cambio de su trabajo en el Hospital Psiquiátrico, Salvador consigue alojamiento gratuito en la "Casa de los médicos", donde se instala en una pieza privada y adquiere una merecida fama de conquistador. Según su amigo Carlos Jorquera, desde su llegada a la pensión comienza un desfile de visitas femeninas que causa la envidia de sus futuros colegas. Como modelos de Tamara de Lempicka en una época peatonal, estas pasajeras clandestinas anuncian su llegada con el estruendo de relucientes motores, y más de alguna vecina recuerda la aparición de alguna belleza en pijama... Entre amores y política, Salvador Allende estudia medicina. Opta por seguir los pasos del "Rojo Allende", aunque por momentos se ha sentido tentado por el derecho, consciente de su talento para el alegato. Corre el año 1926 y la Universidad de Chile es un hervidero de ideas socialistas. A esta universidad, protagonista de innumerables revueltas, llega Salvador decidido a cavarse un lugar en la política, aunque su prematura lucidez le impide olvidar sus prioridades. A menudo dictará cátedra a las nuevas generaciones: "El dirigente universitario tendrá más autoridad moral si es también un buen estudiante". No se pone a sí mismo como ejemplo, pero bien podría. Al mismo tiempo que supera los escollos naturales de la medicina, es presidente del Centro de Alumnos de su escuela, vicepresidente de la Federación de Estudiantes, miembro del Consejo Universitario, se ha unido a la francmasonería, es fundador de Avance –un grupo de estudio de los clásicos marxistas–, furibundo participante de las manifestaciones contra el dictador Ibáñez y... por las noches dicta clases en una escuela de capacitación obrera. Consciente ya del valor simbólico de sus actos, fácilmente podría ser un *enfant*

Calma un instante
tus angustias locas,
pobre corazón mío.
Si sientes que te oprime
el hondo frío
de las nieves eternas
y las rocas.

Y hasta la mar inmensa
que batalla
Con su dolor a solas
Y, sollozando,
vierte por la playa
cual torrentes de lágrimas
sus olas.

Salvador Allende,
"Angustia", 1929.

terrible. Salvador elige ser un estudiante modelo. Modelo también de presentación personal, que lleva a sus amigos a llamarlo el "Lenin con tongo". Detrás de este dandy con conciencia social se esconde un provocativo orador, pero no todos logran superar la desconfianza causada por su atuendo y su acento patricio. Un compañero de estudios ha inmortalizado al futuro presidente en sus días de interno.

La experiencia del grupo Avance es característica, premonitoria, de lo que será esta relación de amor-odio entre Salvador Allende y la izquierda chilena. Ya como presidente, la resume ante los estudiantes de Guadalajara: "Uno se encuentra a veces con jóvenes, y los que han leído el *Manifiesto Comunista*, o lo han llevado largo rato bajo el brazo, creen que lo han asimilado y dictan cátedra y exigen actitudes y critican a los hombres que, por lo menos, tienen consecuencia en su vida...". Durante 1931, algunos de esos marxistas ejemplares se enfrentaron a Salvador, que ya en sus días estudiantiles era un consecuente defensor de un socialismo pragmático de verdadero arraigo nacional. Cuando los miembros más ardorosos del grupo propusieron la creación de soviets, Allende se opuso, considerando la idea una soberana tontería. De los 400 miembros del grupo Avance, 395 votaron por su expulsión. Sin rencor, Allende resume: "A mí me echaron por reaccionario; pero los trabajadores de mi patria me llaman 'compañero presidente'". Moraleja: quien ríe último, ríe mejor. De sus detractores juveniles, algunos de los más incendiarios llegaron a tener una sombría participación en la ofensiva contra el gobierno de la Unidad Popular.

Entre las idas y venidas del grupo Avance, el país ha vivido algunos de sus años más convulsionados. La crisis mundial del capitalismo, en 1929, lo ha golpeado duramente y ni siquiera una violenta represión impulsada por el dictador Ibáñez logra abatir el descontento popular. Chile está sacudido por una ola de huelgas, agravada por la paralización del puerto de Antofagasta. Los estudiantes de la Universidad de Chile ocupan la Casa Central, con Salvador Allende a la cabeza. Bajo las balas de los carabineros mueren varios jóvenes, mientras en las comisarías se suman cientos de obreros y estudiantes, comenzando por el apasionado orador. El frente familiar tampoco contribuye a su tranquilidad. La salud de su padre ha empeorado desde los días de Tacna, su diabetes ha entrado en la etapa fatal. A su regreso a Viña del Mar, sufre la amputación de una pierna y doña Laura se ve forzada a compartir su tiempo entre el enfermo, la

De traje de marinero a cuello y corbata. El futuro médico estrena una postura que lo acompañará toda su vida: desafío y elegancia.

Dicen que Chicho Allende, con agua de colonia, humedece las sábanas antes de entrar al lecho. Se para ante el espejo y, con gran parsimonia, se coloca una cinta tricolor en el pecho.

Dr. Sáez Saldías,
"Las delicias de un internado".

devoción y la Notaría, de la que se ha hecho cargo exitosamente. Pero cuatro hijos en edad universitaria son una pesada carga, incluso para esta mujer voluntariosa. A sus obligaciones habituales, el alumno modelo debe sumar una más: costear sus estudios. Cuando faltan apenas dos meses para terminar la carrera, es expulsado de la universidad por su actuación política. En virtud de sus méritos logra reintegrarse y, ya terminados los cursos, se traslada a Valparaíso para redactar su tesis de grado sobre el tema Salud mental y delincuencia. La lealtad familiar es más fuerte que el atractivo de la bohemia político-capitalina.

Tiene veintitrés años, un flamante estetoscopio y todas las puertas cerradas por delante. Sus intentos por conseguir trabajo chocan con pretextos que apenas disimulan un castigo a su pasado de dirigente estudiantil. Lo rechazan en Sanidad e incluso en la Beneficencia, cuatro veces se presenta como único candidato a una plaza en el Hospital de Viña, cuatro veces le niegan el cargo. Finalmente su cuñado Eduardo Grove, esposo de Inés, le presta una oficina en su propia consulta donde Allende continúa la vieja tradición familiar de ganar adeptos y perder di-

nero. En el estilo olímpico de su abuelo Ramón, no se anima a cobrar las visitas, regala los medicamentos y hace pequeños "préstamos" a sus pacientes más pobres. Para alivio de su economía, consigue un cargo como anátomo-patólogo en un hospital de Valparaíso y es capaz de recordar con cariño ese lúgubre aprendizaje entre formaldehído y virutas de parafina: "Con estas manos yo he hecho más de mil quinientas autopsias y sé lo que es, por eso mismo, el misterio de la vida y el drama de la muerte".

En junio de 1932, un acontecimiento insólito sacude al país y sienta el precedente para lo que será, casi cuatro décadas más tarde, el gobierno de la Unidad Popular. Durante doce días Chile vive la República Socialista. Este febril episodio tiene como protagonista a Marmaduque Grove, hermano de aquel Eduardo con quien Allende comparte oficinas. Como en una producción amateur, la historia chilena se escribe con un puñado de nombres y todos están de algún modo relacionados. Detrás del extravagante nombre de Marmaduque se esconde un espíritu todavía más extravagante. Aviador, hombre de acción, dueño de un poderoso vozarrón, ya ha protagonizado

un extraordinario incidente conocido como "el complot del avión rojo", que debería entrar a los anales del humorismo político. Socialista intuitivo, Grove no manifiesta el menor respeto por la interpretación marxista de la realidad. "Usted, camarada", le espetó a alguno, "se envenena con tantos libros de doctrinas. Yo no he leído nunca a Marx. Lo único que he visto de él es ese retrato que está ahí, en la pared... Por las barbas se nota que tenía bastante edad".

Es una lástima que no se haya hecho una película de esta gesta heroica, pero bien podría titularse "Crónica de una revolución anunciada". Según algunas versiones, la República Socialista comenzó con un día de atraso. El 2 de junio se habían lanzado volantes por todo Santiago proclamando, como si se tratara de un concierto al aire libre: "MAÑANA ES LA REPÚBLICA SOCIALISTA", sin olvidar la infaltable cláusula meteorológica: "AUNQUE LLUEVA" –otras fuentes señalan que los volantes se lanzaron el mismo día y que su contenido era bastante más ortodoxo. Uno de los líderes del movimiento estudiantil decidió poner en antecedentes al rector de la universidad, nada menos que compañero de bufete del presidente que se aprestaban a deponer. El ex dirigente reflexiona: "Seguramente fue de una ingenuidad política extraordinaria; porque todos éramos jóvenes, sin experiencia, convencidos de que Chile entero iba a estar detrás de nosotros, manteniéndose en la pasividad los grandes intereses que amenazábamos". Vista desde esta óptica, la República Socialista constituye un borrador para lo que luego será la Unidad Popular: una mezcla balanceada de soberbia e inocencia. El equipo de civiles a cargo de la revolución –liderados por Eugenio Matte– se hallaba imprimiendo copias de su "manifiesto", cuando corrió la noticia de que el comodoro Marmaduque Grove se había levantado en la Escuela de Aviación. Esto obligó a postergar la visita al palacio de gobierno, pero no consiguió desalentar a los insurgentes. Al día siguiente llegaron a La Moneda en sus respectivos autos y recibieron el poder de manos del presidente Montero. Según Paul Drake, dada la fragilidad de las organizaciones laborales e izquierdistas, Matte y sus seguidores consideraban que sólo los militares podrían abrir una vía para las transformaciones socialistas.

Doce días tardó el Ejército en superar el estupor y, cuando lo hizo, se encontró con una Junta de Gobierno lista para entregar el mando con tanta amabilidad como lo recibieron de su predecesor. Revolución y contrarrevolución sin una gota de sangre derramada. Buenos modales sólo entre pares –sólo un

año atrás, el levantamiento de la Armada había sido reprimido con un alto costo en vidas–. Como todo gobierno digno de respeto, la República Socialista tenía tres objetivos inmediatos: vestir al pueblo, domiciliar al pueblo y alimentar al pueblo. Además de estas medidas un tanto genéricas, en sus doce días la Junta decretó el cese del "Congreso Termal" sobreviviente del régimen de Ibáñez, la devolución de las prendas de vestir y herramientas de trabajo empeñadas en la Caja de Crédito Popular, la amnistía para los procesados por la insurrección de la Armada, amén de encargar al Ministerio de Fomento que, en el plazo de tres días, elaborara un "plan de socialización de la República".

Oscar Schnake y Marmaduque Grove. Padres fundadores del socialismo chileno.

19 de abril de 1933. Plenario constitutivo del PS. Allende será el secretario del regional Valparaíso.

Los socialistas manifestaban no ser marxistas leninistas en el sentido estricto, sino que sólo interpretaban los problemas nacionales desde un punto de vista marxista. Paradójicamente su bullado programa nacionalista se había elaborado con ideas foráneas.

Paul Drake, *Socialismo y populismo*.

Algunos de estos decretos no fueron jamás derogados, constituyendo la fisura que permitió a la Unidad Popular efectuar buena parte de las expropiaciones de industrias sin aprobación parlamentaria.

Estando en Valparaíso, a Salvador le corresponde la movilización de masas a nivel regional. Tras la derrota del movimiento, interviene en un acto en la Escuela de Derecho donde pronuncia un encendido discurso. Tan encendido, de hecho, que de inmediato aterriza en la cárcel junto a su hermano Alfredo y a Eduardo Grove, personajes con escasa participación en la vida política nacional. Sometido a juicio por una Corte marcial, sale en libertad, para ser nuevamente encarcelado y juzgado por una segunda Corte. Mientras tanto, su padre agoniza en Viña del Mar y los hermanos Allende consiguen permiso para una última visita. Allende *pater* se despide de ellos con una noticia desalentadora: sólo les deja en herencia una educación limpia y honesta. Salvador acepta con orgullo esta pobreza de hidalgo, también se adivina solo. Ésta es la regla de la especie, la certeza de una orfandad histórica que golpea a todo hombre ante la muerte paternal. Lo que distingue su duelo, lo que lo hace

impenetrable, es el discurso que pronuncia en el funeral. En él promete dedicar su vida a la causa de la justicia. Es en esta pérdida de límites entre dolor privado y compromiso público donde se anuncia la futura estatua. Salvador no deja un cuidadoso registro para la posteridad; sin embargo, su vida la concibe como una parábola.

Bajo la presidencia de Arturo Alessandri –el mismo de las tertulias y la querida foto con dedicatoria–, Salvador recupera la libertad, aunque no por mucho tiempo. La experiencia de la República Socialista ha dejado una importante enseñanza: antes de llamar a la sublevación, conviene organizar a las masas. En 1933 se funda el Partido Socialista de Chile, con Marmaduque Grove como líder y Oscar Schnake como secretario general. Once años más joven que el Partido Comunista, el socialismo chileno nace con un perfil propio. Menos disciplinado, con mayor diversidad interna, lanzado en un camino que, sin renegar del marxismo, se nutre tanto de la realidad chilena como de las lecciones de octubre. A Salvador Allende le corresponde la dirigencia en Valparaíso y como tal lidera la oposición al gobierno alessandrista,

que ha demostrado ser más reaccionario que su discurso. Ya se han formado las Milicias Republicanas, un contingente paramilitar de cincuenta mil hombres que defiende con armas (del Ejército) la legitimidad del gobierno. Dos nuevas masacres –la de Ranquil en 1934 y la de la huelga ferroviaria en 1935– ponen al descubierto los límites de esa mítica "cordura" de los ingleses de Sudamérica. Por añadidura, se ha formado un Partido Nacional Socialista, a imagen y semejanza del nazismo alemán, con uniforme, cuartel y tropas de asalto. Para no quedar atrás, los socialistas de Chile crean sus propias milicias y las calles se vuelven escenario de una autóctona Guerra Mundial. En su libro *El día decisivo*, Augusto Pinochet les dedicará algunos párrafos –nada elogiosos, por cierto–. Para quien presumirá de ser no deliberante, la semilla del odio parece muy antigua: "En esos meses (1939) estuve en Concepción y por primera vez nos encontramos con unos individuos que vestían uniforme caqui con un gorro cargado a la izquierda: eran las milicias socialistas... De esos contactos con los socialistas, sólo nos quedó la imagen de unos ladronzuelos". Nada que viva a futuro lo hará cambiar de opinión. Sin embargo, el encuentro de los enemigos arquetípicos deberá postergarse hasta que Allende sea parlamentario. Teseo y el minotauro esperan. Sólo falta que la historia construya el laberinto.

Contiendas callejeras, obligaciones políticas, trabajo clínico... Quizá persiguiendo la huella de su abuelo Allende Padín, para ocupar sus ratos de ocio Salvador comienza la redacción de *La realidad médico-social chilena* (publicada en 1939) y colabora con la *Revista de Medicina Social*. Benjamín Viel, un salubrista que conoce en profundidad este primer opus de Salvador, sostiene que es un trabajo apurado, con ciertas inexactitudes en las tablas y conclusiones un tanto superficiales. El talento de Allende, después de todo, está en la política, no en la estadística. Y en ese terreno no conoce flaqueza. Harto de este opositor incansable, Arturo Alessandri lo obliga a unas forzadas vacaciones, deportándolo al pueblo de Caldera.

La tranquila caleta nortina no volverá a ser la misma después de la visita del joven médico. Tampoco Salvador, que en esos seis meses de lectura y reflexión descubre una clara concepción del socialismo. La meta la ha conocido desde siempre. Ahora intuye el camino.

1932. Salvador consuela a su madre en el funeral de don Salvador Allende Castro.

1938. Salvador Allende y las milicias socialistas. El PS desfila con gallardía y orden por las alamedas de Santiago. La victoria electoral del Frente Popular debe defenderse en la calle.

Los partidos de derecha armaron la milicia republicana con armas del Ejército y Carabineros, en cambio nuestras milicias no tienen armas. Las únicas armas son su espíritu de disciplina y su convicción ciudadana.

Salvador Allende,
7 de junio de 1939.

LA IZQUIERDA UNIDA...

■ jamás será vencida, corean en 1936. España, la heroica España ha inventado esta consigna. La pregunta es: ¿cómo lograrla en ese
caldero de individualidades que es la izquierda chilena? Aunque por momentos han intercambiado golpes socialistas y comunistas, unidos a
radicales, buscan un frente común para despojar a la
oligarquía de un poder que ya se ejerce como derecho
divino. El VII Congreso de la Internacional Comunista ha bendecido la alianza partidaria como herramienta para combatir el fascismo que avanza en Europa. Sudamérica le da su propia expresión, que tiene de fondo el inalcanzable sueño bolivariano. A lo
lejos, como siempre, la América unida. Y en casa, las
desavenencias habituales, las sacudidas de tierra y el
desencanto con el gobierno de turno. Arturo Alessandri, el "león de Tarapacá", ha demostrado ser lo que
prometía: una fiera sólo cuando ejerce la represión. O
quizá sea feroz en otras lides, las lides del corazón,
pero ésas no curan la balanza de pagos ni la epidemia
de tifus exantemático que sacude al país. Aunque ha
llegado al gobierno con el apoyo de sectores de la izquierda y buscando una apertura, su gobierno progresa hacia la alianza con la oligarquía. Ha sacado del
tablero a quien se le opone, mantiene amordazados a
los diarios opositores, gobierna según la fórmula de
todos los derrotados: "Con facultades extraordinarias". Durante su gobierno, una de las matanzas más
cruentas de la historia pone fin al absurdo vuelo del
nacional-socialismo criollo, después que ese partido
intentó un golpe de Estado. ¿Y quién estaba detrás de
esa aventura golpista? El infaltable general Ibáñez.

Desde el interior del Partido Socialista, Salvador lucha por la unidad del Frente Popular, que apela a su razón tanto como a su formación. ¿Por qué ser
enemigo de los radicales, con una genealogía de
bomberos y masones? ¿Por qué de los comunistas,
con quienes ha compartido la prisión y el destierro?
El lugar de su partido existe. En las elecciones de
1932, incluso después del fracaso de la República

El joven diputado de
izquierda sabe disfrutar
de la vida. Un abrazo
jovial en medio del
trajín parlamentario.

Conocí a Allende
cuando él era ministro
de Salubridad. Una
tarde entró Salvador
a la Cancillería, donde
yo trabajaba. Nos
preguntó: «¿Qué están
haciendo, chiquillos?».
Eran como las siete
de la tarde y nos invitó
a tomar un trago.
Nos llevó a un barcito
del centro y allí estuvimos hasta las tres de
la mañana, obnubilados
por este personaje que
nos hablaba de un
futuro que ni siquiera
soñábamos para Chile.
Testimonio de Ramón
Huidobro, diplomático chileno.

Socialistas, en La Moneda. Grove y Allende (en la foto) ocuparán carteras ministeriales durante el gobierno de Aguirre Cerda.

El inevitable ritual. El ministro más joven del gabinete participa en el tradicional desfile militar, 19 de septiembre de 1940.

El elegante diputado socialista jugó un rol fundamental en la victoria del Frente Popular, 1938.

Socialista, Marmaduque Grove ha conquistado 60.000 votos, cifra impresionante si se toma en cuenta que los votantes son 400.000 y que el candidato hace su campaña para los gigantes de piedra de Isla de Pascua. Como expresión de intelectuales, obreros y trabajadores que no se pliegan a la cosmovisión soviética, el Partido Socialista es necesario. Pero no pretende copar los sueños revolucionarios de todo un país, ni desconocer a ese sector de la burguesía que busca el cambio. Desde sus primeros días como secretario general en Valparaíso, Salvador ha tratado de lograr el acercamiento de la masonería hacia el socialismo, que bajo otra bandera persigue los más antiguos ideales revolucionarios: libertad, igualdad y fraternidad. Ahora tiene la oportunidad de forjar un frente amplio. La unidad de la izquierda será, a partir de este momento, su meta más deseada. Y la más esquiva.

Candidato: una nueva etapa en su vida, un nuevo título. Para su debut en 1937, candidato a diputado por las circunscripciones de Valparaíso y Quillota. Ya no es un aprendiz de nadador en el oleaje de las asambleas universitarias, ni un genio del jaque verbal en el amable ajedrez de las ideas. Tampoco es el dirigente regional que trata de establecer un fermento de humanismo donde sólo existe necesidad y vacío. Ésta es la política en serio, el descampado brutal donde se juegan los destinos de seres reales. Ese pan y ese techo que se ofrecen no son conceptos abstractos, como no son abstractos el hambre o la intemperie. Donde algunos piensan "masas", Salvador ve mujeres agobiadas, niños malnutridos, hombres que es-

trechan su mano como si fuera la última tabla del naufragio. No es fácil para él: cada contacto con el pueblo se vuelve un compromiso. Y, en su caso, una jaula de hierro. La cárcel o el destierro son poca cosa para un verdadero político: ejercicios de la circunstancia, ritos iniciáticos, accidentes del trabajo... Para el que sufre del complejo del deber sólo se es rehén de la palabra empeñada. Siempre será un candidato querido, éste es su mayor capital político. Sube y baja los cerros, se pierde en sus calles empinadas, entra y sale de caseríos que se columpian a merced del viento. Como en su adolescencia, se interna en la tristeza de Valparaíso tomando nota de los contrastes, pero esta vez no viene en busca de consejos del viejo Demarchi. El horror, el dolor, la impotencia, puede guardarlos para su descanso. Mientras esté en campaña debe llevar la sonrisa puesta y mostrarse como un hombre de respuestas. Ésta es sólo la primera; tendrá más de treinta años para ejercitarse en el vértigo adictivo de las elecciones: campañas más arduas, promesas más hondas, mejores derrotas, peores victorias. A los veintinueve años ya es diputado, una primera escala en un largo itinerario donde ocupará los cargos de ministro, secretario general de su partido, senador y presidente del Senado, antes de alcanzar la presidencia. Se prepara para los debates parlamentarios ensayando frente al espejo la retórica barroca de los viejos tribunos, su preferido es el "Condorito" Errázuriz. Quizás entonces adquiere esa tendencia a hablar con frases prestadas que mal se avienen con su naturaleza analítica y escueta. "El hombre anóni-

mo y la mujer ignorada", o peor, "la simple dueña de casa", suenan en sus labios a sacrificio. A veces, entre amigos, lamenta no poder dedicarse de lleno a la medicina, y por momentos considera que el derecho le habría sido más útil en el ejercicio legislativo. Es posible, pero no hay duda de que su diálogo directo con los pobladores, el fácil acceso a su confianza, le deben mucho a su práctica médica. "Si de mí dependiera", dice, "si el día tuviera cuarenta y ocho horas, y yo tuviera aguante para cuarenta y ocho horas de trabajo, tendría mucho mayor contacto con la gente". Como consuelo, sigue adelante con su libro de medicina social donde ofrece una devastadora visión de la salud chilena: "De cada veinte niños, uno nace muerto. De cada diez que nacen vivos, uno muere durante el primer mes, la cuarta parte durante el primer año y casi la mitad durante los primeros nueve años". Ése es el verdadero Allende: cifras y razón, diagnóstico y tratamiento. En busca de este último, pronto se encuentra embarcado en la campaña de Pedro Aguirre Cerda, un modesto radical que se enfrenta con el apoyo de socialistas y comunistas a las inminentes elecciones presidenciales. ¿Su propuesta? Lo de siempre, aunque él lo dice con verdadera intención: Pan, techo, abrigo. Y como profesor dedicado, tiene además una visión profética: gobernar es educar. Ante esta amenaza latente, la derecha reacciona con una proto-campaña del terror: "El triunfo del Frente Popular es sinónimo de revolución inmediata y no puede terminar sino en una sangrienta tiranía... Los marxistas tienen paciencia para alcanzar sus objetivos y cuentan ahora con burgueses tontos que les creen". El candidato de la derecha ha agregado con política corrección: "No hay en el pueblo ansias de elevar su propio vivir. Todo lo más: una mayor prodigalidad en el bar, en la cantina, en la taberna".

Comienzan así los gobiernos radicales apoyados por la izquierda: en total, catorce años de la vida política chilena. Por sólo 3.000 votos, gana Aguirre Cerda y gana también Allende. Pronto se convierte en el ministro de Salud más joven de la historia. Una noche de catástrofes, en 1939, conoce a la que será su esposa de toda la vida: Hortensia Bussi, la Tencha. Salvador se encuentra en una reunión de la masonería, "Tencha" está en el cine con algunos amigos, cuando comienza un violento terremoto, que en el sur de Chile causará más de 30.000 muertes. Pero en Santiago basta para dañar seriamente los edificios antiguos. Salvador, que tiene pánico de los temblores, deja a los queridos hermanos con tres puntos suspensivos y escapa a alta velocidad. En plena calle se encuentra con esta bella estudiante de historia, y consigue que amigos comunes los presenten. Para pasar el susto, van a un café cerca del Teatro Municipal y ahí Hortensia gana su respeto al decirle –diplomáticamente– que no concibe que un hombre moderno pueda ser masón. ¡Nuevo terremoto! Salvador se defiende, le habla de su genealogía, de la épica familiar, del abuelo Rojo... Quizá la convence, cuanto menos la enamora. No le dice que la ama, según un amigo y confidente nunca lo hará. Después de todo, Salvador

es un entusiasta de las películas de vaqueros, no un galán romántico. Pero entre ambos se cimenta un vínculo profundo, silencioso, que no se ofrece como un espécimen para disección. Esa mujer lúcida e intensamente privada que es Hortensia Bussi ha sabido mantener su hermetismo a lo largo de casi medio siglo de rumores y un centenar de entrevistas capciosas. ¿Cómo romper los sellos que protegen el enigma? La indefensible campaña de desprestigio que siguió al golpe militar trató de presentar a Allende como un voluptuoso consumidor de pornografía, el sultán de un harén administrado por su secretaria, el anfitrión de inenarrables orgías... ¿a la edad de 64 años y en medio de una borrascosa presidencia? Demasiado heroísmo. La izquierda, por su parte, empeñada en el proceso de canonización, ha guardado estricto silencio sobre la vida afectiva de Allende. Entre el dandy de los años '20 y el esposo fiel y conservador de los '70, se extiende una cortina de pudor que nos impide evaluar esta importante faceta de su carácter. Será preciso conformarse con saber que, al menos en lo que respecta a su matrimonio, Salvador fue capaz de conseguir una alianza indestructible.

¿Vale lo mismo para el Frente Popular? Poco durará la unidad de la izquierda, poco durará la presidencia de Aguirre Cerda. Tres años apenas, una semejanza reveladora. Pero en ese respiro conseguirá cambiar el perfil de Chile. Al terremoto de Chillán responde con la Corporación de Reconstrucción y Auxilio. A la caída del precio del cobre, con la Corpo-

Tiempo de organización, tiempo de lucha. El doctor Allende recorre el país estructurando su partido y afinando su diagnóstico social.

1942. Salvador retorna de una Conferencia Internacional de Salud con presentes para toda la familia.

ración de Fomento a la Producción, que permitirá el desarrollo de la industria pesada. Durante este período se crea también Chile Films, el Teatro Experimental, la Orquesta Sinfónica y el Ballet Nacional. Antes de él, se diría, la cultura vivía su prehistoria. En literatura emerge un grupo que luego será conocido como la "generación del 38", mientras Pablo Neruda crea la Alianza de Intelectuales de Chile. Gracias a su gestión consular, el país recibe a intelectuales, profesionales y trabajadores, escapados del horror nada poético de la Guerra Civil Española. Como ministro de Salud, Salvador Allende organizó la Exposición Nacional de la Vivienda, revelando el submundo fantasmal que se escondía tras las hermosas fachadas de las mansiones señoriales. Conventillos y *cités* sucios, promiscuos, desamparados. "Chile popular –diría el Allende médico– está enfermo de atraso y de miseria y es preciso sanarlo con el gobierno, actuando como un doctor de cabecera." Impulsaría además la reforma del sistema de Seguro Social, el dictado del Estatuto Médico Funcionario, el proyecto de Juntas Escolares, la creación de leyes que protegían la maternidad y la infancia. ¿Convendría profundizar en cada una de estas medidas? ¿O basta con decir que hoy pertenecen a la arqueología política, como todas las leyes sociales que fueron derogadas a partir de 1973?

Con todo, el Partido Socialista no está contento. Aguirre Cerda ha logrado modernizar la economía y bosquejar una sociedad más humana donde los derrotados de siempre tienen voz –si no voto–. Pero

Como no han hallado nada en mi vida privada que pueda avergonzarme, como mis manos están limpias de sangre y peculado, han debido recurrir a los arbitrios más estúpidos para atacarme. Es el corte de mi traje o el color de mi corbata lo que se me imputa.
Salvador Allende, 1958.

Hortensia Bussi, "Tencha". Conoce a Salvador en abril de 1939 y antes de un año contraen matrimonio.

Mujercitas: Carmen Paz, Beatriz e Isabel. Papá Salvador pasea orgulloso con sus tres hijas, c. 1950.

ésta no es la República Socialista del '32: no pretende superar la dependencia económica, ni entregar la tierra a sus trabajadores, ni socializar en tres días la producción, ni reinventar el tejido de clases... Ecos de la convulsión que sacude al mundo también afectan al Partido Comunista: hay discrepancias en el Frente sobre las relaciones con el eje Berlín-Roma-Tokio. Se produce la división y Aguirre Cerda queda gobernando en una incómoda posición: hacia la izquierda lo atacan por amarillo; hacia la derecha, por rojo. Leviatán sacude la cola con un conato de golpe, tras el cual se intuye la mano conspiratoria del general Ibáñez. Para variar. En cuanto se entera de lo ocurrido, Salvador corre hacia el palacio de gobierno para manifestar su lealtad al presidente. Entonces aprende cómo se portan los hombres cuando llega la Hora del Deber. Ante la oferta de un avión para trasladarlo a él y familia donde estime conveniente, Pedro Aguirre responde con altivez: "El presidente de la República no se somete a un faccioso, ni abandona el puesto en que ha sido colocado por el pueblo". El libreto ya está escrito, volverá a repetirse. Salvador puede esperar con paciencia su llamada.

Una maldición parece caer sobre el Frente Popular. Muere Aguirre Cerda durante su mandato, su sucesor tampoco alcanza a terminar su gobierno. Ante las nuevas elecciones, el Partido Socialista se divide, pero una vez más triunfa la coalición izquierda-radical, esta vez con Gabriel González Videla a la cabeza. Su paso por La Moneda dejará una amarga herencia: la Ley de Defensa Permanente de la Democracia, conocida familiarmente como la "Ley maldita". Obsesionado por la idea de una tercera guerra mundial y bajo fuertes presiones de Washington, González Videla declara ilegal al Partido Comunista. Salvador protesta contra esta ley, denuncia hasta perder la voz la traición del presidente y visita a los más de 2.000 militantes relegados. Conoce Pisagua, una cárcel sin barras en el extremo norte del paisaje lunar. Al mando del purgatorio, un joven teniente demuestra sus precoces condiciones: Augusto Pinochet Ugarte. En este escenario dantesco se produce el encuentro, la primera medición de fuerzas, que el militar recuerda en su libro *El día decisivo*: "Un grupo de congresales (se presentó) a visitar a los relegados, entre los que se me informó que venía el senador socialista

Salvador Allende, 1952. Apoyado por los comunistas es candidato presidencial por el Frente del Pueblo.

"De repente dejaba a sus amigos o comensales y se hundía en un sillón apartándose en la plenitud de un remoto silencio." H. Díaz Casanueva, 1990.

Salvador Allende... Se suscitó una seria discusión entre el personal policial y los señores congresales, que esgrimían como argumento su propósito de venir a conocer el estado de los presos" –¿qué otro motivo podían tener? No serían las bellezas del desierto nortino–. "Como insistieron en que pasarían, aun sin permiso, les hice informar que si hacían tal cosa se les dispararía." Al fin y al cabo, la historia es una serie de círculos.

Para los herederos de la mala suerte, algo se ha trizado en esta década. La traición de los radicales, la división socialista, la persecución del Partido Comunista, debilitan la fe en la militancia. Después de un crecimiento lento y trabajoso, dos pasos adelante uno atrás en el eterno ludo de movilización y represión, se sienten vueltos al casillero de partida. Los casi 100.000 votantes que alcanzó el Partido Comunista en 1947 oscilan entre el terror y la ira. Los marginados que no alcanzaron a votar preguntan qué rayo los ha golpeado. Hay inflación, desempleo y escasez; los dragones de siempre, pero sin caballeros andantes. En ese escenario de desconfianza, reaparece el general Ibáñez en una nueva versión: El Caudillo III. De "tirano del 31" ha pasado a ser "el general de la esperanza". Tiene 74 años y levanta una escoba con la que promete "barrer a los politiqueros". Habla en un lenguaje populista, promete dar tierra a los campesinos, derogar la "Ley maldita", detener la inflación... y todo lo que le pidan con buenos modales. Algunos socialistas secundan esta delirante candidatura. Como protesta, Salvador regresa al Partido Socialista de Chile. Desde allí, y buscando el apoyo del maltratado Partido Comunista, crea el Frente del Pueblo y se convierte, por primera vez, en candidato presidencial. Luego dirá que éste fue "un saludo a la bandera". Va a perder, de sobra lo sabe, pero no se plegará a la amnesia histórica de sus camaradas. Para mantener la unidad de la izquierda, debe sacrificar la unidad de su propio partido, una decisión que lo atormentará más de una vez a lo largo de su carrera.

Ya no es el niño prodigio de la primera campaña; ha cumplido 47 años, tiene esposa, tres hijas –Carmen Paz, Isabel, Beatriz– y una sólida carrera parlamentaria en su haber. Ha establecido vínculos con el fundador del APRA peruano Raúl Haya de la Torre, con el venezolano Rómulo Betancourt, su vecino y compañero de entrenamiento pugilístico. Con tuteo o sin tuteo, ha ganado la amistad de hombres excepcionales que lo acompañarán durante toda la vida, más allá de la coincidencia o diferencia ideológica: Hernán Santa Cruz, José Tohá, Manuel Mandujano,

"Busco conciencias, no votos", dice Allende candidato. Con todo, el crecimiento de la izquierda será vertiginoso y en 1958 el FRAP estará muy cerca de ganar las elecciones presidenciales.

«Soy el doctor Allende, señora: ayúdeme», era su saludo de campaña. En vez de halagar a los hombres, Chicho les recriminaba que no cuidaban a sus familias, que se emborrachaban. «¡En el día le fallan a la familia y en la noche a la compañera!»
Carlos Jorquera, *El Chicho Allende.*

Carlos Briones, Ramón Huidobro... Pero al fondo de esa nueva madurez, de esa seguridad política, está la carga donde no halla posible complicidad. Las manos que se extienden hacia él desde el fondo de un pozo inalcanzable, las voces que corean su nombre, las multitudes que le entregan el voto confiando en una victoria. Quienes lo conocen profundamente, como su secretario Osvaldo Puccio, destacan su parquedad, su seriedad y una implacable exigencia hacia los demás. Salvador no solicita favores, espera compromiso; no pide simpatías, espera disciplina. Cuando le hablan, escucha en silencio; raramente emite opiniones. Más allá de su aparente afabilidad, la corrección de su trato, el deleite momentáneo que encuentra en la vida social o la buena comida, se encuentra el verdadero precio de la vida pública. Esa desposesión de sí al ver el propio rostro multiplicado en los afiches.

Triunfa Ibáñez por mayoría relativa. El Frente Popular obtiene menos votos que Marmaduque Grove con su candidatura in ausencia, veinte años atrás. Mientras sus colaboradores comienzan a derrumbarse ante el desastre, Salvador Allende debe subir a una mesa e improvisar una arenga: "Camaradas, no son lágrimas de derrota, son lágrimas de impotencia. Pero un hombre que tiene confianza en el pueblo no debe llorar nunca de impotencia". No ha terminado de dar un nuevo nombre a la esperanza, cuando escuchan las turbas del Partido Socialista Popular, que vienen a acusar de traidor al que poco tiempo atrás fuera su líder. A ellos les dice: "Si son consecuentes los que hoy nos detractan..., un día no lejano marcharán detrás de nosotros y juntos haremos de este país la primera nación socialista de América". Tiene razón. Un día, no tan lejano, marcharán tras él, para acercarse a la utopía como nunca antes. En 1957, después que Ibáñez honra la tradición democrática gobernando entre estado de sitio y represión, Salvador logra por fin la reconciliación de la "hermandad socialista" –tan celosa en el amor como en el desprecio–. A fuerza de errores, ha cambiado la izquierda. Conoce por fin la forma de su deseo. Será de los trabajadores o no será, ésta es su nueva tesis. No buscará alianzas, no se diluirá en compromisos que vulneren su identidad. Algo más ha ocurrido en estos años. Acaba de entrar a la arena la Democracia Cristiana, partido que apela al sector popular con un atractivo

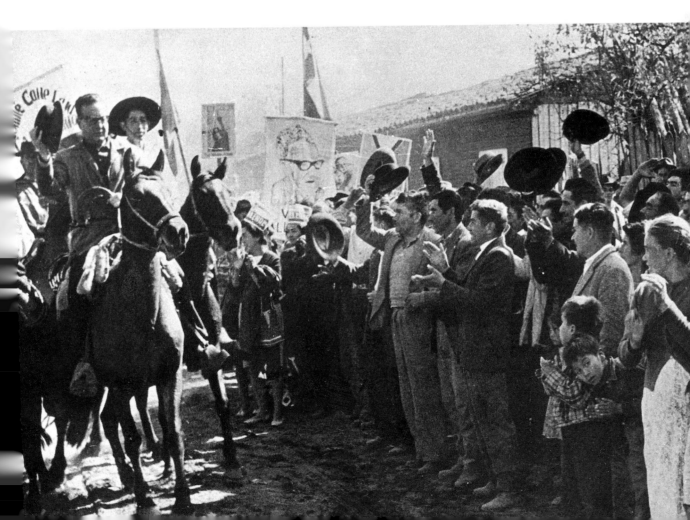

discurso basado en el humanismo cristiano. Será una
elección peleada. Descansando casi exclusivamente
en el apoyo de los partidos obreros, Salvador conoce
la insoportable proximidad del triunfo. Por una estre-
cha mayoría, gana el representante de la oligarquía
modernizada, Jorge Alessandri Rodríguez –hijo de
Arturo, para que todo quede en familia–. Toda una
historia no escrita, por la anécdota de 30.000 votos.
Medalla de plata para Salvador, que esconde también
una promesa: en sólo seis años ha aumentado su caudal electoral hasta convertirse en segunda minoría.
Ya no hay lágrima de derrota o impotencia. Dos décadas de fracturas y cicatrices han dejado su lección. La
izquierda unida puede ser vencida, pero sólo en la
unidad encuentra su sentido.

Elecciones de 1958.
La izquierda es derrotada por
estrecho margen. La posibilidad de Allende de llegar a la
presidencia está en manos
del Congreso Pleno.

Señores parlamenta-
rios, tendrán que pro-
nunciarse entre la
postulación popular,
que obtuvo más
de 350.000 sufragios,
o la candidatura de la
oligarquía, que obtuvo
una precaria mayoría
relativa gracias a
la complicidad de un
doble renegado de la
Iglesia y del Pueblo.
Salvador Allende, aludiendo
al "Cura de Catapilco".

La derecha festeja.
Los 30.000 votos que el
"Cura de Catapilco" restó
al FRAP permitieron el
triunfo de Alessandri.

Allende relata las peripecias
electorales de la izquierda
chilena. China, 1954.

ECOS
TROPICALES

E nero de 1959. Con la preocupación de la campaña presidencial, ni Salvador ni sus partidarios comprendieron que en el Caribe estaba gestándose un huracán que remecería para siempre las fundaciones de la izquierda latinoamericana. Entre giras y discursos, el candidato apenas sobreleyó esa famosa entrevista de la revista *Life*, dándose por avisado que en Cuba existía un tal "Fidel" que desde la Sierra Maestra desafiaba el orden de las cosas. Pocos meses después, en los primeros días de 1959, una noticia ocupaba los titulares de cada diario del planeta: el dictador Fulgencio Batista había volado rumbo a República Dominicana, consagrando así el triunfo de la Revolución Cubana. Salvador se encontraba en Venezuela, asistiendo a la toma de mando de su gran amigo Rómulo Betancourt y de inmediato lamentó su miopía: no haber advertido la trascendencia de lo que ocurría en la isla. Sobre la marcha, decidió extender su viaje hacia La Habana para estudiar con los anteojos puestos esta épica escrita al margen de todos los tratados.

Cuando desembarcó, el 20 de enero de 1959, lo esperaba una desagradable sorpresa. Más de doscientos policías yanquis, armados y de uniforme, antecedidos por el alcalde de Miami y una alegre banda de *majorettes*, desfilaban por las calles de la ciudad. Escandalizado ante el absurdo reinante, Salvador pensó en regresar a Chile. El azar lo llevó a encontrarse esa tarde con un viejo amigo, el dirigente comunista Carlos Rafael Rodríguez. Frente a la inocente pregunta ¿Y qué haces acá?, contestó fastidiado: "Vine a ver esta revolución, pero como no hay tal, me voy". Rodríguez tuvo que emplear toda su paciencia militante para sacarlo del error. La visita estaba prevista desde el año anterior como "delicadeza" hacia Batista, y los revolucionarios simplemente optaron por no suspenderla. Tanto insistió Rodríguez, que Salvador accedió a permanecer en La Habana y contactarse con los máximos dirigentes del nuevo gobierno. Esa tarde recibió el llamado de Aleida March, entonces asistente

¿1958? ¿1964? El Tren de la Victoria es un símbolo viejo y querido de las campañas electorales para una izquierda que en los años 60 replanteará sus estrategias de poder.

Al cabo de cuarenta años, comunistas y socialistas han llegado a tener 11 senadores, 33 diputados y 255 regidores. Mientras tanto, 1.600.000 niños han muerto por desnutrición y de enfermedades curables. ¿Cuántos más morirán hasta que triunfe la revolución chilena a través de la bucólica senda elegida por la vanguardia del movimiento popular?
Punto Final, publicación de la izquierda radical, 1969.

A Salvador Allende, que por otros medios trata de hacer lo mismo, afectuosamente che

Compañeros, yo no
soy un Mesías, ni
quiero serlo. Yo quiero
aparecer ante mi
pueblo, ante mi gente
como una posibilidad
política. Quiero apare-
cer como un puente
hacia el socialismo...
Allende es un
hombre militante de
la revolución.
Tenemos que hacer
claridad política.
No podemos llegar al
gobierno, no podemos
llegar a La Moneda
con un pueblo
que espera milagros...
porque el milagro
tendrá que hacerlo el
pueblo y no yo.
Salvador Allende.

El Che brinda al perseverante
senador una cálida bienvenida
en la Habana triunfal de
enero del '59. Más tarde le
dedicará su libro *La guerra
de guerrillas.*

Puerta a puerta.
A contramano, muchas
veces, del "espíritu de
la época", Chicho sigue
incansable su prédica
del ideario socialista.

48

del Che, ofreciéndole el auto del comandante para conducirlo al Cuartel de la Cabaña.

"Ahí llegué yo y ahí estaba el Che." Como en todos los encuentros profundos, aquellos que trascienden su significado aparente, Salvador conserva los más mínimos detalles, incluso once años después. "Estaba tendido en un catre de campaña, en una pieza enorme, donde me recuerdo que había un catre de bronce, pero el Che estaba tendido en el catre de campaña. Solamente con los pantalones y con el dorso descubierto, y en ese momento tenía un fuerte ataque de asma." ¿Qué efecto tendrá sobre Allende este ejemplo de austeridad, de puritanismo revolucionario? Toma la palabra el Che: "Mire, Allende, yo sé perfectamente quién es usted. Yo le oí en la campaña presidencial del '52 dos discursos, uno muy bueno y uno muy malo. Así que conversemos con confianza, porque yo tengo una opinión muy clara de quién es usted". No será éste el único encuentro con el Che. Guevara le regalará luego a Salvador un ejemplar de su libro *La guerra de guerrillas*, escribiendo en la dedicatoria: "A Salvador Allende, que por otros medios trata de obtener lo mismo. Afectuosaménte

Che". ¿Qué es ese lo mismo que en lo más profundo, Allende y el Che tratan de obtener? Una respuesta evidente es la revolución. Hay otras. Ninguno de los dos es todavía lo que llegará a ser, sin embargo se reconocen en su mutua importancia. Salvador recuerda la calidad intelectual, el sentido humano de Guevara, su profunda visión continental y su concepción "realista" de la lucha de los pueblos. Más allá de esos intangibles, lo impresiona su mirada, como luego lo impresionará la de Ho Chi-Minh, una mirada transparente pero firme, cargada de ironía.

En esa primera visita al Cuartel de la Cabaña, Salvador conoce también a Fidel, cayendo rendido ante la "catarata humana". Si alguna vez encuentra alguien capaz de superarlo en energía y resistencia, ése prodigio es Fidel Castro. Lo impresiona su desbordante inteligencia, su personalidad arrolladora y su inextinguible prosapia. Después de verlo liderar una reunión del Gabinete, tiene oportunidad de compartir la cena y, luego, una larga, larguísima conversación de sobremesa. En su memoria queda grabada la imagen de los guajiros que juegan cartas y ajedrez tirados en el suelo, "con metralletas y todo". Este

contacto espontáneo con el pueblo, sin distancias ni formalidades, marca una honda impresión en Allende. Por primera vez se visualiza, no ya como "Su Excelencia" sino como el "compañero presidente". No obstante, a su regreso a Santiago, está más convencido que nunca de que será imposible repetir un proceso semejante en Chile. "Los cubanos", dice, "le han metido el dedo en la boca al imperialismo". Por esa misma razón, tendrá que redoblar su esfuerzo para conseguir el poder por la vía electoral. En el anverso de la moneda, está la previsible reacción de los Estados Unidos, que no tiene intención de poner la otra mejilla. Después del remezón del Caribe, el gobierno de Kennedy trata de enfriar el magma de insurgencia latinoamericana a través de la Alianza para el Progreso. En 1967, dirigiéndose a la Universidad de Montevideo, Allende dirá al respecto: "El 16 de abril de 1961, el gobierno de Estados Unidos intentó invadir Cuba. En agosto, ese mismo gobierno ofreció la Alianza para el Progreso para ocultar el crimen fracasado". En su concepción original, la propuesta de Kennedy suponía un bombeo de préstamos hacia los países dependientes, con ciertas exigencias de modernización social y económica. Después de demostrar con cifras que jamás se cumplió lo prometido, Salvador concluye: "Desolador recuento después de seis años de ebriedad publicitaria". Pese a que en Chile esta fórmula comenzó a aplicarse bajo el gobierno de Jorge Alessandri, su máxima expresión criolla estará en la "Revolución en Libertad", impulsada por el abogado Eduardo Frei, fundador de la Democracia Cristiana.

Con parte de la izquierda "poseída" por el fervor guevarista, Salvador Allende tiene que enfrentar su tercera campaña presidencial, a la edad de 56 años. Debe probarse nuevamente. Probar que aún tiene vigencia, probar que esos largos años gastados en la disciplina militante y la vida parlamentaria han enriquecido más que anquilosar su agudeza. Pero, ¿cómo hacerlo ante un socialismo que parece cada vez más joven, por momentos más infantil? Con muchos de sus antiguos aliados en los altos mandos de los partidos, Salvador consigue su nominación como candidato del FRAP sin demasiados contratiempos. Los verdaderos problemas los enfrentará en las próximas elecciones, las de 1970. Pero ésta será una campaña dura, con todas las cartas en su contra. Después de la amenazante victoria de la izquierda en una elección complementaria, la derecha ha decidido apoyar a Frei, en lo que considera su "sacrificio histórico". Lo cierto es que el gobierno de Jorge Alessandri ha terminado en el más absoluto desprestigio y no tiene

Aunque en 1965 Salvador Allende ofrece su renuncia a la masonería, ésta no es aceptada.

"Vote por Allende." El candidato recorre Chile en el Tren de la Victoria, 1963.

Allende se había formado como estudiante combatiendo en las calles contra la dictadura del general Ibáñez. Era un hombre de un pensamiento liberal avanzado. Como masón, compartía los ideales de libertad, igualdad y fraternidad de la Revolución Francesa y creía que en el socialismo podrían realizarse plenamente.
Testimonio de Clodomiro Almeyda, 1997.

Ni sol ni lluvia detienen al "eterno candidato" en la desigual campaña de 1964. Contra un bloque opositor unido, poco pueden el fervor, la esperanza o el apoyo de ciento ochenta mil mujeres que levantan su retrato.

A ustedes, compatriotas, les debo el que me hayan entregado su fe quebrada y su esperanza deshecha. Yo contribuyo con otros a restañar las heridas, a entregarles ese pedazo que les faltaba de confianza en ustedes mismos y a sentir fortalecida mi propia confianza por el cariño, el fervor y la comprensión que pusieron en mí.

Salvador Allende, campaña de 1964.

mejor alternativa. La "Revolución en Libertad" lleva todas las de ganar, por cuanto dispone del incondicional apoyo americano, que no se limita al consejo oportuno y a la frase de aliento. Dos millones de dólares son la cifra justa de su desvelo. Por primera vez se aplica una instrumentalización sistemática de los medios de comunicación, ésta es la ciencia pura aplicada al miedo. Como ejemplo, un afiche. De un lado, Santa Claus; del otro, un soldado soviético; al pie, la pregunta sutil: ¿a quién preferiría en su puerta para Navidad? Incluso Juana Castro, la hermana de Fidel, colabora en la diseminación del pánico. Un régimen como el cubano, dice, sólo busca imponer miseria, dolor y muerte. ¿Y qué busca imponer Allende? Reforma agraria, nacionalización de las riquezas, redistribución del ingreso. El mismo programa que ha guiado a la izquierda durante los últimos treinta años, en una versión más moderada. El comando de la candidatura de Frei, en cambio, lee entre líneas: "Adhesión absoluta al bloque soviético; identidad de procedimiento con el régimen cubano de Fidel Castro; sindicato único oficial; educación científica atea; propiedad colectiva y establecimiento del Estado policial contra los 'enemigos del pueblo' ". ¡Dios salve a Chile!

Contra esta verdadera campaña del terror, el FRAP apenas puede oponer la palabra de su candidato. Literalmente, éste pierde la voz. Por algunos días de julio de 1964, se produce la huelga de cuerdas vocales que da pie a toda clase de rumores. Ante el aluvión de llamadas, Salvador responde con un mensaje grabado: "Llevo muchos meses de campaña. He hablado, término medio, cinco o más horas al día, porque he de tomar contacto con el pueblo, dialogar con él, porque carecemos de los medios que permitan un contacto, Y por eso en esta tarea dura que me he impuesto mi salud se resintió". Entra en acción el viejo Tren de la Victoria –un ferrocarril arrendado que ya ha dado su pelea en la campaña de 1958– al que se suma la colaboración gratuita de sus intelectuales y los trabajos voluntarios. A falta de Sierra Maestra, bien se puede copiar la iniciativa cubana de los gestos simbólicos. Demasiado lúcido para deslumbrarse por esos esfuerzos erráticos, Salvador menea la cabeza y piensa que a "los muchachos" no les perjudicará algo de contacto con el pueblo. Una versión más sofisticada del mismo principio del amor gratuito fue la Exposición de la Solidaridad con el Pueblo de Chile. La idea era brillante: intelectuales de todo el mundo harían llegar donaciones para dar impulso a la escasa cobertura que recibía la campaña de Allende en los medios. Entre muchos regalos se recuerda un dibujo de Picasso, una partitura de Shostakovich, un libro autografiado de Bertrand Russell... Por desgracia, el título de la exposición alienó a la prensa invitada, que comió y libó a cuenta de la izquierda chilena, pero no gastó columnas en tema tan subversivo.

Una campaña cualquiera, incluso una que nace desahuciada, supone un enorme desgaste. De pueblo en pueblo, de puerta en puerta, hoy con los mineros del salitre, mañana con los indígenas del sur, en territorios fértiles donde son recibidos con aplausos, en sectores conservadores donde apenas consiguen la promesa de un voto... No es la épica guerrillera, pero la lucha electoral tiene su propia lírica. No obstante, las matemáticas electorales tienen muy poco que ver con el sacrificio humano. En las elecciones de 1964, el FRAP consigue poco más del tercio que cabe esperar y su derrota se debe a la coalición de fuerzas de sus opositores. Pese a las apariencias, el triunfo de Frei no obedece sólo a la intervención de la CIA, como la victoria de Allende en 1970 no reflejará la explosión de una adherencia popular nunca vista. Conocedor de estas limitaciones de la lucha, Salvador no demuestra desánimo. El camino lo vislumbra con

claridad: ampliar la coalición hacia el centro, conquistar sectores del electorado aún marginados de la vida política, difundir mejor su programa. Optimista incansable, ya tiene las próximas elecciones en la mira. Algunos de sus colaboradores, por el contrario, murmuran a sus espaldas que tres candidaturas bastan y que Allende debería superar su "complejo presidencial".

Pero hay más. La derrota de 1964 es contundente, para muchos lapidaria. Contra un frente unido de centro y derecha poco pueden los partidos obreros, pese a sus tres décadas de crecimiento gradual. Ya perdieron en 1958 por un puñado de votos en una carrera a tres pistas (en verdad, cinco). En la reciente elección, la derecha no ha corrido el menor riesgo. Aunque 1970 desmentirá estos supuestos, para una izquierda impaciente, dispuesta a crear a fuerza de deseo las condiciones históricas, ya basta de malgastar esperanza en la vía electoral. ¡Pueblo, Conciencia, Fusil... en 1965 hace su sonora aparición el Movimiento de Izquierda Revolucionaria... MIR, MIR, MIR! Tiene su cuna en la Universidad de Concepción, reuniendo bajo una sola consigna a todos los es-

píritus antisistema seducidos por la gesta cubana. Más que un verdadero foco insurgente, lo que el MIR genera en sus primeros años es una presencia mediática: algunos asaltos bancarios, el secuestro de aviones de LAN-Chile rumbo a la "Tierra Prometida", verbosos comunicados de prensa atribuyéndose tal o cual atentado explosivo. En el plano de la acción real, sus preferencias son más urbanas que rurales y concentran su activismo en las universidades o en las barriadas marginales que crecen como la hierba alrededor de Santiago. Con una plana mayor de jóvenes carismáticos y fotogénicos, el MIR gana momentum –y algunas metralletas– hasta que el gobierno de Frei lo declara fuera de la ley. Como parlamentario de viejo cuño y firme convencido de que las condiciones chilenas permitirán el tránsito pacífico hacia el socialismo, Salvador observa estos acontecimientos con distancia. Y algo de malhumor. Como hombre de familia, su situación es más compleja. Uno de los máximos dirigentes del MIR es su sobrino Andrés Pascal, quien corre a refugiarse a la casa del secretario de Allende cuando lo busca la policía. Esto causa una *impasse* político-familiar que se resuelve con una

Gracias al apoyo de la derecha, el demócrata-cristiano Eduardo Frei conquista mayoría absoluta para iniciar su "Revolución en Libertad".

Tras décadas de amistad, un saldo amargo: Salvador no volverá a tutear a "Su Excelencia".

¿No dijeron que éramos come-guaguas y que queríamos el paredón? Ahora que terminó la película dicen que somos buenos y nos buscan. ¡No esperen de nosotros ni la sal ni el agua!
Respuesta del senador socialista Aniceto Rodríguez al pedido de colaboración de la Democracia Cristiana, 1964.

Pese a las apariencias, el senador Carlos Altamirano representará el rostro del socialismo más radical.

Retrato de pareja en los años '60. Era la foto preferida de los Allende.

Los defectos de los hombres los conocemos todas: la irresponsabilidad, la vanidad, el machismo, la falta de cooperación en el hogar… ¡Pero es tan difícil generalizar! Hay muchos hombres trabajadores, responsables, eficientes y serios. Las cualidades principales del hombre son la picardía, la simpatía, la galantería. Los defectos pueden remediarse…

"Tencha" Bussi habla del hombre chileno, revista *Paula*, 1970.

llamada de atención a Puccio: "Cómo se le ocurre, hombre, hacer esto sin consultarme". Por otra parte, su hija Beatriz, la "Tati", milita en el socialismo, pero tiene inocultables simpatías guevaristas y ameniza los domingos en familia con una nutrida crítica a la democracia burguesa y sus apolillados actores. Más importante para su proyecto político es el congreso de Chillán de 1967, cónclave del Partido Socialista. Por primera vez, el partido del cual Allende fue fundador se declara "marxista-leninista" y completamente escéptico sobre las ventajas de la vía parlamentaria: "La violencia revolucionaria es inevitable o legítima. Las formas pacíficas de lucha no conducen por sí mismas al poder". Abucheado en Chillán, Salvador no se da por vencido. Conocedor del paño socialista, sabrá combinar silencios prudentes, golpes de muñeca y gestos simbólicos, a la espera de su nueva hora.

Entre una elección y otra se extiende ese frente opaco, ahora subvalorado de la vida parlamentaria. Como senador por Valparaíso debe enfrentar un nuevo terremoto, nunca un tema de su agrado. Antes de que terminen las sacudidas ya está en el escenario de su infancia, que en buena parte ha quedado reducido a escombros. Quizá sea este golpe en la memoria, esta trizadura del pasado, lo que lo lleva a increpar a Frei cuando aparece en escena. Hasta entonces han sido grandes amigos, vecinos en la playa de Algarrobo, protagonistas de cientos de anécdotas marcadas por la confianza. Esta tarde le reprocha duramente: "¡Han transcurrido 48 horas desde el terremoto... ¡Y usted, Presidente, viene llegando en este momento!". No será ésta la última acusación que le dirija. A fines del mandato de Frei, Salvador protestará por la lentitud con que se ha llevado a cabo la reforma agraria, el enorme costo de la nacionalización del cobre, las promesas que no se han cumplido de mejoramiento habitacional, la creciente inflación. Más aún, a causa de la brutal represión de algunos levantamientos populares, se hará eco de la ironía de Fidel: "Frei prometió una revolución sin sangre y ha entregado sangre sin revolución". Entre las ruinas de Valparaíso, se ha perdido una gran amistad. Pero la tensión va más allá de lo personal y guarda relación con la disputa por un nicho político donde Democracia Cristiana e izquierda luchan codo a codo, voto a voto. Campesinos, pobladores, estudiantes, amas de casa, se vuelven un territorio de inédita importancia. A mediados de 1969 se produce un conato de golpe militar bajo el pretexto de reivindicaciones salariales. Frei, el mismo Eduardo Frei que guardará silencio en los momentos críticos del gobierno de la UP, saca al pueblo a las

Pompa y circunstancia. Como presidente del Senado, Salvador Allende escolta a dos mujeres legendarias: Isabel II de Inglaterra e Indira Gandhi.

Pese a sus prácticas de tiro, Allende defiende un solo camino hacia el poder: la vía parlamentaria.

Duelo militante. Muerto el Che Guevara en la selva boliviana, Salvador extiende su solidaridad a los sobrevivientes de la guerrilla. Su gesto levantará una dura campaña en su contra.

calles: "Chilenos, paralicemos al país, paralicemos los transportes, salgamos a defender la libertad". El Partido Comunista se suma a la convocatoria y el PS estrena con cierto recato su nuevo rostro: "Llamamos a los trabajadores no a defender la institucionalidad burguesa, sino a movilizarse para imponer sus reivindicaciones políticas y sociales". A los "militares huelguistas" –que lo invitan a una reunión secreta, confiando en conseguir su apoyo– Salvador les explica en dos severas palabras lo que piensa de su plan.

1967: otro golpe a la memoria, muere el Che en La Higuera. Ante el documental fotográfico, casi artístico en su perfecta crueldad, Salvador por primera vez se deja embargar por el dolor. Vocifera en el Congreso, exige al enemigo invisible que devuelva el cadáver, lo reclama personalmente, como si fuera una parte suya la que acaba de morir en la guerrilla. Sin conseguir su propósito, hace un deber de recibir al puñado de sobrevivientes cubanos que ha cruzado la frontera de Bolivia. Los acompaña hasta Tahití para devolverlos sanos y salvos en manos de Fidel. El gesto militante le cuesta un revuelo doméstico. Ya ha ganado bastantes enemigos por su conspicua participación en la OLAS (Organización Latinomericana de Solidaridad), una iniciativa cubana que persigue la colaboración transnacional con los movimientos insurgentes. Ahora, como presidente del Senado, es blanco de una campaña de prensa que busca su inhabilitación, por procederes reñidos con la democracia. A la provocación, provocación: al volver de la Polinesia, viste guayabera y un sombrero de paja, mientras empuña desafiante un bastón tahitiano. Parlamentario-contestario: una nueva imagen para una antigua postura. Acaso hay más fundamento que la lealtad revolucionaria tras este cambio de estilo. El mundo entero ha sufrido una conversión con Vietman, con Cuba, la Iglesia aggiornada ha redefinido su postura en el Segundo Concilio Vaticano, la juventud ha conquistado a pedradas un intransigente protagonismo... ¡Muera el *establishment*! ¡Muera el terno y la corbata! Son los tiempos de Mafalda y la minifalda, de la liberación sexual y la revolución de las flores, la primavera está a la vuelta de la esquina. El mayo de París y los tanques en Praga, que llevarán a Allende a definir más vehementemente su postura de independencia respecto del eje soviético. Estar al día es estar en contra y en eso Salvador cuenta con décadas de ventaja.

Hacia fines del gobierno de Frei, el senador Allende emprende un nuevo viaje en busca de inspiración revolucionaria, esta vez a Vietnam. Invitado por Ho Chi-Minh, es uno de los últimos políticos que tiene oportunidad de conversar con el viejo líder. Lo impresiona su sabiduría, su austeridad, la permanente preocupación que muestra por los más jóvenes. En esta visita adquiere la necesaria serenidad para dialogar con esa juventud imperiosa que lo rechaza sin oír, que lo critica sin comprender la lógica última de su propuesta. Una periodista le pregunta en qué personaje le gustaría reencarnarse. Sin necesidad de pensar, Salvador contesta: En Ho Chi-Minh, el hombre que más lo ha impactado en su vida –después del abuelo Ramón–. Continúa la entrevista: "Y de haber nacido en la Edad Media, ¿qué oficio le habría tocado desempeñar?". La respuesta del futuro presidente tiene el carácter de una profecía autocumplida: víctima de la Inquisición. Antes de llegar a la pira, tendrá que armarse de paciencia.

Vietnam heroico: "La tierra del Tío Ho me golpeó fuertemente y el viejo me produjo la más fuerte emoción de mi vida".

Entre tradición y cambio. Frente a una izquierda cada vez más contestataria, el senador Allende defenderá con astucia su liderazgo.

En Chile hay que unir la izquierda, cueste lo que costare. Y tú podrías ayudar y mucho. Necesitamos aglutinar los viejos y los nuevos combatientes. Creo que como nunca la levadura social está sacudiendo nuestras patrias. No podemos seguir en lo insustancial y bizantino.

Carta a su amigo el "Perro" Olivares, México, 7 de junio de 1969.

VENCEREMOS

P oco se ha destacado la verdadera originalidad de Salvador Allende. A ese memorable título de "primer presidente marxista democráticamente electo" debería sumarse: pese a la reticencia de sus aliados. Difícil comprender cómo un político lúcido, famoso por su astucia y su "muñeca", se vio embarcado en una empresa tan infernalmente compleja. Ya en 1969, con miras a las presidenciales del año siguiente, la izquierda no estaba segura de querer a su "eterno candidato" como abanderado. El Partido Socialista había definido su postura: ¡Adiós a las urnas! (*ma non troppo*). Cuando se pidió un nombre para futuro presidente, postularon a Aniceto Rodríguez, secretario general del partido. Fue sólo en la reunión del Pleno donde Salvador conquistó la mayoría, pero el episodio dejó entre los próceres una soterrada tensión. Tampoco el Partido Comunista apoyaba a Allende sin reservas, pese a compartir su filosofía. Según su líder, Luis Corvalán, "habíamos observado que, en los últimos tiempos, se repetía en sus discursos, caía en lugares comunes y frases hechas. Daba muestras de estagnación. El movimiento popular había crecido más que él". Con paciencia digna de mejor causa, Salvador soporta estas críticas constructivas, a la vez que los desafía a buscar un nombre más adecuado. Sabe que, diga lo que diga el *people meter* del PC, él es "un mal inevitable". En las elecciones presidenciales de 1964, ha logrado diez puntos más de lo que obtienen sumados los partidos marxistas en las parlamentarias del año siguiente: Allende es una marca registrada de la izquierda chilena. Pero hay más que la simple aritmética electoral. Con entusiasmo o a regañadientes, todos admiten que Salvador es el único que puede mediar entre posturas tan distantes como el cansado reformismo de los radicales y la intransigencia socialista post Chillán. Aunque *El Mercurio* se refiera porfiadamente a la Unidad Popular como "los comunistas y sus aliados", hay delicados matices, vividos con fundamentalista seriedad. Una coalición tan diversa

Palabra de honor: "Porque esta vez no se trata de cambiar un presidente, será el pueblo quien construya un Chile bien diferente". Rancagua, agosto de 1970.

Como la Coca-Cola –dijo–, soy un producto que ya está metido. A Allende lo conocen en todos los rincones de Chile. ¿Cuánto tiempo y cuánta plata se necesitarían en cambio para meter a Chonchol?... Además, soy el único que puede llegar a tener el apoyo de todas las fuerzas de izquierda. No hay otro.
Eduardo Labarca Goddard,
Chile al rojo.

puede transformarse en un cocktail explosivo, sólo el fino pulso de Allende podrá manejarlo. O, cuanto menos, tratar.

Salvo Pablo Neruda, del PC, los otros pre candidatos son opacos competidores: Alberto Baltra del Partido Radical –que luego se transformará en un ardiente opositor de la Unidad Popular–; Jacques Chonchol del MAPU; Rafael Tarud del pequeño API. A fines de 1969 ya se ha dado a conocer el programa de la UP, pero ni partidarios ni opositores saben quién será su líder. Ha pasado el límite para la inscripción en el Registro Electoral, el Partido Comunista presenta su ultimátum. Si para el 22 de enero no sale humo blanco, Pablo Neruda será el candidato. Para dar más peso a su amenaza, convocan a una concentración en una de las grandes plazas de Santiago, y sólo a último minuto se define el nombre que en pocos días cubrirá las paredes de todo el país. En *Confieso que he vivido*, Neruda recuerda: "En un momento afortunado llegó la noticia: Allende surgía como candidato posible de la entera Unidad Popular. Previa aceptación de mi partido, presenté rápidamente la renuncia a mi candidatura. Ante una inmensa y alegre multitud hablé yo para renunciar y Allende para postularse". No lamentará su sacrificio. En su irónica ternura celebra la condición dominante del carácter de Salvador, la tozudez. La vía chilena no tendría mascarones de proa y caracolas de mar, pero para el pueblo, Allende es un rostro viejo y querido. Así lo repiten, levantando su retrato: "Allende, amigo, el pueblo está contigo". Este vínculo secreto, casi telepático entre Salvador y su gente, que a menudo trasciende las estructuras partidarias, será una constante en los años venideros. En su expresión máxima tendrá la forma del vacío. En estos inicios de la lucha, es la matriz de un puente a construir.

Y comienza la campaña. El viejo Tren de la Victoria, que jamás hizo justicia a su nombre, es reemplazado por un DC-3 sobreviviente de otras guerras. Con él, Salvador se desplaza por el "brusco e interminable territorio", tratando de hacer oír su mensaje. Quizá para evitar la estagnación, se ha modernizado el estilo con la intervención de intelectuales y publicistas que apelan a un electorado más joven, más crítico, y más consciente ideológicamente. Durante la década de los '60, el foro político ha salido de los sindicatos y organizaciones partidistas, para extenderse hasta los centros de madres, juntas de vecinos, clubes deportivos, patios de liceos, donde se discute de oídas la teoría marxista en versión compacta de Marta Harnecker. Y como Woodstock

Secretario general, contendor postergado. La nominación del precandidato socialista fue un silencioso duelo entre Salvador y Aniceto Rodríguez.

El pueblo espera al candidato de la Unidad Popular. Pablo Neruda renuncia a su candidatura para respaldar con cariño al "porfiadísimo compañero".

Conocía al candidato. Lo había acompañado las tres veces anteriores, echando versos y discursos por todo el brusco e interminable territorio de Chile. Tres veces consecutivas, cada seis años, había sido aspirante presidencial, mi porfiadísimo compañero. Esta sería la cuarta y la vencida.

Pablo Neruda,
Confieso que he vivido.

La Democracia Cristiana postula a Radomiro Tomic con un programa coincidente en muchos puntos con el de la Unidad Popular.

El ex presidente Jorge Alessandri, representa adecuadamente los intereses de una derecha "modernizada".

ya se encuentra hasta en los cines de barrio, estas manifestaciones tienen algo de concierto de rock, de espectáculo de masas, de histeria colectiva. No falta la magia de los ídolos, la milagrosa proximidad de lo imposible, tener al alcance de la mano a alguna actriz de teleseries, un comentarista deportivo, para relatarlo en la próxima reunión vecinal. En la tarima se turnan los cómicos, los poetas y escritores, los cantantes dejan la tibieza de sus peñas para salir a las calles donde la música se ha vuelto un rugido. Ninguno falta a la cita, Inti Illimani, los hermanos Parra, Víctor Jara y los famosos Quilapayún, con sus bombos, zampoñas y charangos, listos para preguntar al mundo: "¿Qué culpa tiene el tomate?". Más que un compromiso político, la participación es un acontecimiento social, una búsqueda de indentidad, un rito iniciático. El público deviene protagonista. ¡Y qué protagonista! Quien imagine estas manifestaciones como una columna disciplinada en movimiento, debe abandonar su fantasía. Son el caos mismo, un desborde de entusiasmo y ruido, toda la fuerza entrópica de la postergación avanzando en el estrecho cauce de la democracia. Colores para elegir: rojo amaranto para las juventudes comunistas, verde olivo para las socialistas, verde para el MAPU, rojo y negro para el MIR –que, sin sumarse a la UP, domina el espacio acústico con su beligerancia–. Y entre las banderas y los uniformes, marchan también los que no siguen a ningún partido, los que siguen su olfato más que sus convicciones, los que tienen algo que ganar, los que nada tienen que perder... Hay para todos los gustos, desde burgueses revolucionarios hasta reformistas proletarios, de ascetas a hedonistas, de místicos a oportunistas. ¿Qué más se podía esperar juntando un millón de chilenos? Bajo el común denominador de "pueblo" se esconde una diversidad que resiste toda taxonomía. Un sine qua non para el éxito del proyecto, sólo si llega a trascender como un ejercicio de la renuncia.

Quizá Salvador habría preferido estar abajo, entre las multitudes que hacen poco más que saltar para espantar el frío y bailar como si la política fuera una fiesta. Entonces no estaría expuesto al frenesí propagandístico, una de las cosas que más aborrece de la vida política. Y sin ser un buen orador, debe elevar su voz por sobre el estruendo para explicar punto por punto el programa de la Unidad Popular. No es tan distinto, al fin y al cabo, del leitmotiv de la izquierda desde sus orígenes. Salvador ha dedicado casi cuatro décadas a perfeccionar un proyecto que sea posible dentro de la democracia, a partir de la democracia,

¿pero es tan obvio? No será el suyo, dice, un gobierno que sólo prometa bienestar, aunque también lo promete. Para difundir el programa se han formado los Comités de la Unidad Popular, que tienen como arma estratégica las "Primeras 40 Medidas": salud y educación gratuitas, sueldos justos, vivienda digna, control de la inflación... Poco dicen ellas sobre la esencia sacrificial del proyecto, sobre la necesaria austeridad revolucionaria. Pero para Salvador son promesas, una nueva jaula de hierro. Aunque vaya contra los postulados más sagrados de la economía, tratará de cumplir hasta el último día de su gobierno. En lo esencial, sin embargo, lo que la izquierda se propone es mucho más ambicioso, un proyecto de reinvención de la sociedad. No la nacionalización de las riquezas minerales, no un simple sistema de cambios de propiedad, no modificaciones cosméticas de la vieja grieta heredada junto con la historia. Su verdadero mensaje es crear poder popular. El pueblo entrará a su lado al palacio de gobierno, estará representado en todos los organismos de ejecución, se oirá su voz en las empresas estatales, en los herméticos despachos ministeriales donde siempre se han

ANTONIO LARREA

"Si prefieren, entonces, me convertiré en el lacónico Allende", responde irónico a críticas de sus aliados sobre el contenido y la extensión de sus discursos.

"Venceremos, venceremos, mil cadenas habrá que romper", himno oficial de la Unidad Popular.

interpretado o creído intrepretar sus aspiraciones... Será necesario reformar la Constitución, crear un nuevo Parlamento, modificar el régimen electoral, organizar al pueblo en una red de voces unidas y disciplinadas, pero dotadas del soberano derecho a discrepar... La distribución de alimentos quedará en sus manos, para eso crearán las Juntas de Abastecimientos y Precios; el arbitraje de los pequeños incidentes vecinales estará a cargo de los Tribunales Populares. Más allá de su fuerza simbólica, el poder popular tendrá una forma orgánica. ¿Comprenderán todos la originalidad de su propuesta? Es aquí donde quizá radica la mayor dificultad: construir un proyecto que no encuentra referente en la historia. El supuesto convertido en precepto. Tanto para la oposición como para sus partidarios, este futuro hipotético carece de una representación constatable.

Una violencia insoportable define los meses previos a la elección. Chile, el islote de la cordura, cada día disimula peor su verdadera naturaleza. La batalla en cámara lenta que ha ido desarrollándose a lo largo del siglo ha sufrido una súbita aceleración. Cada marcha se encuentra con una contramarcha, a menudo la fiesta termina en comisaría, en hospital, en velorio. Los estudiantes protestan por la represión policial, el MIR intensifica sus asaltos contra las fuerzas de orden, se declara estado de sitio, hay acuartelamiento de tropas. Se teme la inminencia de un golpe militar. En agosto, Allende sufre el primer ataque contra su vida: el tren en el que viaja rumbo al sur es objeto de un atentado explosivo. Bombas, atentados, acuartelamientos, que no responden a una crisis política o económica que resolver. Esta agresividad no estratégica, sin un objetivo claro, revela la emergencia de la violencia como un modo de expresión. Incluye, pero no se reduce, a los atentados terroristas de izquierda y derecha. También da cuenta de las luchas a pedradas, los desmanes contra las sedes de los partidos, la confrontación física de los manifestantes y la gratuita violencia de las intervenciones policiales. Está claro, algo ha cambiado en la manera de hacer política. Con 61 años cumplidos, Salvador resiente las tensiones previas a su nominación y esta ola de irracionalidad que parece sumergir al país. Dos meses antes de las elecciones, su corazón le dice basta. En pleno centro de Santiago sufre un ataque cardíaco. Su hija Beatriz, que ya es médica, le ordena guardar reposo. Salvador pasa algunos días en cama, rodeado de sus colaboradores y pendiente del teléfono. Antes que lo den de alta, ya está de vuelta en la televisión dispuesto a seguir la contienda. Pese al estricto

secreto con que se trató el episodio, algunas noticias filtraron a la prensa y no faltaron los dirigentes de izquierda que quisieron retirar su candidatura. Reposo absoluto. Para desmentir los rumores llama a una radio y los desafía: "Si quieren entrevistarme, preparen un buen almuerzo regado con buen vinito". Chicho conserva su humor.

¿Quiénes son sus dos contrincantes en esta nueva elección? Salvador los define: "Tomic habla de una participación popular en su proyectado gobierno. Alessandri sostiene que sabe entender a los obreros. Nosotros no hablamos de una participación popular ni de entender a los trabajadores. Nosotros somos pueblo y será éste quien gobierne realmente". Pero antes convendría preguntar por qué se produce esta incierta división en tercios, que sólo puede beneficiar a la izquierda. El romance entre la derecha y la Democracia Cristiana ha sido efímero. Más allá del común deseo de bloquear la candidatura de Allende,

no los unía una verdadera filosofía política, y las tibias reformas realizadas son vistas por la oligarquía como una traición. En esta campaña, la derecha levanta a su propio candidato, Jorge Alessandri, una vieja foto del álbum presidencial. Seis años atrás terminó su gobierno con pocos aplausos, pero el pueblo chileno tiene mala memoria. En esta vuelta lidera las encuestas de popularidad. Cuenta además con la bendición, contante y sonante, del gobierno de Richard Nixon, que le ha dado su respaldo a través de la CIA y las multinacionales. Los informes de la inteligencia americana aseguran su victoria, hasta que se produce el foro fatal. En un programa de televisión, el septuagenario Alessandri se ve decrépito, tembloroso, mal maquillado. ¡Un pecado imperdonable en la era de la imagen! –sobre todo tras invertir dos millones de dólares en estrategias de comunicación–. Esta connivencia entre la derecha y el gobierno norteamericano no es nueva, pero en su forma actual resulta más

Allende tenía gran facilidad de comunicación con las masas. La comunicación directa con él no era tan fácil como la que tenía con las masas. Le era más fácil explicar una cosa a diez mil personas que a una sola.
Osvaldo Puccio,
Un cuarto de siglo con Allende.

"Todo el mundo gozaba de la alegría de lo colectivo, del mirarse, del empujarse, del jugar, del sentido comunitario, que en esos días era el fantasma que recorría el país", al decir del escritor Esteban Valenzuela.

virulenta que la patrocinada bajo la Alianza para el Progreso y se volverá una constante durante todo el gobierno de la Unidad Popular. La sospecha-certeza de una conspiración será el tema obligado de los discursos de Salvador, al punto que sus detractores lo acusan de delirio persecutorio. Ni siquiera la publicación de los documentos secretos de la ITT o el informe del Senado americano lograrán convencer a los más escépticos.

El segundo candidato opositor es el abogado Radomiro Tomic, un demócrata-cristiano con una plataforma tan parecida a la de la Unidad Popular que incluso propone la Unidad del Pueblo. ¿Alcance de nombres? No, su proyecto también contempla la nacionalización del cobre, una profunda reforma agraria, la creación de un área de propiedad social, la necesidad de una nueva Constitución y una política exterior abierta a todos los países, no alineada en función del antagonismo Este-Oeste... En pocas palabras: una revolución con cruz al cuello que la derecha no puede apoyar. Desde una postura menos ideológica, resulta inevitable preguntar por qué Tomic y Allende no unieron sus programas. Lo cierto es que hubo conversaciones en ese sentido, pero no se consiguió el consenso. Poco antes de las elecciones hubo una reunión secreta entre Allende y Tomic, en la que se acordó respetar la victoria de quien obtuviera más de 30.000 votos sobre su oponente. Casi al mismo tiempo, Eduardo Frei prometió respetar la victoria de Alessandri, y este último, seguro de que ganaría, simplemente prometió respetar al vencedor. Aunque tuviera "un solo voto de ventaja".

4 de septiembre de 1970. Por una de esas paradojas de la historia, el día de las elecciones Salvador no pudo votar. Según el registro electoral debía hacerlo en el extremo sur del país, pero sus generalísimos prefirieron retenerlo en la capital, confiando en la anhelada victoria. Registra la crónica que "vestido de chaqueta azul y pantalón gris" –el uniforme oficial de la pequeñoburguesía chilena– a las 11 de la mañana estampó las razones de su abstención en una comisaría de Santiago. Un poco más tarde, Radomiro Tomic, como gentleman inglés en sobrio traje gris, votó por sí mismo. De impecable terno azul y sin abrigo, Jorge Alessandri también emitió su sufragio y, al salir de la caseta, mostró sus manos a los periodistas, todavía ofendido por el bochorno televisivo. "¿Ven que no tiemblan?", señaló. No registra la crónica el look de los casi tres millones de votantes que concurrieron ese día para manifestar su cultura cívica, tampoco se explaya sobre los seiscientos mil que prefirieron seguir el devenir de la historia en la televisión. Sólo afirma que su comportamiento fue ejemplar.

A las 2.50 de la madrugada, se conocen finalmente los resultados. Con un 36,3% de los votos, Salvador Allende puede considerarse vencedor. Champán, challa, serpentinas; abrazos, canciones y lágrimas. Toda emoción pretérita tiene algo de ajena, no es posible describir la dicha ya terminada la fiesta. Pero estuvo ahí, la luna al alcance de la mano. Por horas, la noche se detuvo para que la embriaguez del triunfo no deviniera resaca. Si nos fuera dado detener la historia, ¿por qué no hacerlo en este punto? ¿Por qué no librar al país de la sombría intervención de la CIA? ¿Por qué no salvar al general Schneider de una muerte tan estéril como inmerecida? ¿Por qué no evitar dos meses de penosas negociaciones que apenas auguran el diálogo de sordos que está por comenzar?

A partir de esta noche, todo será descenso. Mañana ya no se hablará de victoria, sino de "primera mayoría relativa". Allende no será el presidente electo, sino el "candidato presuntamente electo". Dos veces se atentará contra su vida, deberá rodearse de una guardia armada, la inseguridad comenzará a infiltrar cada acción y cada omisión. No habrá recurso que no se intente para impedir su mandato, ni Dios ni ley evitarán el más primitivo ejercicio de la crueldad. Y eso será sólo el inicio.

Soy tan sólo un hombre con todas las debilidades y flaquezas de todo hombre, y si supe soportar las derrotas de ayer, acepto hoy sin reservas y sin espíritu de venganza este triunfo que nada tiene de personal.

Salvador Allende, la noche del 4 de septiembre.

Allende: 36,3%, Alessandri: 34,8%. Conmovido, Salvador saluda la victoria, dando inicio a la fiesta. La Primera Dama pone el toque de solemnidad.

VIRTUAL
REALITY

El Informe Church del Senado americano, en versión de bolsillo. Richard Nixon está furioso. No esperaba este golpe bajo del electorado chileno. ¡Así agradecían los 11 millones de dólares invertidos en su educación política durante la última década! ¿Y toda esa campaña disuasiva tan bien organizada? ¿Y los genios de la publicidad, con su maldito afiche de los tanques frente a La Moneda? ¿Y el ingenuote de Korry, su embajador en Santiago, que le había prometido que ganaría Alessandri? ¡Tropa de inútiles! *That son of a bitch*, se lamentaba... *That bastard*, refiriéndose a Salvador Allende Gossens, futuro presidente de Chile. Kissinger y su dichoso Comité 40 no habían hecho el menor caso de los alarmantes informes que enviaba la ITT. Sólo se podía confiar en la CIA. ¿Pero se podía, realmente? El 15 de septiembre llama a Richard Helms a la Oficina Oval, quien resume sus instrucciones: "Hay una posibilidad en diez, pero ¡salvemos a Chile! – Vale la pena gastar– No reparar en los riesgos involucrados – 10 millones de dólares, más si es necesario – Trabajo full time, los mejores hombres - Juego de equipo – Hacer aullar la economía – 48 horas para un plan de acción". Más diplomático, el embajador Korry envía a Eduardo Frei una carta donde afirma: "Debe saber que no permitiremos que llegue a Chile un tornillo ni una tuerca bajo Allende. En cuanto Allende asuma el poder, haremos todo cuanto esté en nuestra mano para condenar a Chile y a los chilenos a las mayores privaciones y miserias... En consecuencia, si Frei cree que va a existir otra alternativa que la miseria total, que ver a Chile postrado de rodillas, es un iluso".

Liquidar a Allende, ésa es la orden. La primera estrategia para lograrlo nació de una previsión, la Constitución chilena entonces vigente: no existiendo una mayoría absoluta, al Congreso le correspondería elegir entre las dos primeras minorías. La tradición histórica, sin embargo, se inclinaba a respetar a quien obtuviera la victoria en las urnas. Para cambiar

Richard Nixon y Salvador Allende. El presidente "presuntamente democrático" pierde la paciencia y el candidato "presuntamente electo" espera. El Congreso Pleno que se reunirá el 24 de octubre de 1970 tendrá la última palabra.

Allende: ... No identifico al pueblo de los Estados Unidos con las acciones de la CIA en los asuntos internos de mi país.
Bush: Señor Presidente, la CIA es también el pueblo de los EE.UU.
Allende: Sr. embajador, le ruego que se retire.
Bush: Sr. Presidente, ¿he dicho algo improcedente?
Allende: La entrevista ha terminado. ¡Adios!
Diálogo entre el presidente Allende y George Bush, embajador de los Estados Unidos ante la ONU, 1972.

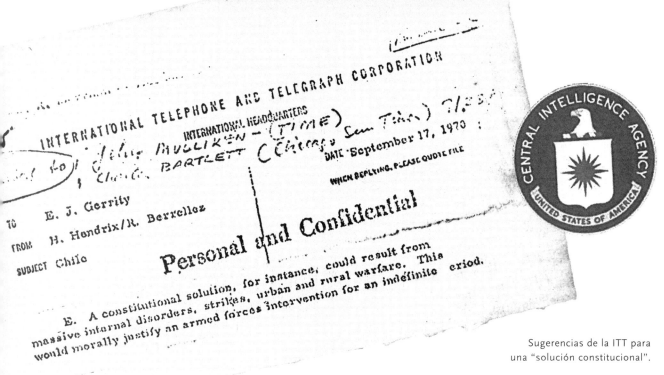

INTERNATIONAL TELEPHONE AND TELEGRAPH CORPORATION

INTERNATIONAL HEADQUARTERS

John Mulliken — (TIME)
Charlie BARTLETT (Chicago Sun Times)

DATE: September 17, 1970

WHEN REPLYING, PLEASE QUOTE FILE

TO   E. J. Gerrity

FROM   H. Hendrix/R. Berrellez

SUBJECT Chile

Personal and Confidential

E.   A constitutional solution, for instance, could result from massive internal disorders, strikes, urban and rural warfare. This would morally justify an armed forces intervention for an indefinite eriod.

Sugerencias de la ITT para una "solución constitucional".

Informar a esos oficiales golpistas que el gobierno de EE.UU. les dará su respaldo total en el golpe, con excepción de una intervención militar directa.

Cable 762 de la Oficina Central de la CIA a Santiago, 14.10, 1970.
En Joan Garcés, *Allende y la experiencia chilena.*

este esquema había que producir el pánico. "Hacer aullar la economía", desde luego, provocar un clima de terrorismo, de ser preciso sobornar al Parlamento, ofrecer la presidencia a Eduardo Frei a través de un complicado enroque político. Uno, elegir a Alessandri en el Parlamento; dos, conseguir su renuncia; tres, llamar a una segunda rueda eleccionaria; cuatro, presentar a Frei como candidato único contra la izquierda. Todo se intentó, todo falló. No obstante ser una idea tentadora, la Democracia Cristiana eligió plegarse a la voluntad popular.

La segunda estrategia resultaba más descabellada. El momento era prematuro para intentar un golpe militar y no contaban con tiempo para preparar la atmósfera de caos que justificara un levantamiento. Para complicar la situación, el comandante en jefe del Ejército, René Schneider, insistía en su postura de neutralidad. Pero Nixon quería resultados antes del Congreso Pleno, era preciso diseñar un plan. Así nació Track II, un proyecto absurdo y condenado al fracaso. Con la ayuda de dos grupúsculos asociados a las Fuerzas Armadas y la derecha chilena, se concibió la febril idea de secuestrar a Schneider para provocar la indignación del Ejército, la subversión de sus mandos, el cuartelazo y... el *happy ending*: Allende, fuera de combate. No fue por falta de empeño que los Estados Unidos no consiguieron su objetivo. A través de Paul Wimert, el agregado militar en Santiago, sostuvieron incontables reuniones, ofrecieron un prudente soborno a los involucrados, proveyeron armas, amoroso consejo, guía espiritual. Sólo les faltó apretar el gatillo y su protagonismo habría sido completo. Sin embargo, Kissinger protestaría después que, "a último momento", la CIA desistió de su plan y que las armas empleadas eran de origen nacional. *Chilean crap!* Es cierto, el proyecto original sólo contemplaba el secuestro, pero era una contingencia a calcular que un soldado intentara defenderse. Cuando un combazo rompió el vidrio de su auto, Schneider sacó su pistola y ahí terminó el astuto complot. Olvidando sus órdenes, los asaltantes dispararon a matar. El general que juró defender la Constitución dejó de existir dos días después, sin llegar a saber que su sacrificio sólo dejó un borrón en un libreto que nunca debió escribirse.

Los altos mandos despiden a René Schneider. El asesinato del comandante en jefe del Ejército fortalece la postura de su sector constitucionalista.

El 8 de septiembre, el presidente Frei reúne a los comandantes en jefe, al director general de Carabineros y a mí, y nos informa de la entrevista que sostuvo el día anterior con el senador Allende, en la que le había expresado francamente que su acceso al poder era caer irreversiblemente en el marxismo.
Carlos Prats, *Memorias.*

Para Allende, el sacrificio de Schneider fue "el acontecimiento imprevisible que ha salvado a nuestra patria de la guerra civil".

EN
PRIMAVERA
Y DE
FIESTA

L a banda y la insignia presidencial, símbolos de un siglo y medio de vida republicana, imprimen sobre Salvador un nuevo significado. No ya en su vida, en su currículum o en la frágil memoria de Chile, sino ante el mundo entero. El 3 de noviembre de 1970, la Unidad Popular asume su privilegiado lugar en la historia. Ni Francia ni Italia, dos países que por tradición y escenario político podían dar el gran salto, lo han conseguido. Para Chile, siempre sensible a su imagen internacional, esto equivale a un título de campeones mundiales. Primeros en algo. Lo que sea. ¡Y todos esos periodistas suecos que se agolpan frente a La Moneda! Por una vez hay ecos de verdad en la mitología criolla. Para las ciencias políticas, el experimento chileno reviste el mayor interés. Un interés que quizá supera las posibilidades, las ambiciones, los talentos de la Unidad Popular. Es cierto, algunos de los grandes supuestos de la izquierda chilena han demostrado ser inexactos: ni se negó su victoria en las urnas ni se impidió la toma de mando. Pero la revolución en democracia comienza recién ahora. El largo proceso de elección y ratificación ha sido la condición necesaria para intentar la conquista del poder. Hasta la fecha, la Unidad Popular sólo ha conseguido el gobierno. Esta nueva vía significa una concepción distinta del conflicto social en el tiempo. No lo evita, pero posterga su desenlace. Con suerte podrá limitarlo al ajedrez de los poderes del Estado, circunscribirlo a una batalla de papel que desplace calladamente el poder desde quienes lo detentan a quienes lo reclaman. Quizás esto se olvidó al calor del triunfo, en el fragor de los discursos, en la febril sustitución de lo real por lo imaginario: la Unidad Popular nunca pretendió ser la Utopía. Apenas un gobierno que generara las condiciones mínimas para iniciar el tránsito hacia el socialismo. Superar la dependencia económica, transferir al Estado recursos estratégicos, reparar el atraso en el frente social, conquistar más apoyo para adecuar la Constitución y el Parlamento al proceso de cambios.

Días antes de la crucial votación en el Congreso Pleno, Salvador recibe el incondicional apoyo de las mujeres de San Felipe, octubre de 1970.

De los desiertos del salitre, de las minas submarinas del carbón, de las alturas terribles donde yace el cobre y lo extraen con trabajos inhumanos las manos de mi pueblo, surgió un movimiento liberador de magnitud grandiosa. Ese movimiento llevó a la presidencia de Chile a un hombre llamado Salvador Allende, para que realizara reformas y medidas de justicia inaplazables...

Pablo Neruda,
Confieso que he vivido.

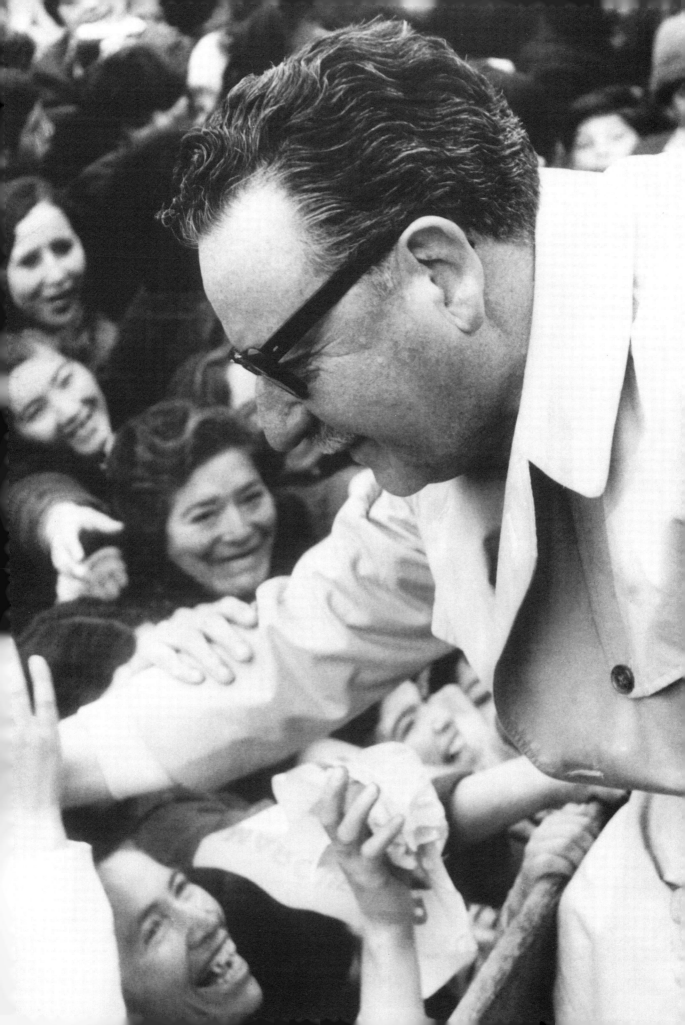

Con el enemigo todavía afuera, dotado de todas las libertades democráticas.

Para sorpresa de muchos –izquierda considerada– habrá que hacer gobierno. El primer gabinete es una muestra ecléctica de lo que dice ser la Unidad Popular: un *patchwork* de estilos y orígenes donde coinciden hombres con una inmensa trayectoria política y rostros casi desconocidos en el escenario del poder. Para su Ministerio del Interior, Allende ha elegido a José Tohá, un querido correligionario que con su aire quijotesco y su modo reservado se volverá una presencia arquetípica en los noticiarios de televisión. Tiene encanto mediático Tohá y una sonrisa triste. Otros dos socialistas, del grupo de los "incondicionales", ocupan los puestos clave de ministro de Relaciones y embajador en Washington: Clodomiro Almeyda y Orlando Letelier. Hacienda, Obras Públicas, Vivienda y Trabajo son ocupados por cuatro obreros, algo nunca visto. ¿Un gesto simbólico quizá? Más bien criterio estadístico. La Clase reclama su lugar. Pero eso no es todo, los partidos de la Clase también lo reclaman. Dicho en otras palabras: el insufrible "cuoteo", que Salvador combatirá con toda su energía.

Heredamos una sociedad lacerada por las desiguadades sociales. Una sociedad dividida en clases antagónicas de explotadores y explotados. Una sociedad en que la violencia está incorporada a las instituciones mismas y que condena a los hombres a la codicia insaciable, a las más inhumanas formas de crueldad e indiferencia ante el sufrimiento ajeno.

Salvador Allende, discurso de asunción, 5 de noviembre de 1970.

Balcones de La Moneda. De banda y pañuelo, primer saludo oficial, el 4 de noviembre de 1970.

"Hay que terminar con el sectarismo y el exclusivismo. Hay que terminar con esto, compañeros, que ha sido fuente de discrepancias en otras revoluciones. Yo leí una carta del CUP de la provincia de O´Higgins, dirigida al interventor de El Teniente..." Salvador no se queda en generalidades: al caso preciso ¡y vamos lavando la ropa sucia!

¿Cómo veían a Allende-estadista sus colaboradores más cercanos? Poco amigo de la adulación, en eso todos coinciden. "Sentía cierto desprecio por los que acataban sus instrucciones sin discutir nada", señala su segundo ministro del Interior. Su humor, no siempre bien recibido, también es recordado por todos. Uno de sus ministros de Salud se queja de que "hacía bromas constantes y algo pesadas". Es bien conocida su manía de apropiarse de las cosas que le gustaban, una corbata bonita, alguna alfombra, una chaqueta de gamuza. Según la psico-historiadora Diana Veneros, esto tenía su justificación en un remanente de "omnipotencia infantil", el mismo que habría justificado la confianza de Salvador en su magnetismo personal para resolver las coyunturas más espinosas. Tenía también una curiosa costumbre de sacar a los funcionarios del sueño con una llamada intempestiva para resolver sus dudas. Un ex ministro (que pide no ser citado) recuerda haber sido sacudido por un telefonazo a las nueve de la mañana. Igual podría haber sido a las dos de la madrugada. "¿Todavía en cama, ministro?", le pregunta sarcástico Salvador, después de oír un saludo áspero, sin afeitar.

Daremos matrícula completamente gratuita, libros, cuadernos y útiles escolares, sin costo, para todos los niños de la enseñanza básica. Daremos desayuno a todos los alumnos y almuerzo a aquellos cuyos padres no se lo puedan proporcionar. Aseguraremos medio litro de leche diaria, como ración, a todos los niños. Instalaremos consultorios maternos en todas las poblaciones.
Algunas de las "Primeras cuarenta medidas del Gobierno Popular".

Corazón de médico. El "programa del medio litro de leche" disminuye la mortalidad y desnutrición infantiles.

Impactado, un pequeño paciente contempla el arsenal terapéutico. La atención primaria fue una de las prioridades del gobierno.

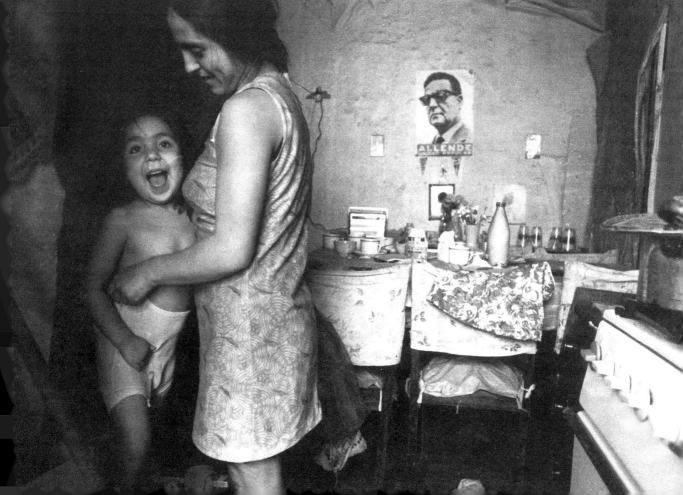

"Puro Chile, es tu cielo azulado." Salvador saluda a las compañeras y entona el himno patrio en la fábrica de textiles ex Sumar, expropiada a la burguesía e integrada al Área de Propiedad Social. Lo acompaña el ministro de Economía Pedro Vuskovic, artífice de la idea.

Y continúa tronando: "Dígame una cosa, ¿está solo o acompañado?". El ministro tartamudea que solo, para recibir una sentencia lapidaria. "Por Dios. Además de flojo, huevón." Éste era Salvador en su más puro estilo: cordial, pero terminante. Era exigente en el cumplimiento de las tareas acordadas y "tenía a menudo explosiones de ira que se le pasaban luego. Después pedía disculpas, cuando se daba cuenta de que había sido injusto o en exceso severo". Dice Almeyda: "No era un hombre de rencores de mala clase". Y habla con conocimiento, pues durante el gobierno de Ibáñez él ocupó un cargo ministerial, pero Allende sabía recibir a los hijos pródigos. Era también reconocida su capacidad de ir al núcleo de los problemas, de "tomar el toro por las astas". Discípulo de la *Guía para el Pueblo y el Deber*, fue un auditor feroz en lo que se refiere a privilegios funcionarios, partiendo por el sueldo del presidente de la República, el uso de autos fiscales, los abusos de poder... Aunque no siempre fue una relación fácil, la mayoría de los ex ministros sintió crecer su respeto al lado de ese presidente cascarrabias y exigente, pero también leal, honesto y extraordinariamente seductor. "Un hombre al que nada podía negarse." Casi nada.

Para Salvador, el gobierno sería impensable sin contar con un secretario personal. "Osvaldo, quiero pedirle un favor..." No podía ser de otro modo. Ese puesto ingrato caerá sobre quien ha sido su más sufrido colaborador durante casi veinte años: Osvaldo Puccio. Sereno, discreto, no deliberante, capaz de jugar un partido de ajedrez a las tres de la mañana para acompañar a su jefe, ¿qué mejor sombra para el compañero presidente? Allende no le pinta un panorama idílico. "El sueldo no es malo, es pésimo, pero es una cosa que podemos arreglar entre los dos. Hambre no va a pasar. El trabajo usted sabe cuánto es. Empieza antes de que yo llegue, termina después que yo me vaya... Aquí todas las cosas buenas las habré hecho yo; todas las que resulten mal, usted." Sin darle tiempo a defenderse, Salvador procede a entregarle sus primeras obligaciones. Lo único que no le advierte, porque no tiene cómo saberlo, es que un día no tan lejano Puccio será su sombra en medio de un palacio bombardeado, que conocerá la cárcel, el maltrato y el destierro, que morirá en la nostalgia del exilio, por lealtad al hombre que nunca dejaría de llamar "el Doctor". Cualquiera que intente una biografía de Salvador Allende debe reconocer una deuda de gratitud con Osvaldo Puccio. Gracias a él conocemos un cuarto de siglo en la vida del presidente, cubierto con detalle casi diario, hasta llegar a septiembre de 1970.

Luego viene una página en blanco y, finalmente, el sombrío epílogo. ¿Cómo entender el silencio de Puccio en el capítulo de la Unidad Popular? Tal vez lo haya vencido la enfermedad, tal vez lo haya elegido de este modo. Tal vez exista un manuscrito esperando salir a la luz. Por el motivo que sea, no contaremos con la ayuda de su bitácora.

Definido el equipo, el gobierno acomete su carrera contra el tiempo. El relato de estos primeros meses, de "luna de miel" en La Moneda, puede enfrentarse desde dos ópticas. Como aquello que soñó ser o como lo que realmente fue. Como el avance vertiginoso de un movimiento popular lleno de vigor o como la siembra de conflictos que a futuro se convertirían en crisis. Para los efectos narrativos, éste será el año del avance, del avance colosal, de las grandes expropiaciones, de la nacionalización del cobre, del sonoro triunfo en las elecciones municipales. Éste será el año de los bolsillos llenos, de las promesas cumplidas, de las cintas tricolores que Salvador va cortando en incontables ceremonias inaugurales –siempre con un mensaje pedagógico para la audiencia. Chile conoce una expansión, una opulencia que durarán lo

A la burguesía, a los *momios* les duele la actuación del Compañero Allende: porque el compañero está preocupado por los obreros y no por los bolsillos de ellos. Por eso es que ahora queremos luchar y seguiremos luchando aunque nos coloquen las trampas que nos coloquen...

Pablo Espinoza,
obrero de Ex Sumar.

Foto para el recuerdo. Los trabajadores de Ex Sumar se retratan con Chicho Allende, su presidente.

Campamento de
Sewell, en el mineral
de El Teniente.

"Chile se pone los pantalones
largos". Allende enfatiza ante
mineros en la ciudad de
Rancagua la trascendencia de la
nacionalización. Con unanimidad
del Congreso, ésta se aprueba
el 15 de julio de 1971.

Nada se obtendrá con ser agresivo con el imperialismo si el pueblo no tiene conciencia... Y es dramático, porque yo conozco una encuesta en que se pregunta: «¿Cuál es la mejor medida del gobierno?», y el 82% dice que el medio litro de leche, y sólo el 16%, la nacionalización del cobre.

Salvador Allende.

que dure su suerte, pero en su momento son vividas como el primer paso hacia una eternidad de progreso social. Un largo discurso, que ha tardado más de medio siglo en construirse, tiene la oportunidad de verse convertido en acción. El movimiento popular sale por fin de su crisálida, para reconocerse gobierno. Así lo anuncia Salvador y así se lo vive: el Gobierno del Pueblo. Una enorme masa humana, que llegará a comprometer a uno de cada dos chilenos, se siente transitando el camino a la revolución "en democracia, pluralismo y libertad", como a menudo repiten. Una enorme masa humana, volcada a las calles en permanente euforia, decidida a explicarle al "momio explotador" lo que lleva décadas pensando en silencio. Descrita como "fiesta y drama" por el sociólogo Tomás Moulian, el primer año de la Unidad Popular es un carnaval de conquistas, casi impensables considerando sus limitados recursos de poder.

Para Salvador, las 40 medidas son lo primero, la deuda que tiene que saldar. Muchos las ven como "populistas", pero él defiende su necesidad: "Nuestro ideario podría parecer demasiado sencillo para aquellos que prefieren las grandes promesas. Pero el pueblo necesita abrigar a sus familias en casas decentes... educar a sus hijos en escuelas que no hayan sido sólo hechas para pobres, comer lo suficiente en cada día del año; el pueblo necesita trabajo, amparo en la enfermedad y en la vejez, respeto a su personalidad". Más allá de una razón estratégica, sujeta a las inminentes elecciones municipales, hay en estas medidas un afán de reparación, de ajuste de cuentas con el calendario. La sindicalización todavía es baja, sobre todo en el sector campesino; la Central Única de Trabajadores sólo consigue su personería jurídica con

Allende. Hay insuficiencias severas en salud, en educación, en el sistema de seguridad social. En vivienda aún faltan quinientos mil techos. Por designio geográfico, existen sectores que jamás han recibido la visita de un médico, la de un dentista. Salvador ataca todos los frentes simultáneamente, con un entusiasmo a veces alarmante. Se inicia la distribución del medio litro de leche, que puede resultar un *beau geste* hasta que se conoce su enorme costo –cien millones de dólares al año. Se crea el Tren de la Salud, contrapartida sanitaria del Tren de la Victoria. Se hace gratuita la educación primaria, se reduce la colegiatura en la secundaria, gracias a un convenio con la Universidad Técnica se lleva la Universidad a las fábricas, a los puertos, a las minas. Actores itinerantes visitan los colegios para que "el futuro de Chile" se ponga al día en siglos de retraso cultural: desde *La Celestina* hasta *La cantante calva*, en una sesión. Junto a otros espectáculos de taxonomía más compleja, el Ballet Nacional y Quilapayún entremezclados, con encendidos discursos sobre la nueva convivencia. Pero regresando al programa, en una iniciativa digna de Evita Perón, se anuncia que los mejores alumnos de la enseñanza primaria pasarán sus vacaciones de verano en el Palacio Presidencial de Viña del Mar, junto a Salvador. Un mix de buenas intenciones, tomado de todos los confines socialistas del orbe, se va sumando al programa original: el Palacio del Matrimonio, los Clubes Juveniles (donde se ofrecería "desde microscopios para los interesados en las ciencias hasta clases de ballet"), las campañas de alfabetización que solucionarían varios problemas al mismo tiempo. La primera dama dirá sobre la marihuana; "Creo que es fruto de esta sociedad defectuosa y que, si bien no desaparecerá, irá disminuyendo porque los jóvenes estarán preocupados de trabajar, de alfabetizar. Creo que serán muy pocos los que se resistirán a esta tarea contagiosa". Los ejemplos, quizás extremos en su idealismo, sólo buscan refrescar la memoria de un gran imposible vivido como posible. Estos son los tiempos en que Salvador recibe en los actos oficiales el apelativo de El Primer Trabajador de la República, los tiempos en que encabeza los trabajos voluntarios con casco de seguridad industrial. Hoy parece inverosímil, pero entonces estaba lejos de serlo. Como un Ícaro contemporáneo, durante tres años el pueblo se elevó hacia la promesa incalcanzable de justicia en la Tierra. Y uno de cada dos ciudadanos inscribió su dominio de realidad en este discurso.

Dejando de lado las 40 medidas y las nociones más vaporosas de "la nueva convivencia", en lo económico se observó una expansión sin precedentes, producto de un rápido aumento de salarios unido a la fijación de precios. Sin embargo, la política económica de la Unidad Popular es todavía hoy objeto de controversia. Mientras la izquierda la llama el "plan Vuskovic", la derecha la resume en "el crimen histórico". El día del golpe militar, el ex ministro Pedro Vuskovic sería señalado por Pinochet como el "carajo que cagó al país". Por el contrario, otros sectores de la ciudadanía lo recuerdan con cariño, como el nombre tras la política redistributiva que permitió a millones conocer el efímero encanto del consumo. En lo teórico, el plan Vuskovic partía del siguiente postulado: un aumento en la demanda produciría un aumento reflejo en la producción, con el copamiento de la capacidad ociosa (18% al término del gobierno de Frei), mayor índice de ocupación y mejoramiento en la calidad de vida. En lo real produjo todo lo dicho, pero sobre todo la experiencia subjetiva de un alivio en vidas perseguidas por el fantasma de la pobreza. Con el nuevo gobierno, sentían los trabajadores, el hambre y el frío quedaban atrás. ¡A comprar "la tele" entonces! Una de las lecciones aprendidas durante este período es que las preferencias de mercado no se rigen de acuerdo a los deseos de los macroeconomistas. Al aumento de sueldos del sector asalariado siguió un natural aumento en el consumo de los bienes de primera necesidad, pero también una inexplicable demanda de artículos electrónicos.

El empuje que Salvador da a su programa es innegable. Con sus dieciséis horas de trabajo diario, apenas interrumpidas por pequeñas siestas de minutos (que requieren sí el uso ceremonial del pijama), con sus telefonazos insomnes a los ministros, ha logrado lo imposible. Antes de terminar el año, puede anunciar que su gobierno ha nacionalizado la industria minera, cumplido casi la totalidad de la reforma agraria, que tiene control del 90% de la colocaciones de valores e incorporado importantes empresas monopólicas al sector estatal, creando nuevas formas de administración que involucran a los trabajadores.

Día de la Dignidad Nacional, 15 de julio de 1971. La Unidad Popular hace su ingreso definitivo en la historia. Con unanimidad del Congreso, se aprueba el proyecto para la nacionalización del cobre. Sin apellidos, dirá Salvador. Sin indemnizaciones, dirá el Partido Socialista. Sin ayuda económica, dirá Washington. Las Cámaras han entregado a Salvador la libertad para fijar el monto de las compensaciones, un presente griego. Bajo las presiones de su partido, una fórmula de altas matemáticas apenas logra

"La felicidad de Chile comienza por los niños": una estrategia simple de comunicación política cubre las paredes de todo el país.

Un Chicho paternal, rodeado por los hijos de los empleados de La Moneda, mayo de 1971.

Colegiales dialogan con Allende, a la salida del Ministerio. Durante 1971 todos los indicadores de educación mejoran sustancialmente.

Multiplicaremos los jardines infantiles en las poblaciones, nos preocuparemos del niño antes del destete. ¡Y no se trata de que el Estado les quitará los niños a las madres, esa cosa tan horrible que nos achacaron! El niño estará bien atendido, feliz con los otros niños de su edad.

Hortensia Bussi, noviembre de 1970.

disimular la audacia: no habrá un centavo para las grandes compañías. Washington ya tiene contemplada su próxima movida, la enmienda Hickenlooper. Éste es el castigo previsto para los países que se salen de libreto. Pese al alto costo político que significará para la Unidad Popular, el cobre será chileno y el Día de la Dignidad llevará el apellido de Allende.

De todas las grandes tareas, sin embargo, ninguna puede compararse en dificultad con el examen doctrinario que el sociólogo y ex guerrillero francés Régis Debray dedica al presidente a pocos meses de iniciado el gobierno. Hay que imaginar a Salvador, en el primer peldaño de la transición al socialismo, enfrentado a emboscadas como ésta: "¿Es el proletariado el que va a terminar por imponerse a la burguesía, o es la burguesía quien va ir poco a poco reabsorbiendo y amoldando al proletariado dentro de su mundo? … ¿Quién se está sirviendo de quién? ¿Quién le está tomando el pelo a quién? Apretado contra las cuerdas, Salvador sólo puede responder lo obvio: "El proletariado". Un contundente golpe para sus potenciales aliados de la mediana y pequeña burguesía. Impulsado por su deseo de ganar la medalla al mérito revolucionario, Salvador ofrece un discurso más radical que lo que ha sido su planteamiento durante la campaña, más radical que lo que promete su programa, mucho más radical que lo que el momento político parece aconsejar. Analizadas con lupa, cada una de sus palabras rebotará sobre él como una medida de sus secretas intenciones. Para terminar, Debray pone en duda el carisma mediático del entrevistado: "Hay 3 canales de televisión. ¿Usted no puede dirigirse al pueblo en forma menos rígida y menos formal que cuando anuncia los decretos?". Pero si Régis se demuestra un tanto escéptico sobre la revolución "con vino tinto y empanadas" o sobre el célebre Chicho-*appeal*, el electorado chileno tiene otra opinión: Mayoría absoluta para la Unidad Popular, 50,86% contando el decisivo aporte de la Unión Socialista Popular, que, sin estar en el gobierno, ofrece su 1% a la causa. Municipales pueden ser, pero las elecciones de abril deciden mucho más que el destino de alcaldes y regidores. Salvador así lo reconoce: "Creemos que ya nadie podrá invocar que somos un tercio del electorado nacional… Hoy día con este apoyo mayoritario, indiscutiblemente pensamos, respetando por cierto la independencia del Parlamento, encontrar en el Congreso Nacional el apoyo para las iniciativas que en beneficio de Chile y los chilenos llevaremos…". Situados en abril de 1971, el camino al socialismo está pavimentado de esperanza.

Dura prueba. El intelectual francés Régis Debray sopesa la ortodoxia revolucionaria de Salvador, enero de 1971.

Alegría y despreocupación. Pese a los riesgos, Allende no renuncia a un paseo callejero.

EFE: En su mensaje usted pudo dar una definición acabada del proceso que vive el país… Usted dijo que se trata del segundo modelo de transición al socialismo… Para algunos de los teóricos marxistas sus palabras pudieron ser, un poco heterodoxas…
Allende: Debo decir con claridad que no soy un teórico del marxismo. Sólo he leído a algunos teóricos marxistas. No tengo la petulancia de pensar que sobre esa materia tenga palabra muy autorizada. Me satisface sí, que lo dicho, provoque revuelo.
Conferencia de prensa, 25 de mayo de 1971.

LA
BATALLA
DE
PAPEL

E n el mundo platónico de las ideas, la "vía chilena" se inscribe con letra gótica y pergaminos el 21 de mayo de 1971. Discurso presidencial ante el Congreso Pleno. Junto a la métrica exacta de Salvador –pies firmes en la tierra, corazón con los niños desnutridos– surgen algunos fulgores de la más alta teoría. Es posiblemente la huella de Joan Garcés, el joven científico político titulado en La Sorbonne, convertido en asesor para honduras ideológicas del primer mandatario. Es discreto Garcés y quienes lo recuerdan suelen afirmar que "siempre estaba ahí, pero jamás se lo veía". Durante toda su estadía en Chile dio una sola entrevista y en ella reveló muy poco. Pero su palabra, lujo de palabra, merodea conceptualmente bajo los escritos y discursos del Allende-presidente. Una hipótesis digna de Borges: ¿y si la "vía chilena", en toda su elegante coherencia, hubiera sido una invención retrospectiva de Garcés para beneficio de la cultura europea? En 1970 todo parecía bastante más confuso: "Pisamos un camino nuevo –explicaba Salvador–, marchamos sin guía por un terreno desconocido; apenas teniendo como brújula nuestra fidelidad al humanismo de todas las épocas... y teniendo como Norte el proyecto de sociedad que deseamos construir". En la cita favorita de Chicho: "Caminante, no hay camino. Se hace camino al andar". En rigor, lo que se vio en Chile fue un híbrido entre la bella teoría y la terrible práctica. Mahler interpretado por el orfeón municipal. El cubo de Rubik en manos de un oso panda. El principio de la posmodernidad: cultura de elite subsumida en la cultura de masas. Ocho meses después de anunciar al mundo "la vía", Salvador debió repetir su clase magistral ante el Pleno del Partido Socialista. Ésta es una versión más desolada, más impaciente, pues nadie parecía haber tomado conciencia de la filigrana de su propuesta. Los muchachos del MIR nunca se habían bajado de la vía insurreccional. El Partido Comunista contaba con el Manual para Casos Genéricos, pero no la sección de Contingencias Imprevistas.

Revolución en democracia. Solemne y decidido, el presidente avanza hacia su primera gran contienda discursiva. Mensaje ante el Congreso Pleno, 21 de mayo de 1971.

Chile inicia su marcha hacia el socialismo sin haber sufrido
la trágica experiencia de una guerra fratricida.
Y este hecho, con toda su grandeza, condiciona la vía que
seguirá este proceso en su obra transformadora.

Salvador Allende, mensaje al Congreso Pleno, 21 de mayo de 1971.

Comprendía las necesidades de Allende, pero exigiendo siempre mayor apego a la ortodoxia. Respecto del Partido Radical, ¿qué decir? Sufría una crisis de identidad. La estrella de la coalición gobernante, el Partido Socialista, quería el poder y lo quería de inmediato. No para sí mismo –deseo bastante más viable– sino para los trabajadores. A arar con el Estado burgués y sus instituciones caducas. Nada de pactos con los reformistas del centro. Puesto que el enfrentamiento es inevitable, agudicemos las contradicciones y que gane el mejor. Buena parte de la energía desplegada por Salvador durante su mandato estuvo destinada a convencer a su propio partido de un detalle que la historia demostraría con holgura: el pueblo no estaba preparado para un enfrentamiento.

Otro dato relevante. Aunque éste será registrado en los libros de historia como el gobierno de Salvador Allende, uno de los sellos de la Unidad Popular fue su deseo de gobernar como una coalición científica, algebraica, sin personalismos o timonazos del Ejecutivo. Algo como I Musici, con un director casi invisible. Es difícil, interrogando a sus protagonistas, llegar a una conclusión respecto de la rutina administrativa. El comité político no se reunía, por decir algo, los lunes a primera hora para discutir la situación nacional. Según el ex ministro Millas; tampoco era demasiado frecuente la presencia de Salvador en las reuniones del Gabinete. A medida que los problemas iban surgiendo, se manejaban por teléfono, en reuniones de la "mesa de tres patas" –el presidente y los líderes socialista y comunista– o en sesiones que incorporaban a todos los miembros de la cúpula. Salvador prefería un estilo directo, pero siempre sujeto a las decisiones de los partidos de base. Las otras "dos patas" de este triunvirato silencioso.

Por parte del Partido Comunista, su interlocutor constante fue Luis Corvalán, desde 1958 secretario general. Un militante de vida ejemplar con una larga trayectoria política que, en cierto modo, resume la historia de su partido con su adversidad, espíritu de superación y característica falta de ligereza. Las fotos de la época lo muestran de poncho y sombrero huaso, el toque folclórico en el poder. Nacido en Puerto Montt, algunos años antes de que Recabarren fundara el Partido Obrero, Corvalán tuvo una infancia triste. Su padre abandonó el hogar cuando Lucho todavía no sabía leer y su madre tuvo que tallar una supervivencia incierta y precaria trabajando como costurera. Su sola dieta, descrita en sus memorias *Lo vivido y lo peleado,* vale por diez panfletos de protesta. Con todo en contra, Corvalán se hizo profesor

En el núcleo mismo de la tradición republicana, Salvador Allende Gossens revelará los fundamentos del socialismo "a la chilena".

Los escépticos y los catastrofistas dirán que no es posible. Dirán que un Parlamento que tan bien sirvió a las clases dominantes es incapaz de transfigurarse para llegar a ser el Parlamento del pueblo chileno.

Salvador Allende, mensaje al Congreso Pleno, 21 de mayo de 1971.

Mujeres en el corazón del poder: "Tencha" Bussi y la querida Mama Rosa.

El triunvirato: Allende, acompañado de los líderes socialista y comunista, Carlos Altamirano y Lucho Corvalán. Una foto de 1972 que nos remite a la atmósfera fraternal de los primeros días de la Unidad Popular.

primario y se afilió, siendo muy joven, al Partido Comunista. Desde ahí desarrolló una larga carrera como periodista y dirigente, que le valdría la persecución y el exilio durante los años de la "Ley maldita". Su relación con Salvador fue distante, pero solidaria. En sus memorias, en la conversación directa, llama la impresión un cierto desapego, más respeto político que afecto por la figura de Salvador. "Fuimos estrechos con él", señala, parco, saldando cuentas tácitas que el tiempo y la muerte vuelven espectrales.

En cuanto al Partido Socialista, a partir de febrero de 1971 su secretario general es Carlos Altamirano, que ha llegado a tal posición con el pleno apoyo de Salvador –para muchos un suicidio político–. Su biografía contrasta con la de Corvalán tanto como los dos grandes partidos contrastan entre sí. Carlos Altamirano nace en una familia de la aristocracia terrateniente y la suya es una típica infancia protegida: sólidos colegios, parientes influyentes, veraneos en el fundo de los abuelos maternos. Al término de sus estudios de derecho, decide entrar a la vida política nacional y se siente tentado por la falange de Eduardo Frei. Pero elige el socialismo, seducido por el carisma del senador Allende, con quien llegará a formar una dupla inolvidable en los debates del Congreso. Mientras Salvador aporta el contacto fácil con las masas y su capacidad negociadora –la famosa "muñeca"–, Altamirano gana una merecida fama de polemista. Por su compromiso político con las ideas de Chillán ha sido desaforado y encarcelado. Aunque hay muchos testimonios sobre las tensiones entre Salvador y su "delfín", sostiene Altamirano que la amistad trascendió la política contingente. Fue uno de los pocos elegidos para el tuteo presidencial y, en momentos especiales, Salvador llegó a llamarlo "m'hijito". En cambio, la prensa opositora lo definiría como el "revolucionario de boutique", por su exquisito look de intelectual: buenos *tweeds*, pantalones de franela, pulóveres de cuello alto. Si hubiera que forzar el casting de la Unidad Popular para asimilarlo al de la España de 1936, Carlos Altamirano ocuparía el lugar de Largo Caballero, el socialista obstinado. Víctor Pey –un republicano llegado en los días de Aguirre Cerda, gran amigo de Salvador– se opone a esta idea. "Altamirano no tuvo el papel que todos le atribuyen", dice con cierta impaciencia. "Su función fue mediar ante Allende, representando la visión más radical del partido; y ante el partido, expresando las necesidades del gobierno."

Las mismas tensiones de Allende con sus aliados se daban en cada forma de asociación humana, en cada partido, en cada institución. Incluso dentro de la derecha, la más monolítica de todas las fuerzas políticas, había opciones de vías. De un lado, los que querían derrocar al gobierno por la razón; de otro, los que querían derrocarlo por la fuerza –sin faltar la doble militancia–. Ya en septiembre de 1970 se había formado Patria y Libertad, un movimiento cívico que abrazaba formas de lucha para impedir que "el comunismo" llegara al gobierno primero, y luego al poder. Con convicción de cruzados, Patria y Libertad ejercía la sedición. Su solo grito parecía salido de la Falange española, que a su vez no era original: Chile uno, Chile grande, Chile libre. ¿Quiénes marchaban bajo esta consigna trasnochada del fascismo? Chicos de buena familia, con impecables uniformes azules y banda en el antebrazo, cuyo símbolo era una araña con pretensiones de esvástica. ¡Adelante Chile!

La Democracia Cristiana, por otra parte, vivía su papel de Hamlet con toda naturalidad. Hasta las elecciones de 1970 había sido un partido de amplia base popular que postulaba su propia idea de revolución. Por lo mismo, ¿podían permitir que otros se apropiaran del proceso de cambios? Es más, una vez

pasada la lucha electoral, ¿querían verdaderamente alguna revolución? ¿Cuál? Para ser un solo partido, lograba casi lo imposible: dividirse entre progresistas, conservadores y terceristas. Los primeros deseaban sumarse al proyecto de Allende (con reservas y capacidad crítica); los segundos, oponerse; los terceros, conservar su independencia para apoyar u oponerse según viniera al caso. Durante 1971 la directiva es tercerista, y eso hacen. Mantienen abiertas las opciones de diálogo, pero actuando como oposición en el Congreso. El punto central de la discordia es de sobra conocido: la Unidad Popular no tenía mayoría parlamentaria para la creación del Área de Propiedad Social. Vale decir, la expropiación de aquellas empresas estratégicas en la economía de transición.

Cuando el Che saluda a Allende, "que por distintos medios trata de obtener lo mismo", claramente no aplica criterios literarios. ¿Y las largas marchas, y los asaltos a palacios escarchados, y todas esas noches de gangrena en la intemperie serrana? Lo que vemos durante la Unidad Popular son, en su mayoría, combates administrativos, campañas larvadas en las oficinas ministeriales, con teléfonos, ventiladores,

Sin protocolo. Allende confraterniza con pobladores junto a su hermana, la diputada socialista Laura Allende.

Pala en mano, Allende da el ejemplo en una jornada de trabajos voluntarios.

Carisma presidencial en acción. Con bailarinas pascuenses,"con el hombre anónimo o la mujer ignorada", Chicho siempre conquista sonrisas.

secretarias. ¿Y dónde queda el necesario dramatismo? El ejército revolucionario de Allende es un equipo funcionario de terno y corbata; sus armas, los estrechos poderes que le presta la Constitución. ¿Cómo comparar el impacto emotivo de una granada vietnamita con el Decreto de ley 520 o un acápite herrumbroso del Código del Trabajo? Todo es tan distinto. Ésta es la historia de un elaborado enfrentamiento legal, un combate inteligente que buscó crear nuevas relaciones de producción. Al que no faltó, por cierto, su lado terrenal. Movilizaciones populares para acelerar el proceso de cambios, para forzar el avance más allá de lo discursivo, para hacerlo "irreversible". Pero en la esencia, esta revolución en democracia tuvo mucho más de ajedrez que de Sierra Maestra. Épica de notarios. Una lenta batalla de papel.

La industria representa el bastión de poder de la derecha. Su identidad, su medio de vida, el pasaporte a un mundo cerrado de poder y privilegios. No se dejará despojar sin resistir activamente. Es en este capítulo donde Salvador requerirá su mayor astucia. Entre las telarañas de la Constitución de 1925, los juristas del gobierno han descubierto dos decretos que serán útiles para realizar el grueso de las expropiaciones: el decreto 520 y un acápite del Código del Trabajo. Con distinto fraseo, ambos señalan que el Ejecutivo tiene el poder de requisar aquellas industrias que fueran necesarias para la supervivencia del pueblo y la seguridad nacional... o mostraran irregularidades laborales, o pusieren en peligro la salud de la población. En breve, casi todas. Tan pronto comienza el avance expropiatorio, la Democracia Cristiana protesta por lo que considera una transgresión al espíritu de la ley, la "sodomización de la Constitución". Los artículos mencionados, dicen, sólo tienen un carácter transitorio y se aplican a situaciones de emergencia. Exigen también conocer la lista completa de las empresas a estatizar. Cuando dicha nómina se hace pública, el Parlamento rechaza el proyecto de Allende y la Democracia Cristiana presenta su propia formulación (Ley Hamilton-Fuentealba). Salvador ejerce el derecho de veto presidencial y hasta ahí llega la discusión parlamentaria. A partir de este momento será el nudo ciego del gobierno, el "foco neurálgico del conflicto" como lo llama el ex ministro Bitar, el tema de todas las disputas y todas las negociaciones con la Democracia Cristiana, hasta agosto de 1973.

Regresando a 1971. No puede decirse que el diálogo en este período estuviera a punto de concluir en un sincero abrazo, pero un suceso inesperado congeló por algunos momentos las relaciones entre DC y

UP. Para Salvador, éste fue el primer golpe duro recibido durante su gobierno. Tan trágico y demoledor como el asesinato del general René Schneider. El 8 de junio murió en un atentado terrorista el ex ministro del Interior de Frei, Edmundo Pérez Zujovic. Sacudido por el asesinato, Salvador ordenó a Investigaciones agotar sus recursos para esclarecer el caso, sospechando y afirmando (un error, como se lo enrostrarían más tarde sus opositores) un acto sedicioso destinado a impedir el entendimiento entre el gobierno y la DC. Con el objeto de acelerar las pesquisas, declaró también estado de emergencia, quedando el general Augusto Pinochet a cargo de la plaza. En un tiempo récord se llegó a los culpables, quienes, para desgracia de la izquierda, resultaron ser miembros del VOP. Esta Vanguardia Organizada del Pueblo había protagonizado ya algunos incidentes limítrofes entre lo "revolucionario" y lo puramente delictual, y muchos han postulado que estaba infiltrado por agentes panameños de la CIA. Para la opinión pública, el episodio fue una catástrofe. Derecha e izquierda coincidieron por una vez en su condena. Pérez Zujovic era un respetado industrial y político, pero más allá de su prestigio, su muerte se inscribía en un estilo de violencia al que Chile no estaba acostumbrado. La dictación del estado de emergencia, la captura y muerte de los asesinos y el posterior atentado contra un cuartel de Investigaciones (donde murió como bomba-humana el último de los integrantes del VOP) añadieron una estela de sangre que la oposición supo utilizar hasta la última gota. Bajo el gobierno de Allende, dirían, Chile avanza hacia la degradación moral, el caos y la violencia desatada. Esto justificó el regreso de Eduardo Frei, hasta la fecha de gira en el exterior, a "luchar por la paz y la convivencia nacional". En la práctica, su retorno a las lides políticas se tradujo en un endurecimiento del ala conservadora dentro de la DC y la fuga de algunos de los progresistas que pasaron a formar la Izquierda Cristiana.

Este punto, la fractura de la DC, fue otro de los disgustos que este año de vértigo y conquistas tenía reservado para Salvador. Pocos lo advirtieron en toda su seriedad, pero el olfato político de Allende era demasiado fino. Trató de evitarla con sus mejores armas, incluso estuvo dispuesto a ir a las elecciones complementarias de Valparaíso, donde la Unidad Popular llevaba todas las de ganar. Pero el Partido Socialista, ya lo hemos dicho, quería el poder y lo quería cuanto antes. La izquierda presentó candidato, obligando a la DC a aliarse con la derecha y no sólo perdió. Estableció un pésimo precedente de cooperación

Salvador Allende, junto al ministro del Interior José Tohá y el cardenal Silva Henríquez. La presencia del prelado en actos de la Central Única de Trabajadores refleja una nueva actitud de la Iglesia chilena.

Con gesto firme, Allende se dirige a los herederos de Luis Emilio Recabarren. En la CUT encontrará a menudo un respaldo más sólido que en los partidos de la coalición.

No queremos la violencia; rechazamos la violencia, pero si otros usan la violencia, a la violencia contrarrevolucionaria le opondremos la fuerza de la ley, y si lo impide la tentativa subversiva –óiganlo bien–, usaremos la violencia revolucionaria.
Salvador Allende, 8 de enero de 1972.

entre sus adversarios políticos. En su clásico estilo de diplomacia de pasillos, Salvador invita a Radomiro Tomic a su casa de Tomás Moro. Ahí le plantea la necesidad de formar un frente común con la DC, agregando que no puede aceptar dentro de la Unidad Popular al sector más reaccionario, liderado por Frei. Es Tomic a quien quiere de su lado. Radomiro comprende, simpatiza, pero... El término de esta reunión quedará en el misterio. En el preciso momento en que los dos políticos resolvían el futuro de Chile, el testigo y relator (J. Garcés) debió ausentarse de la sala para regresar sólo cuando el lugar de Tomic era ocupado por un silencioso vacío.

Agosto, cambio de decorados: la "vía chilena" sale de paseo. Si bien Allende era un temible piloto aficionado, siempre dispuesto a tomar el timón de aviones y helicópteros, el destino de la revolución no podía correr esos riesgos. Para su gira por Sudamérica el *entourage* se traslada bajo manos profesionales. En todo su itinerario, Salvador recoge muestras de aprecio, aunque algunos señoritos de la oligarquía limeña no reciben su visita con revolucionaria emoción. Consciente de los peligros que supone ser el Primer-presidente-marxista, etc., en un subcontinente dominado por los intereses de los EE.UU., Salvador establece alianzas que, sin garantizar la defensa recíproca, al menos aseguran la no agresión. Una invasión de marines parece improbable, pero no puede descartarse una política de aislamiento similar a la aplicada a Cuba a partir de 1962. En Perú tiene la oportunidad de departir con Velasco Alvarado y estrechar vínculos entre dos países que luchan, cada uno a su manera, por la independencia económica y la justicia social. En la Argentina logra firmar con Lanusse el Acuerdo de Salta, con el que se aquieta la permanente fuente de angustias de todo gobernante chileno: el conflicto por el canal Beagle. En Ecuador y Colombia fortalece los lazos del Grupo Subregional Andino, que busca preservar a los países firmantes de "apetencias no latinoamericanas" (léase norteamericanas). Pese a ser un área especialmente delicada, la política exterior no quedó expuesta a los embates y debates habituales dentro de la UP. Por una vez, Salvador logró poner el jarrón de porcelana Ming fuera del alcance de los niños, a salvo del maximalismo redentor. No obstante, el cierre triunfal para un año de logros en política exterior ocurrirá a fines de 1971, y tendrá lugar en bendito suelo chileno. Mil veces anunciada, temida tanto como deseada, el mes de noviembre traerá por fin la visita que estremeció a Chile.

Fronteras en paz. Las relaciones de "buena vecindad" eran claves para evitar el aislamiento internacional. Con el presidente argentino Alejandro Lanusse, durante la gira por Sudamérica, en agosto de 1971.

En el aire, era francamente temible cuando se encaramaba en esos avioncitos que lo trasladaban a cualquier punto del país. No se quedaba tranquilo hasta que convencía al piloto de que le entregara el timón por unos momentos. Y... ¡cómo era el presidente! Igual sucedía con los helicópteros. Ya se sabía cuándo era él quien venía piloteando; sólo por milagro no quedaba enredado en las copas de los árboles.

Carlos Jorquera, *El Chicho Allende.*

ALFOMBRA ROJA, UNIFORME VERDE

E staba joven, es cierto. Casi bello, se diría, con el uniforme verde olivo y la barba todavía libre de polvo y plata. Tenía esa aureola del poder que, según Kissinger, resulta tan afrodisíaca. Hablaba bien, interminablemente bien. Con el *know how* del combatiente, destellos de humor, con salidas de libreto que provocaban oleadas de éxtasis revolucionario –sobre todo al principio de la gira–. A su lado, Salvador se veía un tanto descolorido, opaco, cómo negarlo. Hasta el acto de despedida, donde se levantó con dramática estatura, cada una de sus intervenciones le hacían parecer el tío del héroe. Demasiado sensato, demasiado realista. El Primer Trabajador de la República, en deslucido contraste con el verdadero Mesías. Pero, ¿era para tanto? Un año entero esperando la gloriosa venida. En un solo discurso, el 4 de noviembre, Salvador consiguió nombrarlo al menos cinco veces: "... y le digo al pueblo que si he invitado a Fidel Castro es porque el pueblo de Chile quiere a Cuba, quiere a su revolución". Mucho del 10 de noviembre, fecha en que Castro puso su heroica bota en el modesto aeropuerto nacional, el país estaba cubierto de lienzos laudatorios, de multitudes curiosas que esperaban verlo pasar, de émulos que soñaban recoger una mirada aprobatoria del Modelo. Y también de graffiti que repudiaban su visita, de furibundos titulares, de recelo. La oposición había movido su maquinaria para darle a esta gira protocolar el carácter de un desembarco ideológico.

¿A qué vino en verdad Fidel? Si en lo simbólico su visita representaba una prueba de solidaridad con la "vía chilena" –una promesa de cooperación técnica, un aval para esa revolución en democracia que recién comenzaba–, a nivel terrenal lo suyo fue una verdadera expedición de reconocimiento. En sus tres semanas en patria chilena, recorrió las minas del salitre, del cobre y del carbón, los barrios populosos de Santiago, dialogó con los pescadores de Iquique, los estudiantes de Concepción, los agricultores de Magallanes. Jugó basquetbol, comió empanadas y

Dos oradores en silencio. Un raro momento de intimidad durante la intensa visita de Fidel Castro a Chile, noviembre 1971.

Hoy, frente al anuncio de la invitación a Fidel Castro, hay toda una campaña.
Una campaña indigna, una campaña de cobardes, una campaña de provocación...
Afiches pegados en la sombra quieren crear un clima contrario a la venida de Fidel...
Yo les digo a esos desquiciados que moderen su actitud, y le digo al pueblo de
Chile que si he invitado a Fidel Castro es porque el pueblo de Chile quiere a Cuba,
quiere a su revolución, sabe que es hermano en la esperanza y en el dolor.
Salvador Allende, 4 de noviembre de 1971.

"bailó vals" con el secretario general de gobierno, para delicia de la prensa opositora. Recibió llaves de cobre, firmó libros de oro y ganó la tradicional afonía con que Chile honra a sus hijos ilustres. Y junto con el amor, una mirada crítica. ¿Qué descubrió Fidel en esos veintitrés días de intenso escrutinio de la realidad nacional? Una gran conciencia política, sin duda, pero también el germen de la división, del sectarismo. En más de una tribuna se dirigió a los estudiantes para destacar las virtudes de la unidad: "Si las fuerzas revolucionarias se dividen, serán vencidas", dijo a los universitarios de Antofagasta. Y a los de Concepción: "Cuando ustedes vayan a nuestro país, no verán, es imposible ver, este tipo de cosas que ven a lo largo y ancho de Chile, en el seno del movimiento popular y de las fuerzas de izquierda".

¿Qué más destacó el ilustre visitante? Probablemente un riesgo de caer en malas políticas administrativas que la propia Revolución Cubana había debido superar: desorganización, despilfarro, ineficiencia. En Magallanes parece escandalizado al ver que el palacete de una hacienda ha sido entregado a algunas familias obreras, en lugar de convertirse en escuela. Luego recuerda su experiencia: "En ocasiones ocurría que un propietario privado tenía un tractor y le duraba veinte años. Y, en cambio, después, en un centro de producción de éstos, pertenecientes al país... duraba dos, tres, cuatro años". Señaló también la necesidad de disciplina por parte de trabajadores y dirigentes. "Las revoluciones a veces son cambios muy bruscos, muy rápidos, pero los hombres que después asumen las responsabilidades no están habituados a lo nuevo." Si hay dos observaciones por las

Pregunta de la Juventud Socialista: Se dice que este gobierno es reformista y, por lo tanto, no se trata de un gobierno revolucionario. ¿Considera usted que nuestra experiencia es un camino revolucionario que nos llevará a la Patria Socialista?
Fidel: Yo no soy quien debe juzgar al gobierno chileno... Ahora bien, si a mí me dicen qué es lo que ha estado ocurriendo en Chile y, sinceramente, les diría que en Chile está ocurriendo un proceso revolucionario.
Chile 1971: habla Fidel Castro.

Pompa y circunstancia II. Salvador y Fidel en La Moneda (arriba) y en un acto de masas en Valparaíso.

que esta visita resultaría profética, son una referida a la sabiduría del enemigo y su advertencia sobre la necesidad de una organización popular más sólida. Pocos días antes de su partida, se produjo la primera "marcha de las cacerolas": un desfile de las damas del Barrio Alto que terminó en un enfrentamiento entre los grupos de choque de derecha y de izquierda, con carreteras ocupadas, barricadas incendiarias y algunos heridos. Como respuesta ante la provocación, Allende declaró estado de emergencia y entregó el control del orden público a las Fuerzas Armadas. Recuerda Joan Garcés: "Esa noche, el Barrio Alto desbordaba de ira porque las cachiporras de Carabineros habían caído sobre las espaldas de sus elegantes damas y de sus más resueltos jóvenes. Jamás en el país se había visto algo igual". Fidel no estuvo de acuerdo con esta medida un tanto tímida. Por la vía de Jaime Suárez, secretario general de gobierno, envió un mensaje al presidente. Como contestación, Salvador señaló: "Dígale con suavidad a Fidel que aquí en Chile estas cosas soy yo quien las resuelve, de acuerdo con mi leal saber y entender". El último discurso de Castro ofrece un sombrío diagnóstico: debilidades en la batalla ideológica, en la lucha de masas y frente al adversario son la brecha por la cual podrá perderse la revolución. A ese adversario que ha mostrado su rostro combativo, Salvador dirige su emplazamiento: "Que lo sepan, que lo oigan, que se les grabe profundamente: defenderé esta revolución chilena, y defenderé el gobierno popular... Sólo acribillándome a balazos podrán impedir la voluntad que es hacer cumplir el programa del pueblo". Acribillándolo a balazos o –por qué no– con un *blitzkrieg*.

Fidel supo mostrar su gratitud por la hospitalidad del pueblo chileno, durante y después de la Unidad Popular, de muchos modos diferentes –desde el envío de millones de toneladas de azúcar hasta la solidaridad con los perseguidos por la dictadura–. Pero uno de ellos fue particularmente polémico: tres meses después de la histórica visita, aterrizó en el aeropuerto Pudahuel un avión de Cubana de Aviación con un voluminoso obsequio para el presidente Allende. Obras de arte para algunos, armas de fuego para otros; el "affaire de los treinta bultos" forma parte de los enigmas impenetrables de la Unidad Popular. Que no son pocos.

Poder de convocatoria.
Fidel Castro dialoga con la juventud
en la Universidad Técnica del Estado,
22 de noviembre de 1971.

LA CULTURA DEL HOMBRE NUEVO

Más allá de la pose fotográfica, toda una aspiración de la Unidad Popular queda reflejada en este gesto de Salvador: abrir paso al hombre nuevo.

Al final del sueño estaba el hombre. Un hombre trascendente, libre, redimido del pecado capital del individualismo. Todas esas ideas que poblaban los discursos de la Unidad Popular –nueva moral, nueva convivencia, cultura "propia y auténtica"– ¿llegaron alguna vez a ser realidad? Es más, ¿pisó alguna vez la escena ese siempre anunciado "hombre nuevo"? En su famoso examen-entrevista, Régis Debray se permite dudarlo, Salvador no lo contradice. Un cambio en lo profundo no se construye en un par de meses a fuerza de voluntad. Durante los tres años del gobierno de Allende se dieron algunos pasos para romper los patrones invisibles transmitidos de generación en generación, las pautas que definen tácitamente quién será modelo y quién copia imperfecta, los secuestros de símbolos que hacen del saber un privilegio de pocos. Durante estos años, Chile experimentó un shock de socialización cultural, aparecieron algunas formas interesantes en el arte popular, la producción de la alta cultura trató de adecuarse como mejor supo a un momento vertiginoso... Eso fue todo y ¿con qué derecho esperar más? Para imprimir una transformación duradera se habría necesitado mucho más que mil días de ensayo y error.

No hubo, por lo tanto, hombre nuevo, mujer nueva. Hubo nuevas maneras de ser actor, nuevos roles en el escenario, nuevas identidades sociales. Estudiantes universitarios empeñados en las campañas de alfabetización, dueñas de casa fugitivas de sus rutinas, sacerdotes de nuevo cuño para una liturgia cada día más terrenal, activistas en todos los tonos del arco iris, en fin... Nada tan sorprendente. Los años sesenta ya habían roto los esquemas, sólo debía esperarse la réplica, la asimilación del impacto, la trivialización de la ruptura. ¿Qué novedad quedaba por ver? La Unidad Popular logró lo imposible: producir una imagen prototípica que causó furor, en el más amplio sentido de la palabra. En los foros de la televisión, en las primeras páginas de los diarios, en los solemnes

Chile Hoy: ¿ustedes ya tenían un cierto nivel político? ¿Eran de izquierda?
María Farías: en esa época nosotros sólo éramos pobres, nada más que eso. Y tú sabes eso de la falta de escolaridad del pueblo, de su poca cultura, porque para ser de izquierda no hace falta ser sólo pobre; hay que tener conciencia y esa conciencia o la tomas porque otros compañeros te hablan y te muestran las cosas o, si no, bueno, la adquieres con la cultura o más inteligencia.
Revista *Chile Hoy.*

gabinetes ministeriales, esta presencia inesperada marcó la nueva cara de la política: el pueblo convertido en protagonista. Ya no era los Matte y los Grove llegando a La Moneda como la visita de los sobrinos revoltosos. La historia dejaba de tener una puerta principal y una entrada de servicio, de un lado los caballeros, del otro lado los "rotos". El pueblo dejaba de ser un concepto abstracto del cual se hablaba en tercera persona, a veces con caritativo desapego, a veces con franca aversión, para sacar su voz. De golpe tenía palabras para contarse a sí mismo, para pedir y para rechazar, para decidir y para gobernar. Palabras grandilocuentes, no siempre bien pronunciadas, mucho menos bien escritas, que sintetizaban la dirección y la profundidad del cambio por venir. Por eso mismo, llegarían a ser tan provocativas para la derecha como la mención del demonio para el Santo Oficio: compañero, pliego de peticiones, ¡interventor!

No sólo tenía un lenguaje propio y abrasivo este hombre "nuevo". En esta inaudita experiencia también tendría que definir su look. No podía llevar su overol, su casco de seguridad y sus zapatones industriales a las reuniones de directorio. Tampoco estaba dispuesto a transar su individualidad mimetizándose en los ternos azules, las camisas almidonadas y las corbatas a lunares de la antigua burguesía gerencial. Era preciso construir una imagen que reflejara este acceso al campo de la decisión sin renunciar a las raíces populares. El "interventor", dedo acusador del pueblo en las empresas conflictivas, definiría su estilo en los límites subversivos de la formalidad. Chaqueta y corbata, sí, pero chaquetas de colores incendiarios y corbatas sin amago de sobriedad. Bigotes, barbas y patillas, melenas en abierta rebeldía, una reafirmación capilar de identidad. Es necesario imaginar el efecto que habrá tenido esta figura frondosa entre los paneles de encina y los retratos familiares de las añejas salas de reuniones. Sin comprenderlo, ni la paranoica resistencia a la UP ni la violenta represión que le diera término tienen posible explicación. Una diferencia entre reformismo y revolución: la experiencia tangible del otro. Otro, por añadidura, investido de un alarmante poder.

¿Qué testamentos dejó una experiencia vivida por sus propios protagonistas como irrepetible? En términos de literatura, pocos. No debe olvidarse, por supuesto, la creación del Taller de Escritores de la Unidad Popular, formado por Jorge Edwards, Antonio Skármeta, Ariel Dorfman, et al. Tampoco sería justo olvidar la política de difusión del gobierno, que a través de la editorial Quimantú puso en el bolsillo

VICHO + TOÑO LARREA

VICHO + TOÑO LARREA

Viaje de ida y vuelta: el Tren de la Cultura lleva artistas a los rincones más alejados del país y recoge el aporte popular a la nueva cultura en construcción.

Clonación musical. Famoso por su *Cantata Santa María de Iquique*, Quilapayún debe multiplicarse para cumplir. Nacen los talleres y cinco conjuntos paralelos, a los que se suman las "quilapayunas" y los "lolopayunes".

Yo canto «a la chillaneja»
si tengo que decir algo
y no tomo la guitarra
por conseguir un aplauso.
Yo canto la diferencia
que hay de lo cierto a lo falso,
de lo contrario, no canto.

Violeta Parra,
"Yo canto a la diferencia".

DICAP
Discoteca del Cantar Popular

Nueva Canción, imagen nueva. Síntesis entre lo popular y lo plástico, las carátulas del sello Dicap marcan la imagen, la época. Sus creadores: Luis Albornoz y los hermanos Larrea.

VICHO + TOÑO LARREA

LUIS ALBORNOZ

LARREA + ALBORNOZ

de las masas millones de libros cuyo precio no superaba el de una cajetilla de Hilton, el cigarrillo pluralista que llenaba de humo las asambleas del hombre nuevo. Ahora, además de fumar, podría citar a Jack London, a Gorki, a Gabriela Mistral, a Neruda. Pero al margen de estas gestiones, el quiebre entre creación social y literaria era evidente. El editor Carlos Orellana sostiene que los escritores de entonces sufrían "ciertos síntomas de incomprensión de su entorno". Otra posible explicación: la mayoría de los autores "comprometidos" no tenía su origen en ese corpus social que recién medía los límites de su voz. Los nuevos experimentos de convivencia dejaban a la literatura social sin su tema favorito: la denuncia. Con todo, estos años produjeron uno de los libros más provocativos en el campo crítico-sociológico latinoamericano: *Para leer al pato Donald*, de Ariel Dorfman y Armand Mattelart. Después de esta contribución a la semiótica nadie volvería a disfrutar los cómics con inocencia.

En el teatro ocurría algo parecido. Si bien hubo un esfuerzo heroico del Ministerio de Educación por acercarlo a estudiantes y grupos de pobladores,

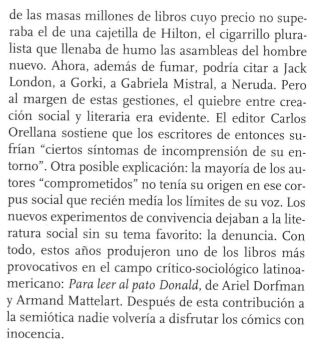

por borrar los límites entre teatro profesional y aficionado, lo que es propiamente creación no alcanzó una
forma de trascendencia. Como medida: el hit de la
época fue Agamos el amor, un café concert de corte
frívolo. ¡350.000 espectadores contra los 2.000 que
escasamente lograban las obras más ambiciosas! Por
una parte, el antiteatro y el teatro experimental encon-
traban las resistencias inherentes a su complejidad;
por otra, el teatro político pecaba de un maniqueísmo
casi escolar: buenos y malos, premios y castigos, mo-
ralejas claras y subrayadas. Después de todo, la intención era formar conciencias, no sentido crítico. Hans
Ehrman afirma: "La principal lástima es que la extraordinaria riqueza de materia prima que hubo durante la UP no fue absorbida ni elaborada en ese tiempo por el teatro". Tal vez el drama de lo cotidiano superaba con creces lo que podía ser simbolizado.

A ese nuevo protagonista de la historia no le
sería dado el tiempo de escribir su épica, tampoco de
ponerla en escena. Pero el canto, mucho más cercano
a la cultura popular, continuó la línea de la Nueva
Canción que ya asomaba la nariz en los sesenta. Herederos de la inolvidable Violeta Parra, su carpa y sus

La mayoría de lo que yo
hago son canciones
políticas. Las hago,
porque estoy enamorado
del proceso, y hago
también canciones de
amor, porque estoy
enamorado de mi mujer.
Son mis dos temas.
Ángel Parra.

Cantautor, folclorista,
poeta y dramaturgo,
Víctor Jara no necesita
presentación.

Ángel e Isabel. Siguiendo
la tradición de Violeta,
la Peña de los Parra fue
escenario de un nuevo
modo de entregar el canto.

peñas, los hermanos Ángel e Isabel, Víctor Jara, Raúl Alarcón, Quilapayún, Inti Illimani, los Curacas, daban forma y ritmo a un proceso que estaba marcado por el dolor y la esperanza. Ésa era la voz del pueblo: áspera, directa, muchas veces imperativa. "La culpa del obrero muchas veces/era el dolor altivo que mostraba/rebelión impotente, una insolencia!/la ley del patrón rico es ley sagrada", protestaba Quilapayún. No puede separarse la huella de la Nueva Canción del período político en que se inscribe. El sello mítico que acogió a la mayoría de estos conjuntos y cantautores era Dicap, inicialmente llamado Jota-Jota sobrenombre de cariño para las Juventudes Comunistas. Tampoco puede olvidarse que fue, precisamente, Quilapayún el intérprete oficial del himno de la campaña del '70 –Venceremos, original de Sergio Ortega– o esa llamada a la unidad tan extraviada a fines del gobierno: "El pueblo unido jamás será vencido". Para toda una generación de artistas, el canto fue una forma de militancia, de entrega, que trascendía o buscaba trascender el vedettismo, la competencia. Muchas de sus grabaciones eran colectivas y las giras conjuntas se alternaban con las peñas donde cualquiera capaz de rasguear tres posturas podía sumarse a la cofradía de voces comprometidas. Tanto era su deseo de apartarse de las tentaciones individualistas que en el Festival de la Nueva Canción no había ganadores, sólo participantes. Tampoco había fondos: a mediados de 1973 una comitiva de organizadores tuvo que golpear las puertas de La Moneda para poder financiar el espectáculo. Después de cantarle sus penurias a Salvador, que ese día celebraba su cumpleaños en medio de la huelga del cobre, consiguieron el apoyo para un evento que coincidió con un conato de golpe militar. Este último festival escucharía el réquiem de la Nueva Canción.

Otra forma de expresión popular, característica del momento, tenía sus orígenes en los "frescos" de la reciente campaña electoral y, en forma más distante, en la obra de los muralistas mexicanos tan admirados por Salvador: la pintura de las Brigadas Ramona Parra, Elmo Catalán e Inti Peredo. La calle, escenario de todas las victorias y derrotas, de marchas, fiestas y enfrentamientos, comenzaría a contar la historia como una urbanizada Altamira. Iconografía protestataria, colores violentos, imágenes y textos de propaganda política acompañados de una fuerte carga mesiánica: un puño en el ojo. La combatividad de este mensaje sólo puede comprenderse al recordar que una de las primeras acciones de la Junta Militar fue pintar de blanco las paredes. Recuerda el pintor

Brocha y pincel. Nacidas al calor de la campaña de 1964, las brigadas muralistas Ramona Parra e Inti Peredo fusionaron la plástica con la militancia, concitando el apoyo de artistas como José Balmes y Roberto Matta.

Empezamos a buscar diferentes murales de Santiago y, en cada caso, conseguir la autorización del dueño de la casa para pintarlas. Algunos se oponían, otros aceptaban. Ahí vimos nacer los primeros rasgos del fascismo que se ensaña con la cultura, fuerzas de la derecha lanzaban, en las noches, bolsas de colores contra los murales...

Osvaldo Puccio,
Un cuarto de siglo con Allende.

José Balmes, entonces decano de la Facultad de Bellas Artes, que los artistas plásticos pasaban mucho más tiempo a la intemperie trabajando con los brigadistas que en sus propios talleres. Los márgenes entre lo ideológico y lo artístico estaban borrados, así como los límites entre los distintos soportes. Una imagen podía aparecer hoy en un muro y decorar mañana la carátula de un disco, un afiche, la portada de un libro. La síntesis entre lo popular y lo plástico tenía un nombre y un estilo propios: el equipo de los hermanos Larrea y Luis Albornoz, eternamente asociado a Dicap. "Sus carátulas –dice Jorge Montealegre en el libro *Rostros de un canto*– deben representar un mundo cultural diverso y alternativo al tradicional. Los colores, entonces, deben partir de la memoria doliente, apuntando a la utopía."

Si Chile se había vuelto un gigantesco museo callejero, en el exterior se estaba gestando otra forma de colección. Artistas plásticos de todo el mundo hacían llegar donaciones para colaborar con la causa allendista. La iniciativa surgió de una visita dentro del contexto de la Operación Verdad. Intelectuales, científicos y artistas extranjeros eran invitados a Chile con el fin de que se empaparan de la realidad y la difundieran en sus respectivas tribunas. El objeto: contrarrestar de algún modo ese vendaval de malas noticias que se redactaba en Washington y se multiplicaba por cable en todos los diarios del mundo. El crítico español José María Moreno Galván propuso a José Balmes la creación del Museo de la Solidaridad y pronto se hallaban en los sillones de brocato de La Moneda, discutiendo el proyecto con un entusiasmado Salvador –el arte contemporáneo era una de sus pasiones confesas y a lo largo de su vida había reunido una respetable colección privada de latinoamericanos ilustres–. Gracias al Museo de la Solidaridad el "hombre nuevo" podría educar su ojo en el arte de vanguardia. Llegaron a reunirse obras de 268 artistas y la primera exposición se realizó en el Museo de Arte Contemporáneo en mayo de 1972; la segunda, meses más tarde. No hubo tercera. Durante diecisiete años los valiosos regalos permanecieron castigados en las bodegas del museo. Algunos se perdieron, otros fueron subastados en el exterior; unos pocos, altamente innovadores –como una instalación neoconceptualista de bloques de poliestireno y ladrillos– fueron a dar a la basura, bajo el juicio crítico de la Junta Militar.

Para los adictos al cine de Hollywood, estos fueron años negros. Más del 80% de las películas extranjeras, incluyendo francesas e italianas, provenían de distribuidoras estadounidenses. Al primer pretexto,

Los obreros están cansados de oír siempre a los políticos, de oír siempre al compañero Allende; las concentraciones de la UP son verdaderas procesiones. En esta película el obrero se verá solo y eso es importante.
Testimonio de Hernán Ortega, de Cordón Cerrillos, sobre *La batalla de Chile*.

La batalla de Chile, de Patricio Guzmán. Realizada con escasos medios, escapada de contrabando, prohibida en el Chile de Pinochet, la historia de este documental es su propio epílogo. En la foto, el camarógrafo Jorge Muller, detenido y desaparecido durante el régimen militar.

se suspendió el suministro. Si bien es indudable que el gobierno hizo lo que estuvo a su alcance para paliar la escasez –jamás Chile vio tanto cine búlgaro y checoslovaco– los "espectadores colonizados" padecían un vacío irreparable. Esto puede explicar por qué después del golpe de 1973 se lanzaron en tropel a las salas de cine, hasta entonces desiertas, para ver algunos desperdicios de celuloide como *La muchacha que no sabía decir no*, *Cuando las mujeres tenían cola*, *Luna de papel*, etc. En cuanto a la producción local, estos fueron años ricos en proyectos, debates y proclamas. Se produjeron también algunas cintas de peso, sobre todo en el campo de los documentales. La gestión de Chile Films puso al alcance de expertos y principiantes todos sus medios, para que ningún talento ignoto quedara sin los debidos créditos. Miguel Littin, quien fuera su director durante los primeros diez meses de la Unidad Popular, recuerda su gestión: "Me siento orgulloso de haber participado en eso, porque fue uno de los procesos más democráticos, más abiertos que yo haya conocido en la actividad cinematográfica". Pero la intención no siempre

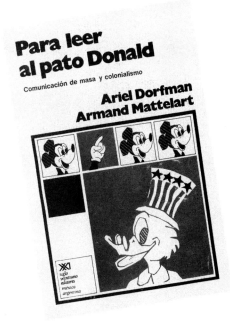

Cómics sin inocencia. Ariel Dorfman y Armand Mattelart desnudan las estrategias de colonización cultural en *Para leer al pato Donald*.

... Si el combate contra el modo de vida burgués se reduce sólo a libros como éste, las revistas de la línea Disney tienen por el momento su venta asegurada y *Para leer al pato Donald* habrá perdido su batalla: el pato Donald seguirá siendo poder y representación colectiva.

A. Dorfman / A. Mattelart, *Para leer al pato Donald*.

iba a la par con la administración, en la misma empresa se rumoreaba que "nunca tantos hicieron tan poco en tanto tiempo". Todo se vio: lo bueno, lo malo, lo feo. Pero *El compañero presidente*, de Littin; *Cristianos por el socialismo*, de Cristián Larraín; *La teoría y la praxis*, de Raúl Ruiz, son algunas muestras de la abundancia de creatividad nacional. No faltó la producción extranjera que llenó de fans el Hotel Carrera, a la espera de ver a un maduro pero todavía atractivo Yves Montand. Justicia del azar o coincidencia buscada: *Estado de sitio*, de Costa Gavras, tuvo por escenario otro escenario, dos planos de irrealidad superpuestos, para producir la película-culto del cine comprometido. No obstante, si hubiera que elegir una sola obra por la que este período debiera ser recordado, probablemente sería *La batalla de Chile*, de Patricio Guzmán. Un documental irreemplazable para comprender la dimensión emocional de una historia que a menudo ha sido reducida a sus razones aparentes. Según su propio autor, su propósito inicial era filmar la revolución. Pero, como señala Jacqueline Mouesca, "conforme avanzaba el rodaje... constataba un hecho más y más inesperado: estaba, en verdad, filmando la contrarrevolución". Paradojas de la historia: esta película, que no llegaría a estrenarse en Chile, debió abandonar el país de un modo cinematográfico después del golpe. Gracias a la Embajada de Suecia, fue sacada "de contrabando", rollo a rollo, todavía sin editar. Celebrada en forma unánime por la crítica, esta obra de Guzmán despertó la solidaridad mundial hacia la lucha de un pueblo sin armas.

La corona de laureles para la Unidad Popular llegó en noviembre de 1971, con la designación de Pablo Neruda como Premio Nobel de Literatura. "Un humanista esclarecido", lo definió Allende en su homenaje, "que ha narrado con belleza la inquietud del hombre ante la existencia. Por la poesía de Neruda pasa Chile entero, con sus ríos, sus montañas, sus nieves eternas y tórridos desiertos, pero, por sobre todas las cosas, están el hombre y la mujer y por esto están presentes el amor y la lucha social". La misma idea, en la voz del poeta: "En cuanto a nosotros en particular, escritores de la vasta extensión americana... sentimos también el compromiso de recobrar los antiguos sueños que duermen en estatuas de piedra, en los antiguos monumentos destruidos, en los anchos silencios de las pampas planetarias, de selvas espesas, de ríos que cantan como truenos...".

El retrato del poeta con el "porfiadísimo compañero" condensa casi medio siglo de lucha de la izquierda chilena.

Pablo Neruda en su mítica residencia de Isla Negra, a orillas del Pacífico. El 21 de octubre de 1971, la Academia Sueca le otorga el Premio Nobel de Literatura.

Cumpliendo con mi oficio
piedra con piedra, pluma a pluma,
pasa el invierno y deja
sitios abandonados,
habitaciones muertas:
yo trabajo y trabajo,
debo substituir
tantos olvidos,
llenar de pan las tinieblas,
fundar otra vez la esperanza.
Pablo Neruda,
"A mis obligaciones".

A Rodolfo
y Margarita
Isla
Negra
53
Diciem
bre
Pablo

LOS RUSOS BLANCOS DE AMÉRICA

Ya antes que el hombre nuevo hiciera su aparición, su efecto purgante sobre el imaginario de la burguesía se dejaba sentir. La secuencia de la desesperación, tal como la relata Eduardo Labarca: el 5 de septiembre, domingo, los jóvenes protestaban en las calles. El lunes estallaba el pánico financiero. El martes ya hacían cola frente a los vacunatorios aquellos que querían dejar el país. El miércoles, piquetes de mujeres de luto montaban guardia frente a La Moneda. Tan pronto asuman, los comunistas cerrarán las fronteras, repetía con gesto ominoso la derecha. Tan pronto asuman, se apoderarán de nuestras casas. Tan pronto asuman, Chile será la despensa de Cuba. En los clubes de campo, en los colegios ingleses, en los bingos de caridad, a fuerza de reverberación la campaña del terror se volvía una profecía autocumplida. Tan pronto asuman los comunistas... Pero, ¿quiénes eran, exactamente, "los comunistas"? Para la derecha chilena, sorda a los delicados matices de la izquierda, cualquiera que no se contara entre sus filas. En su preciso organigrama del universo, todo lo que no fuera "gente decente" caía bajo la bandera de la hoz y el martillo. Ahí encontraba su lugar buena parte de la Democracia Cristiana, que había demostrado ser un lobo en disfraz de cordero. Este recelo bloqueaba la formación de un frente unido de oposición, por lo que la dimensión anímica de la catástrofe era aun peor. Hay que recordar las declaraciones del presidente del Partido Nacional, poco después de la victoria popular: "Yo no quiero que en ningún momento los nacionales nos veamos enfrentados a la alternativa de unirnos a la Democracia Cristiana. Es necesario que no seamos catastróficos y estemos dispuestos a buscar una salida menos mala que el derrumbe y la destrucción". ¿Cuál era tal salida? La sala de embarque del Aeropuerto de Cerrillos.

En *Small Earthquake in Chile*, Alistair Horne relata una anécdota ocurrida en Nueva York, durante enero de 1971. Isabel Edwards, matriarca de uno de

Septiembre de 1970: doce mil chilenos abandonan el país. Octubre: diecisiete mil los siguen en el éxodo. La Unidad Popular no ha siquiera entrado a La Moneda.

Yo no quiero la Patria dividida
ni por siete cuchillos desangrada:
quiero la luz de Chile enarbolada
sobre la nueva casa construida.
Cabemos todos en la tierra mía.
Y que los que se creen prisioneros

se vayan lejos con su melodía:
siempre los ricos fueron extranjeros.
¡Que se vayan a Miami con sus tías!
Yo me quedo a cantar con los obreros
en esta nueva historia y geografía.

Pablo Neruda, "Aquí me quedo", 1973.

El buen pasar de la burguesía, según las Brigadas Muralistas. Campaña del FRAP, 1964.

los clanes más influyentes en la vida política y económica nacional, invitó al historiador al departamento que ocupaba en su voluntario exilio. Aunque la invitación era a almorzar, uno de los primeros problemas en hacerse evidente fue que ninguno de los presentes tenía la menor noción culinaria, "obviamente una necesidad que jamás había enfrentado Chabela, con su batallón de sirvientes en Chile". Para alivio de Horne, el yerno de la anfitriona anunció que era capaz de preparar una tortilla francesa. Sentados sobre cajas de madera, la señora Edwards procedió a entregarle una lista de los "contactos" que podían ayudarlo en su futuro viaje a Chile: secretaria, chofer, cocinero y mucama. Dice Horne: "Me imagino la recepción que habría tenido de llegar a las entrevistas con miembros del gobierno en el Cadillac de los Edwards". Meses atrás, Agustín "Doonie" Edwards le había informado que poco antes de las elecciones recibió amenazas de la ultraizquierda y, después del triunfo de Allende, indicaciones semioficiales sobre los riesgos para su seguridad de permanecer en Chile. Su vuelo, preparado con un minuto de advertencia, despegó "literalmente" bajo las balas del MIR. Probablemente una historia semejante a la que relató a Richard Nixon en ese memorable desayuno el 14 de septiembre, el jugo de naranjas más costoso para la vida política nacional. Basta recordar que pocas horas después Nixon llamó a Richard Helms a su oficina para pedirle que hiciera "aullar la economía" chilena. Si este escape cinematográfico de Edwards bajo el fuego revolucionario es constatable, o simplemente pertenece a la tradición oral de la época, lo mismo sirve como indicación del clima persecutorio con que era

recibida la victoria en las urnas del "comunismo y sus aliados", *El Mercurio* dixit. Para los miembros de la burguesía, la "vía chilena" significaba romper la alcancía, hacer las maletas y arrancar a perderse.

Ante la incertidumbre, el país se vuelve un gigantesco remate. Vender antes que regalar, parece ser la consigna. Los avisos económicos reducen a una dolorosa desnudez el discreto encanto de la burguesía: por viaje vendo colección de figurines de Cappo di Monti, por viaje vendo piano vertical en óptimas condiciones, por viaje vendo abrigo de conejo casi nuevo. Por viaje vendo auto, casa, la herencia de la bisabuela, los regalos de boda, esos inservibles souvenirs del último viaje a Europa... Todo debía reducirse a dólares para inventar un incierto futuro en una tierra lejana. Los más golpeados no eran los blancos inmediatos del programa de la Unidad Popular: grandes latifundistas, industriales y banqueros, quienes tenían los necesarios contactos y un respaldo monetario en el exterior. El pánico calaba más hondo en los que vivían con precariedad su falsa opulencia, los que habían despegado hacía poco de una medianía esforzada y se sentían vulnerables ante ese nuevo Estado redistributivo y sus parientes más rebeldes. Una de las lecciones más importantes entregadas por la Unidad Popular es que el alineamiento de las capas medias no es función de su bienestar económico, sino de su identificación con la clase dominante. Parafraseando a Lacan: el miedo a perder lo que no se tiene, frente a quien dice no querer arrebatarlo.

No todos consiguieron asentarse tan sólidamente como los Edwards en su exilio. Tampoco tuvieron interlocutores influyentes en la Casa Blanca, en

¡Chileno, alerta, el ruso está en la puerta!

Grito de guerra de jóvenes aristócratas estrenado tras la victoria de la Unidad Popular.

Buenos Aires, Brasil y Paraguay para llorar sus cuitas o desparramar un poco de pánico sobre la prensa internacional. La mayoría de los "refugiados" simplemente cruzó la frontera argentina para sufrir la revolución desde Mendoza, aunque algunos llegaron más lejos. De acuerdo con su elección de destino, los emigrantes podían dividirse en dos categorías: aquellos que no hablaban inglés o buscaban continuar con el mismo estilo de vida y optaban por Argentina, Paraguay o España; y los que preferían buscar nuevos horizontes idiomáticos. Según el cónsul de Australia, recibían tal avalancha de consultas sobre emigración que la Embajada se vio obligada a contratar personal extraordinario. Sin embargo, la experiencia de aquellos que daban el salto no resultaba estimulante. De jugador de polo a profesor de equitación, de pasajero de hotel a recepcionista, la conversión de talentos en sustento siempre dejaba un triste sabor a pérdida. Un agricultor resumía poéticamente esta inquietud: "Si me encuentro desnudo en la plaza de mi pueblo, incluso mis enemigos me tirarán un abrigo. ¿Pero puedo esperar lo mismo en Buenos Aires?". Después de algunos meses de reflexión y nostalgia —sumado al fastidio de cocinar sus propias tortillas— los exiliados comenzaron a regresar lentamente a luchar por la "salvación de la patria".

¿Era solamente alarmismo lo que impulsaba este éxodo en masa o había peligros reales? El avance de la reforma agraria en el sur, tanto programado como espontáneo, ofrecía una sombría opción para los antiguos latifundistas: perder todo al contado o perder todo a plazos. Tanto como puedan respetarse las reivindicaciones indígenas o la incansable labor doctrinaria de los militantes del MIR, no hay cómo disfrazar la animosidad con que se llevaban a cabo estas "tomas". Solamente el lenguaje que las rodeaba era una invitación a la paranoia. La imagen es característica. Unas pocas mujeres armadas de palos, niños, un par de hombres en edad de trabajar... más el infaltable, belicoso cartel: "Los pobres bienvenidos, los ricos a la mierda". Un ex ministro de la Unidad Popular diría a posteriori: "El uso abusivo de los términos: masa, enemigo principal, poder total, revolución, contribuyeron a despertar reacciones emocionales". Una apreciación generosa: los términos eran más que abusivos; las respuestas, más que emocionales. Desde ese presente pretérito que se vivía como un interrogante, ¿quién podía calcular el potencial de insurgencia escondido tras esos rostros solemnes y agraviados? ¿Qué significado inexpugnable encerraba ese "los ricos a la mierda", temática recurrente de la lucha? Nadie parecía saberlo. Los antiguos oligarcas contaban sus minutos mientras iban dividiéndose entre "tuvos" y "tienes". "Tuvo" el que ya ha perdido la tierra, "tiene" el que la perderá mañana. "Tuvo" planea venganzas, empaca y se marcha. "Tiene" liquida la siembra, remata el ganado y, por las dudas, se arma. Teniendo las armas, las usa. Contra los campesinos, contra los activistas, contra los inspectores del INDAP, y la sombra de un miedo atávico que se ha ido estrechando desde los primeros días del gobierno de Frei.

El fantasma de los industriales era quizá distinto al de los terratenientes. Sus noches en vela estaban pobladas de huelgas, interventores, de alguna acusación de irregularidad que los privaría del poder, del sagrado derecho a la propiedad privada. Para aquellos que lograban superar la primera pesadilla, siempre quedaba el recurso de la segunda. Dejaban de importarse las materias primas, los bancos estatizados chantajeaban con el crédito, se veían obligados a aumentos de sueldos más allá de toda posibilidad. ¿Por qué –se preguntan los analistas de este período– si la creación del Área de Propiedad Social sólo afectaba a las empresas de mayor tamaño, produjo semejante reacción defensiva? Tal vez una de las razones guarde relación con lo que señala Sergio Bitar: "El gobierno sólo había conseguido tomar control de una

¡Que se acuse constitucionalmente al presidente y lo saquen el 21 de mayo mismo!... ¡Porque tiene destruido, molido, y éste es un gobierno corrompido y degenerado, señor! ¡Degenerado y corrompido! ¡Inmundo! ¡Comunistas asquerosos, tienen que salir todos de Chile!

Entrevista callejera, marzo de 1973. En *La batalla de Chile*.

Rostros del peligro. Los fantasmas de la burguesía se corporizan.

parte de las 90 empresas grandes... En cambio, había intervenido cerca de 200 empresas medianas y pequeñas, que fueron tomadas por sus trabajadores en los momentos de lucha más aguda". La espontaneidad nuevamente conspiraba contra el funcionamiento global de la maquinaria productiva. De nada valía la insistencia de Allende sobre las ventajas trasclase del plan Vuskovic, el beneficio indiscutible que ese aumento en la demanda significaría para pequeños industriales y comerciantes. Un titular del diario *Clarín* era capaz de destruir, en un solo golpe de pluma, un centenar de esfuerzos conciliatorios: "Chao, Fidel. Chile es su casa. De los momios nos encargaremos nosotros". Tampoco colaboraban –como es obvio– los elegantes editoriales de *El Mercurio*, que con mucha mejor sintaxis prometían exactamente lo mismo.

No todos consiguieron exiliarse. Algunos debieron contentarse con poner un pie en la libertad, enviando sus hijos a un college o universidad extranjeros donde los mantendrían a salvo del trabajo voluntario en la zafra cubana, el curso de posgrado en la KGB, o cuales fueran los demonios que poblaban esas pesadillas silenciosas, íncubos de la propia

fantasía nutridos por esa facilidad de palabra que incendiaba el discurso popular. Muchos de los que permanecieron en la patria también sufrían la impresión de hallarse en el exilio. Un país lleno de "rotos" que ahora caminaban por cualquier barrio bien, gritando cosas insufribles sobre el poder popular. Cuando se aventuraban, debidamente protegidos, por la plácida Providencia, de invisibles parlantes salían las voces atronadoras de Quilapayún: "¿Cuándo llegará el día que la tortilla se vuelva y los pobres coman pan y los ricos mierda-mierda?". A su alrededor se oían acentos cubanos, brasileños, bolivianos, y eso cuando reconocían el idioma: eran los internacionalistas, portadores de la fraternidad universal revolucionaria. Curados de espanto, de regreso al hogar, la televisión les ofrecía un panorama aún más desalentador: el juramento en cadena de un nuevo gabinete ministerial o la transmisión de un acto de masas dominado por la elegante prosa expropiatoria de Carlos Altamirano y/o la telúrica presencia de Luis Corvalán, comunista de poncho y sombrero.

Les habían cambiado a su Chile, partiendo por el servicio doméstico, siempre tan dócil, tan apatronado. Ya no quedaban sirvientas como las de la abuela sino estas nuevas "asesoras del hogar", personajes duchos en la letra chica del Código del Trabajo, dispuestas a pelear con uñas y dientes cada acápite de su contrato laboral. Como decían las damas que se lamentaban amargamente en la peluquería: no era exactamente lo que pedían, sino el tono en que lo pedían... Esa amable relación de la esclavitud encubierta había sido emponzoñada por quienes lavaban el cerebro de las inocentes muchachas; el enemigo ya no estaba en la fantasía, en los sueños o en los rojos titulares de los diarios de la tarde. El enemigo había penetrado las fronteras sacrosantas del hogar y se hallaba en la propia cocina fregando los platos. En un futuro no tan lejano los golpes de las cacerolas denunciarían la escasez de alimentos, sin duda. Pero eran también un grito colectivo de las dueñas de casa por haber sido expuestas al inaudito trauma de lavarlas. Dentro y fuera del país, la burguesía se sentía en el exilio. Su patria había sido usurpada por ese hombre nuevo de pésimo vocabulario y dudoso gusto en el vestir. O peor aun, por los desclasados que, como Allende, habían permitido su emergencia. ¡Difícil decidir cuál era más imperdonable!

El abanderado de la clase obrera. "Pije" Allende, obstáculo insalvable para la burguesía chilena.

"Fina estampa, caballero, caballero de fina estampa, buen sombrero..." Salvador Allende espera la llegada de Fidel Castro, 10 de noviembre de 1971.

Yo provengo de un hogar burgués y he debido renunciar a muchas cosas por causa del ideario que sustento. No me refiero a las comodidades de orden material, no sería más revolucionario si llevara los codos rotos o si no me bañara todos los días.
Salvador Allende,
12 de marzo de 1968.

AVANCES, TROPIEZOS Y ZANCADILLAS

Se enamoró de un orden. Y subvirtió sus gradas/ Y si ascendió al abismo, se despeñó a los cielos." Algo de Salvador pareciera quedar atrapado en estos versos de Vicente Aleixandre, el poeta de la verdad. La verdad de "cada uno de los hombres", no esa certidumbre total, y totalmente imaginaria, que siempre parece eludirnos. ¿Qué fue el período completo de la Unidad Popular sino el ejercicio de "la verdad" de cientos de miles empeñados en la revolución, o contra la revolución, cada uno a su manera? ¿Qué fue su derrota, o fracaso, sino un choque de palabras demasiado cargadas? En lo medular estaba la herida más vieja de la especie: aliedad versus alteridad, nosotros o ellos. En la superficie, el fracaso del lenguaje para la única función que jamás ha cumplido: modular el trauma de la diversidad. Reducir la caída de la Unidad Popular a una serie de dificultades políticas y económicas, con mayor o menor protagonismo de la oposición, equivale a canonizar las pasiones que estuvieron en juego, elevar a teoremas lo que en verdad fue manipulación verbal, racionalizar el naufragio colectivo de la razón. Unidad Popular: ¿derrota o fracaso? Para que fuera uno u otro se habría precisado de una victoria, al menos una victoria parcial. No la hubo. Lo que se extiende, a partir de 1973, es la pesadilla primigenia, el gobierno de la violencia y el terror. Aunque la moneda tenía dos caras, todos fuimos perdedores.

Es difícil explicar el fenómeno. Lo que ha quedado registrado en la memoria colectiva no es el programa, ni siquiera una parte aislada de él. Lo visible es la respuesta a los cambios propuestos, el tira y afloja que a menudo termina en desgarro. Basta con observar la reforma agraria, "la tierra para el que la trabaja", con las debidas comillas. Ya en 1958, Salvador había señalado ante el Congreso: "Dicha reforma es un hecho social y económico imposible de detener... Por eso queremos establecer el reajuste del salario vital del campesino. Cuesta imaginar hasta qué punto es brutal el desnivel de los salarios entre los

Talca, una de las regiones más engoladas del Chile rural, se agitará pronto ante el nuevo dictum: la tierra para el que la trabaja.

Somos pájaros libres.
Hermano, es tarde ya.
¡Volemos a la cumbre!

¿Cuántos caminos recorre
el hombre sin descansar?
Y se muere en el camino
sin hallar la libertad.
...
¿Hasta cuándo la pobreza
se tiene que soportar?
El hambre es un pozo oscuro,
tan profundo como el mar.
...
Somos pájaros libres.
Hermano, es tarde ya.
¡Volemos a la cumbre!

Víctor Jara,
"Somos pájaros libres".

trabajadores agrícolas. Deseamos terminar con la burla que muchos patrones hacen de la asignación familiar... Queremos que el campesino tenga derecho a organizarse". Todo quizás un poco genérico, no en las mismas ligas de la inmediatez que el presidente demostraba en el tema de las diarreas infantiles. Pero nunca fue Salvador un hombre de campo. No gozaba de esa intuición epidérmica de la ruralidad que podría haber tenido Carlos Altamirano, por ejemplo, con sus memorias donosianas ancladas al fundo materno. Tampoco tenía ese saber directo de la tierra, casi proustiano, que despliega Luis Corvalán en sus memorias: "En los pajonales sacábamos nalcas; en las roblerías, digüeñes, changles y gargales; en los bajos, frutillas; en las vegas, camarones; en las lomas, murtillas y los frutos del avellano, del chupón, del maqui, del boldo y del copihue...". Como muchos de nosotros, Salvador habría necesitado un diccionario costumbrista para traducir la mitad de esos términos. Cuando era necesario –en giras electorales, para las celebraciones de fiestas patrias– hacía gala de su flexibilidad y sus bien desarrolladas dotes ecuestres. Podía montar sin vergüenza, ponerse las espuelas, tomar "la chicha en cacho" –un vino dulce y áspero, servido en el cuerno de un toro– y, ya en la extrema necesidad, sacar su pañuelo para bailar la cueca, ese baile nacional que tan bien imita el cortejo de gallos y gallinas. Pero en el fondo, Salvador era un animal urbano, un hijo de ciudades menores que había cavado su lugar en la capital.

Todo lo dicho en su discurso es cierto. Hasta principios de la década de los '60 la situación en el campo era calamitosa. Demasiado suelo para muy pocos, demasiados campesinos sin tierra. En un país donde el ingreso per cápita era de setecientos dólares al año, siete de cada diez trabajadores rurales vivían, sobrevivían, con menos de cien. Y ni siquiera podían declarar una huelga, porque las asociaciones sindicales estaban prohibidas. Salvador comprendía, tan bien como cualquiera, la dimensión subjetiva del problema. Más que un enclave de pobreza, el campo era un secuestro del tiempo, un reducto de Chile congelado en el siglo XIX. Ante sus propios ojos, los campesinos se reconocían como ciudadanos de segunda categoría, menos completos y menos dignos que la gente de ciudad. Nacer "huaso" era partir con la derrota a cuestas, la vida un tránsito del polvo al polvo sin jamás ver una sala de cine, una biblioteca, una calle comercial con sus luces de mercurio y sus encantos de fantasía. Desde afuera o desde adentro, la condición rural sólo podía describirse como injusta.

Un sorbo ceremonial. Como parte de los deberes presidenciales, Su Excelencia recibe el infaltable cacho de un "huaso bien plantado", 19 de septiembre de 1971.

Presidente folclórico, en boca del volcán. Esta imagen no tendría nada excepcional, de no haber sido obtenida en Cautín, foco irreductible de las tensiones agrarias.

Si somos americanos
somos hermanos, señores.
Tenemos las mismas flores,
tenemos las mismas manos.
Si somos americanos
seremos buenos vecinos,
compartiremos el trigo,
seremos buenos hermanos.
Bailaremos marinera,
resfalosa, zamba y son:
si somos americanos
seremos una canción.
Rolando Alarcón,
"Si somos americanos".

¿Pero al menos sería una injusticia productiva? Tampoco. La tierra estaba desperdiciada. A partir de los años '30, Chile importaba tres veces más de lo que exportaba en productos agrícolas. La "fértil provincia señalada" que deslumbrara a Alonso de Ercilla en los días de la conquista se había vuelto una sociedad desigual, atrasada e ineficaz. Más allá de toda ideología, era preciso un cambio.

Cuando Allende comenzó su gobierno ya se habían dado los pasos decisivos para permitir la reforma agraria. Jorge Alessandri había dictado la primera ley, como parte de las modernizaciones recomendadas por la Alianza para el Progreso, pero los efectos habían sido pocos. Una reforma "de macetero", para gusto de la izquierda. Fue el gobierno de Frei el que comenzó la expropiación de las grandes haciendas. En sus tres años de aplicación logró dar tierra a veinte mil familias, beneficiando principalmente a los inquilinos y medieros, el jet set de los trabajadores rurales. Para algunos campesinos eso significó pasar a la categoría de agricultores; para los demás, una puerta abierta al viejo sueño de justicia. Pero este sueño tenía sus cercos claramente demarcados. De los "afuerinos" y "ocasionales" no se ocupaba: estas sombras que flotan a la deriva de siembra en cosecha seguirían al margen del progreso. Sombras que representaban, cuanto menos, la mitad del campesinado. Limitada y todo, la gestión de Frei tuvo el mérito de sindicalizar a los trabajadores, un hecho poco reconocido. Si no logró conducirlos a la tierra prometida, al menos puso término al período semifeudal. El sólo haber logrado vencer la inercia de siglos, de trasponer las barreras del aislamiento que perpetuaban el poder, fue una operación heroica de rescate.

Ya como presidente, limitado por las dificultades legislativas, Salvador se atuvo a los criterios de tamaño de la reforma agraria de Frei. También se propuso respetar la propiedad de equipos y ganado, dos medidas poco felices para los socios más radicales de la UP. Su gobierno no contempló la reforma aisladamente, sino como parte de un nuevo modelo de desarrollo, que identificaba al gran terrateniente como su principal obstáculo. Al igual que en muchas otras esferas, se esperaba el apoyo de los medianos y pequeños agricultores, a los que se ofrecía "las ventajas y respaldos de las cooperativas que operaran en su área geográfica". El sello revolucionario debería darse en otros aspectos. Por una parte, todos los trabajadores rurales se integrarían a los beneficios de la reforma, no sólo los inquilinos. Para llevar a cabo estas metas se crearían los Consejos Campesinos y por

Estuve allí y dije públicamente que no iba a desterrar el hacha de guerra, símbolo de los mapuches, y que no llevaba hipócritamente una blanca y tibia paloma de la paz. Llevaba la palabra responsable de un gobernante del pueblo.

Salvador Allende,
diciembre de 1970.

Pueblo mapuche, dos tomas.
1964: una apuesta por el triunfo de la izquierda.
1970: "Tierra o muerte", la paciencia deviene exigencia.

primera vez el interlocutor del Estado dejaría de ser la Sociedad Nacional de Agricultura. Pero su política fracasó por una razón extraordinaria: el jet set del campesinado no quería dividir sus futuros privilegios con los "afuerinos" y "ocasionales". El modelo de asentamiento instaurado por Frei se había vuelto un imperativo del sueño: cooperativa por tres años, luego la propiedad privada. Las sombras debían seguir flotando, para que el viejo orden pudiera reproducirse en menor escala. Tanto como batalló Salvador, no logró cambiar esta peculiar concepción de la justicia. Los Consejos Campesinos, por su parte, no llegaron a desplegar la esperada vitalidad. Y aunque la Ley Indígena estaba en curso las comunidades mapuches reclamaban con vigor una tierra que sentían como propia. ¿Explica esto la silbatina de balas que llegaría a oírse en el campo? Sólo a medias. El programa de gobierno era apenas un catalizador para ese gran cambio que estaba por venir. Con reactantes altamente explosivos, el resultado sólo podía ser una enorme liberación de energía.

Desde 1968, pero mucho más desde los inicios de la Unidad Popular, comenzaron a producirse las "tomas de terreno". Como el de Frei no tenía la pretensión de ser un gobierno revolucionario, en general contuvo estos movimientos. Por una parte con la represión policial, por otra con la política de "fundo tomado no será expropiado". Salvador no está de acuerdo con esta aplicación espontánea de la reforma, lo ha repetido hasta el cansancio: "No aceptamos la presión, lo hemos dicho con toda honradez de revolucionarios, estamos contra las tomas indiscriminadas de fundos que crean anarquía en la producción y que terminarán por lanzar a los campesinos contra campesinos o a los campesinos contra pequeños agricultores". Pero tampoco está dispuesto a usar la fuerza pública contra sus partidarios: el fantasma de Gabriel González Videla pesa demasiado en su conciencia. Su estrategia es la de siempre: dialogar, arbitrar, negociar. Viaja a la región de Temuco, donde flamea la bandera del MCR y el comandante Pepe guía a sus huestes del MIR hacia el enfrentamiento inevitable. En el sacudido trayecto, Salvador tiene una idea luminosa: "Dígame, Jacques... ¿le importaría trasladarse con ministerio y todo a Temuco?". Rodeado de diplomas, en su sobrio despacho de académico, el ex ministro Chonchol relata velozmente el enroque administrativo que algo logró aquietar las tensiones. Énfasis en algo. "¿Ha habido, en el mundo entero, alguna experiencia de reforma agraria que no haya sido descontrolada?", pregunta. Luego recuerda otra iniciativa de Salvador para enfriar el caldero: entregar a cada Consejo Campesino el orden de prioridad en que se pondría en práctica el programa. Pero los frentes son múltiples y las demandas crecen. Un ejemplo preciso, saltando un poco en el tiempo: el MAPU de Melipilla promueve tomas por medio de "Campesinos al poder". Lo de costumbre, pero en este caso hay una novedad. Las peticiones superan la mera posesión de tierras y van claramente a lo político: se exige acción gubernamental contra aquellos terratenientes conspiradores, contra la justicia burguesa, contra las Cortes locales y, de paso, contra el propio programa transformador de la Unidad Popular.

Éste es el típico dilema que debe enfrentar Salvador, donde ya no basta el solo dialogar, postergar, trasladar. Ante la presión, responde acelerando la expropiación de los fundos ocupados y luego rebajando el límite de tamaño a 40 hectáreas. Pero el conflicto agrario va erosionando su autoridad y deberá actuar sobre el propio MAPU para precipitar su fractura. En lo político ha ganado poco. El 16 de enero de 1972 se realiza una elección complementaria en varias provincias campesinas y ganan los candidatos opositores. En sus memorias, Luis Corvalán señala: "La cosa era clara. Votaron por los candidatos de la oposición campesinos que fueron favorecidos por el gobierno de Allende... Estaban descontentos porque, después de haber recibido tierra, no tenían ayuda suficiente... se les trataba de imponer esquemas rígidos de organización de la propiedad y no estaban de acuerdo con la toma indiscriminada de predios que llevaban a cabo algunos grupos de ultraizquierda". ¿Conclusión? El "somos cauce, no dique", frase favorita de Salvador, enfrenta un río muy propenso a salirse de madre.

Más allá del costo electoral, la reforma significó una amarga experiencia en el modelo de la explotación cooperativa. Los campesinos recién incorporados al mundo del capital respondieron protegiendo sus derechos individuales a expensas del agroproletariado. Muchos de ellos entraron directamente al sistema del mercado negro o establecieron alianzas con el "enemigo principal", arrendándole sus tierras o campos de pastizaje. Raramente cancelaron las deudas y más de un tractor o una vaca, comprados con generosos subsidios, fueron a engrosar las pérdidas de la UP. Un desastre para la economía. Después de un crecimiento productivo en el primer año, se observó una brusca caída. Entre 1970 y 1973, la importación por este concepto subió a 400 millones de dólares, con una balanza de pagos que ya pedía auxilio. Y

Por Jecho

DEBAJO DEL PONCHO LATIFUNDISTA

JECHO

Más allá de la caricatura. Los latifundistas no renunciaron a recursos extraparlamentarios para conservar sus privilegios.

Los campesinos, que sólo en 1967 consiguen el derecho a sindicalizarse, reemplazarán a partir de 1970 a los representantes de los terratenientes en los organismos del Estado.

El Movimiento de Izquierda Revolucionaria no inventó la lucha de clases en el campo, sólo hemos organizado y liderado las únicas formas posibles de movilización campesina, dada la política agraria del gobierno.
Miguel Enríquez, secretario general del MIR, 1971.

junto con la repercusión económica, estaba el problema de la legalidad, un área crítica para Salvador. Las movilizaciones campesinas y la resistencia de los terratenientes se llevaban a cabo en un clima de violencia que obligaba a decidir, casi diariamente, a quién reprimir con mayor severidad. Cualquier paso en falso –en verdad, cualquier paso– servía para desprestigiar a un gobierno tensionado al límite por sus propias contradicciones estratégicas.

Considerando estos antecedentes, hoy resulta absurdo sugerir que la política agraria de Allende fuera un éxito. ¿Pero quién se atreve a negar que una reforma era necesaria? Quizá la prueba más contundente la haya dado el tiempo. La exportación agrícola, una de las constantes de nuestra actual cornucopia, funciona hoy sobre la base de pequeñas unidades productivas. El despilfarro del Edén pertenece a la memoria de los dinosaurios. Descontrolada, violenta, a veces inútilmente sangrienta, la épica de nuestra reforma agraria lleva las firmas de Frei y de Allende y fue un estelar continuado de ambos gobiernos. El libreto, sin embargo, fue escrito por la necesidad y actuado por la circunstancia. Como toda la historia, hecha de arranques y falsas partidas, de saltos en el vacío y la mala suerte. *Eppur si muove.*

Vía chilena, capítulo rural. Ante la gravedad del enfrentamiento en el campo, Allende ordenó a su ministro Chonchol trasladar el Ministerio a Cautín, epicentro del conflicto.

Palos y proclama: una toma con todas las de la ley. Aunque Allende jamás empleó la represión contra los campesinos, condenó severamente cada ocupación ilegal de tierras.

El Instituto de Reforma Agraria debía brindar asesoramiento técnico a los predios reformados.

Nuestro pueblo no sólo tiene hambre de pan sino de la tierra donde se produce el pan... Día llegará en que sea posible nuestra aspiración: ni hombres sin tierra, ni tierra sin hombres.

Salvador Allende.

ARDIENTE
IMPACIENCIA

Cifras del desamparo. Al inicio de la Unidad Popular el déficit de viviendas es de 480 mil. Tras el terremoto de julio de 1971, 520 mil.

Si el campo estaba lejos de ser un paisaje bucólico y meditativo, la ciudad se había vuelto un frenético videoclip. Mientras Salvador batallaba contra una acusación constitucional, fuera de su oficina esperaba algún sindicato para reclamar un aumento de sueldo. O una asociación de barrio en busca de alumbrado público. O un interventor descontento con su cargo, o un empresario descontento con su interventor, o un ministro de Corte descontento con todos, Salvador incluido. Ése era el meollo del asunto: no había problema en Chile que no terminara en el despacho presidencial o, más a menudo, en el intempestivo traslado al lugar de los hechos. Aunque contaba con un ejército de funcionarios, la idea de delegar era para Salvador una fantasía. Todo lo que en el papel se había visto ordenado y lineal, en la práctica se sublevaba como un golem con vida propia. El querido programa, espina dorsal de su candidatura, había supuesto una realidad suspendida que se dejaría moldear, una dócil Bella Durmiente en espera del beso emancipador. La Unidad Popular no parecía haber tomado en cuenta que la sola inminencia del cambio ya era un cambio en sí, que las soluciones pensadas hoy no se ajustarían a los problemas de mañana. Que, visibles e invisibles, había fuerzas en movimiento que desordenaban el tablero de ese Monopoly que habían soñado: títulos de propiedad cambiando felices de mano, nuevas relaciones de producción nacidas sin resistencia.

Área de Propiedad Social, toma uno. El delicado tema había encontrado su cerco de púas en el Parlamento: proyecto, contraproyecto, veto presidencial, cajón. La batalla de papel estaba trabada en un frente muerto y las negociaciones topaban en un mismo escollo, en una misma empresa: la Compañía Manufacturera de Papeles y Cartones –cuyo presidente del Directorio era Jorge Alessandri–. ¿Por qué una empresa entre cien produciría semejante tropiezo? Porque ésta era, en verdad, una batalla por el papel. Vale decir, por aquel innoble derivado de la celulosa sobre el que

Soy un hombre que pasó por la universidad. Pero he aprendido mucho más de la universidad de la vida. He aprendido de la madre proletaria en las barriadas marginales, he aprendido del campesino que, sin necesidad de hablarme, me enseñó de la explotación más que centenaria (...) y he aprendido de las densas multitudes que han tenido paciencia para esperar.
Salvador Allende, 1972.

El líder opositor Eduardo Frei, en amable diálogo con el presidente de la Corte Suprema, Enrique Urrutia Manzano. El Poder Judicial exigirá al gobierno la devolución a sus antiguos dueños de muchas empresas del Área Social.

El intento de estatizar la Papelera mediante compra de acciones desató una feroz ofensiva opositora: ¡La libertad no se vende!

se imprimen los diarios, las noticias, los editoriales; donde se construye la única y válida realidad. El proyecto de ley, presentado por el gobierno en diciembre de 1971, para la creación de un Instituto Nacional del Papel, fue de inmediato llamado "Ley Mordaza". Pocos días después, un titular de *El Mercurio* daba la tónica: "CHILE MANTENDRÁ SU PRENSA LIBRE". Al mismo tiempo, Chile se cubría de graffiti: "*El Mercurio* sigue mintiendo". El foco del conflicto estaba ahí, en la libertad de prensa. Tanto se discutió su potencial amenaza, que poco se advirtió el modo subrepticio en que la prensa conspiraba contra la libertad, contra la convivencia. De un bando y del otro, la guerra de titulares iba creando una atmósfera de polarización suicida, cuyo saldo final sería el verdadero colapso de todas las libertades –la de prensa, entre muchas–. Durante los tres años del gobierno de la Unidad Popular, los quioscos de diarios fueron un drenaje pluralista para el verbo reducido a esquirla. No era necesario comprar o leer noticia alguna, bastaba con esos afiches móviles que sintetizaban en una línea lo peor del acontecer nacional.

Difícil definir cuál era la política de prensa de la Unidad Popular. Más allá de alguna reunión sostenida por Salvador con los "periodistas leales" para pedir que informaran verazmente, no hubo una intervención directa sobre los medios. El diario estatal *La Nación* y *El Siglo*, vehículo oficial del PC, recogían y analizaban con alguna coherencia las posturas de gobierno. A partir de ahí, se extendían el caos y las tinieblas. El diario de mayor circulación dentro de la izquierda era *El Clarín*, propiedad hasta 1972 de Darío Saint Marie. Por motivos oscuros, pese a haber colaborado gratuitamente en la campaña presidencial de Salvador, desde la toma de mando comienza a mostrar una sospechosa voluntad informativa hacia las posturas del MIR. A partir de 1972, bajo el puño de Víctor Pey, revela mayor coherencia política, no así un lenguaje comedido. *Puro Chile*, bajo el ala editorial del PC, socavaba sin sutileza las potenciales alianzas que *El Siglo* se esforzaba en promover. *Noticias de Última Hora* –entre cuyos propietarios se contaban tres ministros socialistas– tendía a agudizar las contradicciones existentes y provocar algunas de su propia cosecha. Entre sus blancos predilectos se contaba la Democracia Cristiana. En los precisos momentos en que Salvador extremaba su diplomacia tratando de llegar a alguna forma de consenso, *Noticias de Última Hora* hacía su aporte con el siguiente titular referido al presidente de la DC: "Fuentealba es una puta y pedimos perdón a las putas de Santiago".

La política informativa de derecha tenía una coherencia monolítica aunque se expresara en distintos vehículos: de un lado la prensa ariete –*PEC* y *Tribuna*, más diarios como *La Segunda* y *Últimas Noticias*–, que competía en vulgaridad con los tabloides populares y adoptaría enseguida posiciones francamente golpistas, del otro lado *El Mercurio*, decano de la prensa nacional. Bajo la forma de editoriales escritos con guante blanco, éste iba entregando una interpretación catastrófica de la realidad y, peor, construyendo una pseudorrealidad cuya repetición insistente superaba todos los desmentidos. En abril de 1973, por ejemplo, cubrió sus páginas el siguiente titular: "AMENAZANTE DECLARACIÓN DEL PRESIDENTE ALLENDE. Llamado a destruir el Parlamento y *El Mercurio*". Según la información, Allende había instado a acabar con la prensa libre y la democracia. Tres voces indignadas surgieron de inmediato, entre ellas la del propio Salvador, que coincidían en su descargo. Las palabras del presidente habían sido variaciones de: "Tanto como me gustaría cerrar el Congreso, no puedo. Estamos en un proceso legal, que debe atenerse a la Constitución. Tanto como me gustaría cerrar

¡Y con qué satisfacción yo puedo decir que aquí no hay un preso político...! ¡No hay un periodista perseguido! ¡No hay un director de radio que pueda decir que hemos limitado su derecho a opinar como él quiera! ¡Con qué satisfacción puedo señalar el respeto más absoluto a las creencias!
Salvador Allende,
7 de marzo de 1972.

Aunque Allende levante la voz, los diarios más vendidos, tres cuartas partes de las radios y el mayor de los canales de televisión están también en su contra.

De igual a igual. Consciente de su derecho a réplica, un grupo de obreros escucha al "Primer Trabajador de la República". El apoyo está más allá de las discrepancias.

El Mercurio, menos puedo. Nuestro gobierno garantiza la libertad de prensa". Aunque se publicaron los desmentidos, el daño ya estaba hecho. Aislados de contexto, estos ejemplos no logran reflejar el impacto de la suma, la amplificación, la autoperpetuación. Mientras el Parlamento era un frente paralizado, la batalla de papel y por el papel se cursaba –con las peores armas– sobre el papel.

Mientras tanto, la creación del Área de Propiedad Social continuaba en las industrias. Por si el nudo legislativo no bastara, los trabajadores pedían más. ¿Más qué? Genéricamente más. En las empresas estatizadas, más poder de decisión, más protagonismo en los consejos administrativos, menos representantes del gobierno opinando desde arriba. Las primeras rebeliones partieron de la cuna del MIR, Concepción. A los consejos propuestos por el programa opusieron sus Comités de Defensa de la Producción, con representantes elegidos "desde abajo", quienes consultarían e informarían a sus bases sobre cada decisión en una interminable asamblea. Podrían haberse limitado a las decisiones de producción, pero los comités de defensa eran combativos. O, más que combativos, solidarios. Pedían más, para otros. Usaban su fuerza en apoyo de los trabajadores de aquellas empresas que no formaban parte del APS, pero a juicio de sus trabajadores merecían tan justo destino. Esto era fuente de hondas disputas con el gobierno, que tenía de sobra con las expropiaciones inevitables. "Ustedes no pueden hacer esto a la Unidad Popular", reclamaban los interventores ante cada nuevo lienzo pintado con premura, anunciando que tal o cual fábrica hacía su ingreso triunfal al APS. La respuesta era siempre la misma: "Nosotros atacamos a la burguesía, no a la Unidad Popular". ¿Pero no era precisa la colaboración política con pequeños y medianos industriales? Tal vez. Los comités de defensa tenían su propia interpretación y en ella no estaban solos. Detrás de sus demandas estaban los activistas del PS, MAPU y MIR. Un caso típico es el de la Fábrica de Celofanes Said, cuyos trabajadores decidieron que los dueños saboteaban la producción y procedieron con la toma, sin considerar que el propio Salvador había llegado a un acuerdo de respetar la propiedad de la fábrica a cambio de la nacionalización del Banco del Trabajo (del mismo dueño). Difícil situación para el "coordinador de la Unidad Popular", como se definía a sí mismo el presidente. A fines de 1972, el gobierno había integrado al área social ape-

Si bien la CUT respaldó la política legalista de estatización de empresas, otros sectores de la UP impulsaron las tomas de fábricas para acelerar la creación del APS.

nas 42 de las 91 empresas consideradas estratégicas. Contra eso, eran cientos las fábricas tomadas que significaban una batalla judicial, caso por caso, exigiéndose a menudo la devolución a sus antiguos propietarios. La negativa de los obreros a retroceder en sus conquistas dejaba a Salvador en una delicada impasse: ¿Cómo controlar este flujo de iniciativa que amenaza convertirse en un poder paralelo y dejar un agujero negro en la cuenta fiscal? La "mesa de tres patas" está dividida. El PS cree que hay que avanzar con mayor energía, privilegiando la acumulación de fuerzas para el gran salto. Más consciente de su lugar como partido de gobierno, al PC lo atormenta el déficit y pide un apego más estricto a lo legal. En ese interrogante sin respuesta, la lucha política deja de ser patrimonio de los políticos. Las clases comienzan a mirarse cara a cara. Y lo que ven les gusta poco.

Pero la ciudad no es sólo fábricas, los problemas no son sólo industriales. La ciudad está habitada por trabajadores que pasadas las seis de la tarde vuelven a sus hogares, sus puertas cerradas, sus secretos dominios. Detenerlos. Uno de cada diez santiaguinos no lo tiene. Por eso "Pan, techo y abrigo" ha estado en todas las plataformas populistas. Ya en la época de Aguirre Cerda, Salvador había propuesto: "La expropiación de las barriadas insalubres para transformarlas en zonas obreras, donde los trabajadores cuenten con todas las condiciones de higiene y bienestar necesarias". Cuando asume el gobierno, el problema ya tenía nombre propio: "campamentos". Donde la tarde había visto un eriazo inhóspito, la mañana encontraba el mismo eriazo, prohijado por un centenar de familias, con algún ruidoso cartel proclamando el bautizo de la nada: La Victoria, La Bandera, Che Guevara, Asalto al Moncada, nombres que eran verdaderas huellas dactilares de sus gestores. Así lo describe Manuel Castells: "Con ello nació un nuevo mundo, un mundo de tierra y de madera, un mundo de milicias populares y brigadas de trabajadores, de discusiones de funcionarios y de sonrisas de niño bajo rachas de lluvias". Mundo nada pequeño. Mientras sonaban los martillos, había que defender el futuro techo del desalojo, que se realizaba entre garrotazos y bombas lacrimógenas, al mejor estilo del Grupo Móvil. Los territorios robados a la noche no estaban listos para la habitación y llovía, ¡cómo no iba a llover! La muerte esperaba tranquila al lado de los braseros. Había ciertos campamentos más colectivistas que otros, donde organizaban ollas comunes, escuelas en viejos autobuses abandonados, grupos de teatro, centros deportivos. Otros eran más individualistas y

"Pueblo, conciencia, fusil." Nacido en las universidades, el MIR extendió su prédica radical a pobladores, campesinos y trabajadores.

Allende: "Para nosotros la revolución no es destruir, es construir: no implica demoler sino edificar". *Santiago en andamios*, 1971.

Compañeros, qué fácil es gritar, qué sencillo es decir «hay que armar al pueblo». ¿Qué me costaría a mí decirlo si me dejara arrastrar? Pero, compañeros, piensen ustedes, mediten la historia y piensen que las revoluciones no se hacen en función de un verbalismo que no tenga como arraigo la fuerza consciente, la voluntad disciplinada.
Salvador Allende, enero de 1972.

VICHO + TOÑO LARREA

La población, de
Víctor Jara.

Herminda de la Victoria
nació en medio del barro,
creció como mariposa
en un terreno tomado.

Hicimos la población
y han llovido tres inviernos.
Herminda, en el corazón
guardaremos tu recuerdo.

Víctor Jara,
"Herminda de la Victoria".

El bautizo de la nada: Asalto al Moncada,
Vietman Heroico, Nueva La Habana. A cada
campamento, su nombre.

consideraban la supervivencia responsabilidad directa de cada cual, expulsando sólo a los que se atrasa-
ban en sus cuotas de vivienda. En la necesidad de
protegerse de la represión policial nacieron las milicias populares, que luego se transformarían en los
administradores de la ley para una comunidad mar-
ginada de toda ley. Eran estrictos estos guardianes,
mucho más estrictos que lo que establece el Código
Civil, casi puritanos. Sus reglamentos son buena
prueba, con sanciones a veces anecdóticas. No se podía beber, pelear con los vecinos, organizar juegos de
azar. Ni siquiera una sana disputa con el cónyuge estaba bien vista. Virtud en medio de la precariedad.
Pero, sobre todo, precariedad.

Salvador fue un gran defensor de los pobladores durante los tiempos de Frei, como recuerda Carlos Jorquera: "Cada toma le llegaba al Chicho al alma:
le recordaba sus predicciones del año '40. Y, habi-
tualmente, se dirigía con la mayor rapidez al lugar del
conflicto, a tratar de suavizar la represión policial y a
orientar a los 'tomistas' acerca de las primeras medidas organizativas". Distintas se veían las cosas desde
La Moneda. Ya en el gobierno, con las restricciones
económicas insoslayables, Allende afirmaba: "Queremos dar techo, pero no deseamos que se pretenda encontrar solución al problema de modo anárquico".
Como los pobladores tenían su propia teoría, pronto
comenzaron las protestas. La impaciencia seguía
siendo impaciencia, y no todos comulgaban con el
cronograma estatal. En algunos campamentos la movilización continuaba, ahora contra el gobierno. Se
invadían los hospitales, las oficinas administrativas o
lanzaban basuras en los ayuntamientos. Más que revolución, los pobladores querían soluciones inmediatas a sus problemas de vivienda. Y no cualquier solución. Régis Debray en su conversación con Allende:
¿Y acá, hay apego a la casa individualista?. "Sí –dice
Salvador parcamente–, hay apego." Castells responde
a esta pregunta con creces: los pobladores desean un
hábitat individual, "al punto de considerar como un
castigo ser alojados en bloques de viviendas". Piden
la separación de los vecinos y que la casa se ubique en
medio de un cercado. Lo que en verdad quieren es el
chalet con jardincito, eterno sueño de la clase media.
La grieta entre aliedad y alteridad nunca ha sido privilegio de la burguesía.

A mediados de 1972, tres campamentos de Lo
Hermida protagonizaron una historia misteriosa, llena de incertidumbres y puntos suspensivos, que re-
quirió nuevamente la intervención directa de Salvador. En la madrugada del 5 de agosto, un destaca-

mento policial ingresó a uno de estos campamentos en busca de especies robadas por una banda de delincuentes. Condicionados por una década de fricciones, los pobladores y sus dirigentes miristas resistieron la intervención policial, produciéndose una cruenta balacera. Saldo: una baja para el MIR, una decena de pobladores heridos, un centenar de titulares. Más importante que la estadística, fue la ofensiva contra el gobierno iniciada por la izquierda revolucionaria. Informa *El Siglo*: "En medio de gran cantidad de mujeres llorosas y niños aterrorizados, el compañero Raúl (Osvaldo Romo) lanzó numerosos ataques a 'el gobierno de la represión'". Lo propio hizo el Comité Central del MIR, solicitando la destitución de cada funcionario involucrado. Consciente de esta nueva catástrofe, Salvador hubo de poner la cara y la ya fatigada muñeca. Al límite de su paciencia, increpó a un provocador: "Cuando usted todavía se sacaba los mocos, yo ya era revolucionario". Un epílogo que Allende no llegó a conocer: el 11 de septiembre de 1973, el ex compañero Rául mostró su verdadera identidad, vestido de uniforme y delatando a sus camaradas.

Todos los frentes, un frente. Una periodista le pregunta a Salvador su definición para felicidad e infelicidad. Respuesta: felicidad, los goles; infelicidad, los autogoles. ¿Cómo definir estas situaciones ambiguas en que los mismos goles representan los autogoles? La reforma agraria es un inmenso logro de la Unidad Popular, pero es también su fracaso. La expropiación de las industrias, los programas de vivienda, la nacionalización del cobre... Cada promesa cumplida genera una ola de conflictos dinámicos que supera la capacidad de respuesta, no sólo estatal, sino también de la oposición. No hay esfera de la experiencia chilena donde el discurso político no haya quedado rezagado, descentrado: una piedra fosilizada al margen del volcán en erupción. No es posible hablar de tropiezos y zancadillas; eso implica demasiada articulación. La Unidad Popular hereda un cuerpo en

Sin suelo ni techo, millares de familias sólo tienen la bandera para decir: "Nosotros también somos Chile".

Campamento Lo Hermida, agosto de 1972. En enfrentamiento con la policía, muere un militante del MIR. Dirigentes y pobladores condenan al gobierno. Paradojas del proceso: "el compañero Raúl" (de poncho, junto a Allende) se transformará después del golpe militar en verdugo de sus propios compañeros.

movimiento dotado de enorme aceleración que no se deja encuadrar en los límites discursivos de la democracia chilena. Lo hereda, no lo genera. Tampoco consigue encauzarlo, es cierto. A medida que el alud arrastra, los protagonistas devienen testigos. Toda la autocrítica que ha efectuado la Unidad Popular y en mucho menor medida la oposición parece desconocer la profunda dicotomía entre discurso político y voluntad popular. Y al decir "pueblo", entiéndase los diez millones de chilenos que avanzamos a ciegas hacia el naufragio de la razón.

Chicho "le pone el hombro". Trabajos voluntarios en el campamento Che Guevara.

Yo soy el que tengo la mayor responsabilidad y aquí estoy, camaradas, mirándolos cara a cara a ustedes. Sin bajar los ojos, sin implorar que me escuchen, sino hablándoles con el derecho que me dan mis años de lucha y de lealtad al pueblo...

Salvador Allende en Lo Hermida, agosto de 1972.

UN CORO DE OLLAS VACÍAS

Crisis económica. La frase ha flotado en el ambiente desde el día mismo de la victoria, invocada una y otra vez por la derecha ante cada pequeño signo de peligro. Ante la corrida bancaria de septiembre de 1970: crisis económica. Ante la transitoria escasez de mayo de 1971: crisis económica. Chocan dos cacerolas: crisis económica. Tanto se la ha anunciado, que es difícil precisar cuándo comienza la verdadera crisis. Ya a fines de 1971, los asesores del gobierno reconocen que la expansión ha llegado a un límite. Pero sólo en la reunión de El Arrayán, en enero de 1972, se nota un primer esfuerzo por redefinir la política económica. Hay tres elecciones en el horizonte que son clave para el momento. Poca cosa, en apariencia, pero esas pequeñas contiendas son el termómetro del favor popular. Para el *think tank* de la UP la "vía chilena" se revela por primera vez en su desgarradora dualidad. Son orden e impugnación. Gobierno y vanguardia revolucionaria. Burócratas y profetas. Con este telón de fondo, deben enfrentar el aquí y ahora. La realidad los reclama. Bella Durmiente ha despertado y exige su desayuno. Han quedado en evidencia los límites naturales del programa. La tabla del cónclave es escueta: enmendar rumbos. Recuperar la brújula para trazar un camino de coherencia entre razón política y economía. En este fino balance surgen las primeras dudas. No ya exquisitamente teóricas. Muy concretas, casi opresivas. ¿Se liberarán los precios, reduciendo el ritmo de reajustes, para evitar la escasez y el mercado negro? Golpe bajo para los asalariados, cuyos votos lo deciden todo. ¿Continuará la creación del Área de Propiedad Social con la misma agresividad? Las empresas requisadas son una carga para el gobierno. Con urgencia se necesita un camino, hay dos y se toma un poco de cada uno. Pero, en esencia, la opción política triunfa sobre la razón económica, el equipo de Vuskovic se mantiene en su ministerio. Los partidarios de medidas correctivas, entre los que se cuenta Salvador, no han conseguido imponerse. Por decirlo en buen

Ante una misma escasez, distintas respuestas. La oposición culpa a la izquierda y lanza a sus mujeres en sonora vanguardia. El gobierno culpa a la burguesía y propone un control popular de la distribución de alimentos.

El éxito o el fracaso de un proceso revolucionario dependerá en gran medida de la participación de la mujer. ¡Las revoluciones se ganan o se pierden con la mujer! ¡La construcción del socialismo será imposible sin las mujeres o contra las mujeres!

Carlos Altamirano, secretario general del PS, febrero de 1973.

romance: la Unidad Popular comienza a sobregirarse. No se han producido las inversiones esperadas, el área social trabaja a pérdida, el Congreso recorta el presupuesto estatal y la balanza comercial está en rojo. Si en diciembre de 1971 estaban presentes todos los desencadenantes de una crisis, a mediados del año siguiente la crisis es dueña y señora.

Junio de 1972, segunda llamada: Lo Curro. Salvador está más consciente que nunca de que la economía avanza hacia el colapso. La lealtad de sus propios partidarios es puesta a prueba por la escasez y el aumento de precios. Las clases medias, tan importantes para la "vía chilena", han comenzado a aliarse sin disimulo con la derecha. Es necesario conquistar el favor de la Democracia Cristiana para avanzar en la creación del área social. Salvador impone su criterio y gana "consolidar lo logrado" versus "avanzar sin transar". Sale Pedro Vuskovic, el Partido Socialista es el gran derrotado. Pero las trizaduras dentro de la coalición son del dominio público. A veinticinco años, este golpe de timón, que pudo evitar el apagón más grande de la historia chilena, puede resumirse en una sola palabra: fracaso. No se alcanzan acuerdos con la Democracia Cristiana ni se logra el control de los desajustes económicos. Analizar el discurso sobre el que se basó este desastre, o el que trata de justificarlo a posteriori, es inútil. Al esfuerzo opositor por obstruir el programa, el gobierno respondió con una voluntad tenaz por cumplirlo. Alarmada y todo, la Unidad Popular se limitó a los síntomas, pero no a la causa. La causa, hay que reconocerlo, era su propia existencia. No el manejo de empresas a expropiar, no la redistribución de los ingresos, no la escasez real y artificial de bienes, mucho menos las transgresiones al espíritu de la Constitución. La verdadera causa era el carácter revolucionario del proceso. Aunque la batalla fuera de papel, era una inclemente batalla. Aunque se atacara a la derecha con decretos de ley, el enemigo tendría que defenderse.

¿Cómo? Dentro del discurso democrático ganando el apoyo de la Contraloría, del Poder Judicial, conquistando votos en las elecciones, movilizando su propio poder popular: las damas de las cacerolas, cual sonora vanguardia. Fuera del discurso democrático, alentando el sueño, el terrible sueño: el "pronunciamiento", la intervención militar. Así deben haberlo imaginado en sus conversaciones de sobremesa en el Club de la Unión: una levantada de voz, una corta reprimenda, los revoltosos al rincón y el regreso inmediato a un sistema darwiniano donde los más fuertes, los más aptos, resultan ser siempre los mismos. Pero

LOS ALIMENTOS DE SU FAMILIA DEPENDERAN DEL MAS SECTARIO DE SUS VECINOS.

CON EL PUEBLO CHILENO NO SE JUEGA
★ DEMOCRACIA CRISTIANA

Juntas de Abastecimiento y Precios, en versión opositora. Una invitación a la paranoia, firmada por la DC.

La otra cara. Almacenes populares y una paciente espera.

Al principio las colas que allí se formaban eran impresionantes. Hoy se espera en la puerta sólo unos minutos. Y la gente ya no se asusta, no corre, no protesta. Es el primero de un grupo de locales que se abrirán en cada barrio, terminando definitivamente con la especulación, el abuso, el fraude. Le damos la dirección exacta: población Santa Cristina, frente a la plaza.
Puro Chile, noviembre de 1972.

Dientes apretados, corazones leales.
Pese a la crisis, la izquierda toma la calle
para celebrar su segundo aniversario...

cola a cola, marcha a marcha, titular a titular, el sueño pierde mesura. Los ultras por derecha impugnan a su ala tradicional. Con sus atentados, despliegues y consignas, Patria y Libertad ha penetrado su reposo hasta que una nueva imagen emerge en el mundo onírico de los viejos patricios: "la solución final". Desgraciadamente para sus intenciones, en el comandante en jefe del Ejército, Carlos Prats, encuentran un verdadero defensor de la neutralidad de las Fuerzas Armadas. Como él ha señalado a un periodista extranjero: "En un estado de derecho, las Fuerzas Armadas son instituciones esencialmente profesionales, jerarquizadas, disciplinadas y obedientes. Luego, nuestro deber ineludible es apoyar lealmente al gobierno constitucional". En esta relación, Allende ha invertido su mayor destreza política. Ha respetado la verticalidad del mando. Ha aumentado los sueldos castrenses para prevenir un levantamiento disfrazado de huelga. Ha insistido en el carácter no deliberante de las Fuerzas Armadas, confiándoles incluso el control del orden público en ocasiones de crisis: después del asesinato de Pérez Zujovic, durante el primer embate de las cacerolas. Muchos de sus colaboradores habrían preferido usar la fuerza obrera para demostrar su poder y mantener a la oposición en línea, pero el cálculo de Salvador es otro. Las Fuerzas Armadas

deben actuar como garantes del gobierno democrático mientras éste se apegue a la legalidad. Y así lo hacen, por casi tres años.

    A partir de octubre de 1972, la oposición ocu-
pa el centro del escenario y no sólo del escenario re-
tórico y soporífero del Parlamento. Los focos se diri-
gen a las calles y plazas, el coro de la tragedia entra en
movimiento. Aunque la Democracia Cristiana niega
estar buscando la crisis institucional, se ha plegado a
la postura terminante del Partido Nacional. Desde
una oligarquía casi invisible, pero poderosa, el descontento se ha ido extendiendo. Los comerciantes
protestan por la presencia de las JAP, las Juntas de
Abastecimiento y Precios que socializan la escasez
con equidad. Esta novedosa medida toca el nervio
sensible del almacenero, pero en lo explícito se denuncia: "¡Se controlará la conciencia del estómago!".
Un afiche de la Democracia Cristiana advierte: "¡Su
alimentación dependerá del más sectario de sus vecinos!". Los estudiantes y algunos gremios protestan
por la clausura de radios de derecha que han hecho
llamados contra el gobierno, descalificando de paso
al comandante en jefe del Ejército. No ha sido menos virulento el ataque que el general Prats ha recibido de parte del diario *Tribuna*, controlado por Sergio Onofre Jarpa —miembro del Partido Nacional y

... menos impresionada, la derecha hace lo
propio para impedir que haya un tercero. Marcha
por la Democracia, 10 de octubre de 1972.

"El mejor comunista es el comunista muerto." El grupo de ultraderecha Patria y Libertad pone su *know how* al servicio del Paro de Chile.

Empresarios y profesionales, unidos. El 20 de octubre se crea el Comando Nacional de Defensa Gremial con un objetivo claro: derrocar a Allende.

¡Junten rabia, chilenos! Amplificadas por la prensa de derecha, las demandas de los transportistas adquieren status de "cruzada por la libertad". La paralización es total.

posteriormente ministro del Interior de Pinochet. Ya en marzo, Jarpa había sido acusado de sedición. Se producen marchas y concentraciones, protestas por el desabastecimiento. En un momento en que Salvador pide sacrificios, la oposición se lanza con exigencias reivindicacionistas que habrían hecho palidecer a Luis Emilio, padre del movimiento obrero. En octubre se produce el primer paro de carácter nacional, que supera las peores pesadillas del gobierno. El mes anterior se ha llamado a una paralización general por veinticuatro horas; apenas una sinopsis. Éste va en serio. Comienza como una huelga de camioneros, una embestida mayor para un país que es apenas una larga carretera. Presidido por León Vilarín, el gremio del transporte reclama la importación de repuestos y neumáticos. Sobre este punto el ministro Matus ya había cerrado un acuerdo. Al parecer, el verdadero detonante de la huelga fue la "sospecha de intención" de crear un aparato de transportes estatal en la provincia de Aysén. Pero, como todo lo que ocurre en estos tiempos de cólera, la punta del iceberg no alcanza a medir su profundidad. Con Chile dividido en dos bandos irreconciliables, Salvador declara estado de emergencia. Y no es una medida exagerada. Un vistazo a los titulares de la época basta para comprender cómo se vive el ensayo general de lo inevitable. En el diario *La Segunda*: "JUNTEN RABIA, CHILENOS: ROTUNDO PARO DEL COMERCIO". De parte de *El Clarín*: "LOS ROTOS, A COMBO LIMPIO, DESPEJARON TODO EL CENTRO". Menos costumbrista, más ideológico –pero igual de incendiario–, *El Mercurio*: "HORDAS MARXISTAS EN ACCIÓN".

Comienza la batalla campal. Tan pronto se desata el Paro de Chile, una campaña radial simultánea en todos los medios opositores llama a la ciudadanía a sumarse al movimiento y solidarizar con los huelguistas. ¡Junten rabia, chilenos! Buena parte del comercio minorista responde a la "llamada patriótica" bajando sus cortinas metálicas, así como los autobuseros, taxistas y dueños de gasolineras. A los menos patriotas los esperan actos de matonaje. Y, para no quedar atrás, los partidarios del gobierno asaltan los negocios cerrados y apedrean sus vidrieras. Pronto se suman los médicos, abogados, empleados bancarios, colegios y universidades y se anuncia una huelga de locomoción colectiva. Vacaciones involuntarias para la fuerza de trabajo. En los días sucesivos se declara el *lock-out* patronal. Como respuesta, los obreros ocupan las fábricas. Por las noches las mujeres del Barrio Alto hacen sonar sus cacerolas, ensordeciendo "el hambre" con su protesta. Para impedir que circulen los camiones se cubren las carreteras con los famosos "miguelitos", una esvástica de clavos que desafía los neumáticos más perseverantes. Hay barricadas, incendios de neumáticos, asaltos a los camiones parados. En las ligas mayores del terrorismo, Patria y Libertad ha atacado oleoductos, caminos y vías férreas. Profesionales y empresarios, jóvenes y gente de bien se hallan unidos en una empresa común: tornar la situación insostenible. Para Allende, desde luego, pero también para la población en general. El deseo del

Me he empeñado en decirle al pueblo que los trabajadores deben estar en sus sitios de trabajo, en sus fábricas y sus industrias. Fábrica que no trabaje, o que no abra, porque su patrón la cerró, ábranla ustedes, porque ustedes ahí ganan su pan. Ellos quieren parar el país, nosotros queremos que el país camine.
Salvador Allende, octubre de 1972.

embajador Korry ha encontrado en Chile sus artífices locales: es un país postrado de rodillas. Los enfermos no recibirán atención. Es más, no podrán siquiera comprar una aspirina. La escasez relativa se volverá total. Las cosechas perecibles, la pesca, los animales sacrificados comenzarán su estéril putrefacción mientras los chilenos sufren hambre. La campaña del terror se hará realidad, aunque sea preciso fabricarla en una probeta. ¡Junten rabia, chilenos! ¿Y de qué viven estos gremios, autodenominados "defensores de la democracia"? No todos tienen reservas para soportar largos períodos sin ingresos. Un signo sospechoso es que el precio del dólar en el mercado negro baja durante los días del Paro. El informe Church ofrece luces aisladas en el asunto. Petras cree, sin embargo, que la huelga de los camioneros fue financiada por brasileños, el conducto indirecto que usaba la CIA para algunas de sus operaciones. ¿El costo preciso? Según Carlos Altamirano, el Paro de Chile salió a precio de liquidación. Cambiando los dólares en el mercado negro y contando 10.000 camioneros parados durante 25 días, el gran jaque político costó una bicoca. Poco más de un millón de dólares para los Estados Unidos. Para Chile, 170 millones.

El 20 de octubre se crea el Comando Nacional de Defensa Gremial, que reúne a las confederaciones de grandes empresarios y gran parte de los colegios profesionales. ¿Cuáles son sus peticiones? El Pliego de Chile. Suspender la clausura de las radios, promulgar la reforma constitucional sobre las áreas de la economía y disolver las JAP. Lo gremial se ha vuelto una máscara para lo político. Y los gremios tienen poder. Al día siguiente, Salvador se reúne con José Tohá, entonces su ministro de Defensa, y con los comandantes en jefe de las Fuerzas Armadas. La situación es apremiante, dice. Con la oposición no ve perspectivas de diálogo y la participación militar en el gobierno se hace cada día más necesaria. Ya en privado, solicita la opinión de Prats sobre la crisis. Tal como éste lo refiere en sus memorias: "El presidente Allende me ha escuchado con atención y sus ojos penetrantes otean las recónditas complicaciones que mi simplista esquema podría, tal vez, acarrearle". Tan simplista no es su esquema: un diálogo transigente con la Democracia Cristiana. Luego señalará en sus memorias: "Sigo convencido de que el cruento golpe militar del 11 de septiembre de 1973 pudo evitarse si la Unidad Popular hubiese comprendido que la continuidad de un novedoso proceso político-constitucional... dependía de la flexibilidad estratégica y táctica para aceptar una tregua que implicaba concesiones y

"Avanzar sin transar." Protagónicos en la emergencia, los trabajadores de una fábrica tomada durante el *lock out* patronal proponen estrategias al compañero presidente.

Las medidas que ha tomado el gobierno no han sido como debían ser. Éste es un paro totalmente injusto de los camioneros y comerciantes. El compañero Allende no ha sido duro. Si él hiciera que todos esos camiones fueran requisados, los comercios también, todo el país, todos los trabajadores –que es lo que importa– estarían de acuerdo.

Julio Vargas, octubre de 1972, en *Chile Hoy.*

aun retrocesos pragmáticos". Salvador se manifiesta escéptico, quizá con razón. En una conversación privada sostenida entre el general Prats y el presidente de la DC, Renán Fuentealba, éste afirma que su partido negociará, pero entrando por "la puerta ancha" del palacio de gobierno. Frei es todavía más enérgico: pide la aceptación total del Pliego de Chile. Para controlar la ofensiva de las radios, se decreta una cadena nacional. Algunas emisoras se "descuelgan" y el ataque ya no se limita a Allende y su gobierno, sino que pasa decididamente por un Ejército al que acusan de complicidad. Para sumarse a las dificultades causadas por el paro patronal, la Corte Suprema de Justicia envía una carta en la que acusa al gobierno de incumplimiento de algunas resoluciones de los Tribunales. El 24 de octubre ha sido declarado Día del Silencio por la oposición. El presidente se pasea por las calles, siendo vitoreado por sus partidarios. El Partido Nacional presiona a la Democracia Cristiana para que impulse una acusación constitucional contra Allende –quizá por no respetar el silencio– y contra el general Prats.

Un nuevo término entra en el diccionario de la época: cordones industriales. Misterioso significante, cuyo significado se vuelve más elusivo al crecer su protagonismo. Ya existían, por supuesto, pero sin alcanzar el status de "poder popular" que llevaría a la propia izquierda a explorar los límites de su discurso. Habían nacido en Concepción como órganos solidarios entre empresas del área estatal. Solidarios con sus propias metas, es decir: defender las fábricas ocupadas y avanzar en el proceso de expropiación. No siempre en la dirección señalada por el gobierno. Ni al ritmo propuesto. Ni con disciplinada articulación. Auténticos organismos de La Clase, acá no hay cuoteo que valga. Ni medalla al mérito sindical: quien arenga mejor en la asamblea se ha ganado el derecho a representar. El Paro de Octubre les dio su carácter épico y pronto alcanzaron escala nacional. Y como la crisis lo abarcaba todo –seguridad, transporte, abastecimiento y salud–, ampliaron su radio de acción. Quedaron así vinculados regionalmente, en una sola y polémica organización, los cordones industriales, consejos campesinos, campamentos, JAP y todo grupo humano que respondiera a nombre o sigla. Acababan de nacer los Comandos Comunales. Como la estructura gubernamental tenía vacíos ante la emergencia,

A favor y en contra de la UP: furia callejera, choques violentos, intervención policial, humo sobre Santiago. Fracasado el diálogo político, con una guerra civil en ciernes, la gravedad del momento exige una decisión.

Yo soy de aquellos que se horrorizan cuando oyen afirmar a alguna gente irresponsablemente que aquí estamos próximos a una guerra civil; una guerra civil, aunque la ganáramos –y tendríamos que ganarla– significaría que quedarían marcadas generaciones y destruida la convivencia humana.

Salvador Allende.

fueron estos comandos los que resistieron el *lock out* patronal y mantuvieron la producción en niveles de supervivencia. Fueron ellos los que brindaron protección a las fábricas sustraídas al paro, a los negocios que permanecieron abiertos, a los transportes colectivos que desafiaron las bombas de Patria y Libertad. Fueron ellos los que abrieron mercados y almacenes populares, los que buscaron médicos para paliar la huelga, los que formaron pequeñas bibliotecas con libros de Quimantú. Del paro emergieron más fuertes, más decididos, más heroicos. Ya no pedían, exigían su lugar. ¡Crear, crear poder popular!... ¡Allende, Allende, el pueblo te defiende! Ante este movimiento floreciente y crítico, que parece disputar al gobierno la condición de vanguardia, la UP responde con su típica alineación. PC y Salvador de un lado, socialistas y afines del otro. El punto de la discordia: el grado de subordinación que estas nuevas formas deben mostrar frente al gobierno. Desde la óptica del MIR, más bien lo contrario.

1º de noviembre, Día de Todos los Santos. Si bien el Partido Socialista cree llegado el momento de "entregar poder de decisión a las masas organizadas", Salvador diseña otro escenario. La vanguardia pide refuerzos militares, debidamente formados y disciplinados. En una nueva reunión con su ministro de Defensa y los comandantes en jefe, anuncia lo impostergable. Ha llegado la hora para un gabinete cívico-militar. Esto impondrá una restricción enorme al gobierno, pero el precio será mayor para los oficiales involucrados. El trágico desprestigio de las Fuerzas Armadas después del golpe militar ha hecho olvidarse de esta estirpe de soldados como Schneider, como Prats, como muchos otros que recibieron la baja como premio por sus desvelos ministeriales. Hombres dignos, serenos, que aceptaron un gran riesgo en virtud de una ideología que ni siquiera compartían. No es necesario señalar el precio que el general Prats pagaría por su adherencia a la Constitución: el mismo de su predecesor, René Schneider. Como señala Joan Garcés, "el gobierno de Allende está enmarcado entre el asesinato de dos comandantes en jefe del Ejército, los únicos muertos violentamente en la historia del país". La entrada de los militares al gabinete pudo haber representado muchas ventajas. En el fondo, su significado es triste. Ante un país dividido, los actores no son capaces de acordar su propia tregua. Los conflictos políticos rechazan soluciones políticas. A izquierda y a derecha, la palabra entendimiento ha sido reemplazada por enfrentamiento. Ya no es una batalla de papel, sino con uñas y dientes. ¡Junten rabia, chilenos!

Allende juega una carta fuerte, incorporando militares constitucionalistas a su nuevo gabinete. Con el general Prats como ministro del Interior, apuesta por la distensión.

Mientras el Partido Comunista apoya la iniciativa, los socialistas oscilan entre el rechazo categórico y la protesta en sordina.

Para nosotros, socialistas, cada pequeño triunfo eleva el nivel del próximo choque, hasta que llegue el momento «inevitable» de definir quién se queda con el poder en Chile, de dilucidar «violentamente» entre el poder de las masas y el de las fuerzas reaccionarias.
Pleno socialista, marzo de 1972.

Cambio de escena: socialismo protegido. Salvador define esta nueva etapa en sus cinco metas generales: normalizar la situación, reparar el daño económico, garantizar la continuidad del proceso de transformación, asegurar la vigencia institucional y velar por el orden púbico. En una sola palabra: gobernar. Recuperar la potestad erosionada por la crisis. Ha pasado el peligro, la sombra del fratricidio se aleja por algunos instantes. Una victoria política para Allende, que ha sorteado con éxito la primera gran ofensiva opositora. La izquierda ha salido moralmente fortalecida, más solidaria y clara en sus prioridades. Las concesiones a los transportistas no han sido tantas, porque su lucha jamás fue reinvindicativa. Sin embargo, el saldo es negativo: la derecha ha descubierto su estrategia, ha fortalecido su unión con la Democracia Cristiana, los gremios conocen su poder. La sola medición de fuerzas ha costado una fortuna en un país cuya economía pide auxilio. Para Allende, los trabajadores han demostrado ser un sólido apoyo, han estado con él la CUT, los estudiantes, los profesionales, por primera vez los trabajos voluntarios han sido más que gestos simbólicos... Pero de las capas medias, mejor olvidarse.

¿En qué situación se encuentra el capital, suelo y subsuelo que el Estado ganó para los trabajadores apenas un año antes? La estatización de la banca fue efectiva para adquirir el poder sobre la mayoría de las colocaciones, pero su objetivo principal –frustrar las fugas de capitales y controlar los créditos– probó su inoperancia. Los grandes grupos económicos hallaron su liquidez en otra parte y las fugas siguieron ocurriendo. La reforma agraria superó con creces lo planeado por el gobierno, pero no así la producción agrícola. El Paro de Octubre liquidó la futura cosecha para 1973, al impedir el traslado de semillas y fertilizantes. Y, ¡cómo no!, hubo problemas climáticos. Esto es de crítica importancia, no porque los electores agrarios sean muchos, sino por la carencia de alimentos que afecta a los centros urbanos. Es ahí, en la ciudad, donde se decidirá el futuro de la Unidad Popular. En cuanto al Área de Propiedad Social, el Paro ha tenido un efecto acelerador sobre el proceso revolucionario. Sólo durante esos 25 días, 65 empresas pasaron a poder estatal. A fines de 1972 el gobierno tiene en sus manos 318 empresas. No todas necesarias –Altamirano pone como ejemplo una fábrica de helados, otra de botones–, pero lo mismo convendría administrarlas. Los antiguos propietarios no son tan fácilmente reemplazables como se habría pensado. Decisiones de inversión, planificación y producción su-

peran la capacidad técnica de los Consejos de Trabajadores. Dice Carlos Prats: "Más notoria es aún la autonomía con que actúan los interventores en las empresas... por lo que su administración y comercialización recuerda en algunos casos a los señores feudales de la Edad Media". ¿Cuál es el déficit de las empresas estatizadas? Prudentes mil millones de dólares. Sin embargo, pese al sombrío panorama, en 1972 hubo en Chile la mayor disponibilidad de bienes de consumo de su historia. ¿Pero no había escasez? También; por mucho que se aumentara la oferta, la demanda siempre la superaría, a menos que el gobierno controlara los salarios. Hacerlo habría perjudicado a los sectores más vulnerables. El reajuste promedio de 22% que se había planificado para el año 1972 terminó en 47%. El déficit de la balanza comercial ha llegado a niveles alarmantes: 438 millones de dólares contra 88 del año anterior. En ello ha pesado todo: la baja del cobre, los embargos, la mayor importación, la disminución de la exportación.

Durante fines de 1972 y principios de 1973 se produce "el pugnaz compás de espera de las elecciones". Todos los analistas políticos suponen que esta

tregua relativa se debe a la inminencia de los comicios electorales o la presencia de los militares en el gabinete. ¿Y de las vacaciones de verano no han oído hablar? Incluso un país pobre y dividido debe celebrar la Navidad con la abuela e inventar estrategias para escapar del calor. La violencia del *cheek-to-cheek* disminuye, pero aumenta la violencia terrorista. Mientras zumban los ventiladores, se producen incontables atentados con bombas, sabotajes a torres de electricidad, asaltos e incendios contra las camionetas fiscales: el calor se multiplica. Liderada por Pablo Rodríguez y Roberto Thieme, Patria y Libertad no se permite descanso. La oposición –esta vez un frente unido de Democracia Cristiana y Partido Nacional– ha comenzado a destacar el carácter plebiscitario de las inminentes elecciones. De lograr más de dos tercios de la votación tendrán la herramienta constitucional para destituir a Allende. Si las municipales han sido la prueba de fuego para Salvador y su Asamblea Popular, la oposición jugará en las parlamentarias su última carta para lograr el derrocamiento democrático.

No está en la destrucción, en el quiebre violento del aparato estatal el camino que la revolución chilena tiene por delante... La tarea del momento es conquistar el Parlamento. Ése es el camino más corto hacia el cambio cualitativo del aparato del estado.
Salvador Allende, 18 de marzo de 1972.

Salvador mantiene su poder de convocatoria, frente a una derecha decidida a derrocarlo. Para un frente opositor unido y beligerante, las elecciones de abril tienen carácter plebiscitario.

LA VUELTA AL MUNDO EN 14 DÍAS

El país está enfermo, también lo está Salvador. Durante el Paro de Octubre ha lidiado en mil frentes aquejado de una dolencia prostática que obliga a convertir su sala de descanso, próxima a la oficina, en una improvisada enfermería. Apenas recuperado de ambas crisis lo espera una gira demoledora: Perú, México, Nueva York, Argelia, Moscú, Cuba, Venezuela. Un tour de salvataje donde ha puesto sus mayores expectativas. El discurso ante la ONU para denunciar el bloqueo, la visita a los países amigos para resolverlo. Ya sabe Salvador que no son estos los días de la Tercera Internacional, pero confía en que la hermandad socialista se manifestará en ayuda económica. Por única vez en su vida duda de sus fuerzas. Un perentorio telegrama a Nueva York solicita que, para el discurso decisivo, se disponga de una silla escondida tras la tarima. Humberto Díaz Villanueva, su embajador ante la ONU, protesta. ¿Qué va a pensar el mundo de este presidente revolucionario que no puede defender su postura de pie? 4 de diciembre: el presidente de Chile, un país pequeño donde "cualquier ciudadano es libre de expresarse como mejor prefiera", entrega su profundo mensaje ante un auditorio repleto. Al terminar, de pie el pleno de la asamblea responde con una ovación. Durante ese instante suspendido, ajeno a la dictadura de los relojes, Salvador parece olvidar la sentencia de muerte que pesa sobre su gobierno, la soledad de páramo en que deberá asumirla. "Me levanté", dice el ex embajador, "por si acaso requería ayuda, pero tenía la cara iluminada, como si al cumplir con su deber hubiera obtenido para Chile victoria y honra". Es sólo una impresión, el diplomático no se engaña: "De repente me pareció que ahogaba su tristeza como si vislumbrara en ese auditorio áureo la sombra de una amenaza irrevocable". Ante el foro mundial, Salvador ha plantado su denuncia. Ha hablado del bloqueo financiero, del embargo del cobre, de las mil agresiones que los Estados Unidos han diseñado para castigar la audacia de su proyecto. Ha

"Señores delegados: yo acuso ante la conciencia del mundo a la ITT de pretender provocar en mi patria una guerra civil."

Cuando se siente el fervor de cientos de miles, apretándose en las calles para decir con decisión y esperanza: «Estamos con ustedes, no cejen, vencerán», toda duda se disipa, toda angustia se desvanece. Son los pueblos, todos los pueblos al sur del río Bravo que se yerguen para decir: «¡Basta! ¡Basta a la dependencia! ¡Basta a las presiones! ¡Basta a la intervención!».

Salvador Allende, ante la Asamblea General de las Naciones Unidas, 4 de diciembre de 1972.

En Moscú, Salvador cosecha los debidos
honores simbólicos, pero no una ayuda
de la magnitud que requiere.
Plaza Roja, Moscú, 6 de diciembre de 1972.

Cuestión pertinente. Junto a una multi-
tudinaria recepción a su llegada a Argelia,
Salvador recoge la prevención del
presidente Boumedienne sobre las Fuerzas
Armadas, 5 de diciembre de 1972.

revelado las redes que las transnacionales urden en
su contra. Ha hecho votos por la paz mundial, en especial el término de la Guerra de Vietnam: "Habrá
paz –anuncia–, ¿pero qué deja esta guerra tan cruel,
tan prolongada, tan desigual?". Piensa quizás en Chile, ese Vietnam silencioso. Al acompañarlo al avión
rumbo a Moscú, el embajador Díaz nota "el rictus de
preocupación y sobresalto" en un rostro que suele esconder celosamente sus honduras.

Va camino a Moscú. Pero antes desembarcará
en Argelia para pagar una breve visita al presidente
Boumedienne. Como señala el canciller Almeyda en
sus memorias, la reunión entre ambos mandatarios
no ocurrió en privado. Se hallaba también presente la
plana mayor del *entourage* chileno y un equipo de altos colaboradores del presidente argelino. Una decena de testigos para una amarga conversación. Durante un completísimo detalle sobre los problemas económicos que afectan al país, Boumedienne parece
distraído. Cuando el intérprete concluye su monóto-
no recuento, el general interviene, suspicaz: "¿Cómo
está la situación de las Fuerzas Armadas?". Urgente
interrogante. Salvador se explaya sobre el carácter
profesional de los soldados chilenos y su tradicional
prescindencia política, además de comentar el modo
en que los ha incorporado a la acción gubernamental.

Boumedienne entrega con brutal franqueza un pronóstico fatal para el experimento chileno. Si Allende
no logra extirpar "radicalmente, en una u otra forma,
todo lo que hubiera de potencialmente contrarrevolu-
cionario en las Fuerzas Armadas", su bola de cristal
augura un mal futuro. Dice Almeyda: "Es obvio que
sus juicios no fueron del agrado de muchos, aunque
creo que nadie dejó de pensar que en lo manifestado
por el presidente argelino no había sino muchísimo
de verdad. Cuando el canciller regrese a fines de
agosto de 1973, Boumedienne sentenciará: "La situación ya está decidida en vuestra contra".

El relato pasa a Moscú, en la voz de Luis Corvalán. 6 de diciembre: "Leonid Breznev dejó expresa-
mente el hospital para dirigirse al aeropuerto mosco-
vita de Vnukovo y darle la bienvenida, acompañado
del primer ministro Kosigin; del ministro de Relaciones Exteriores, Andrei Gromiko, y del presidente del
Soviet Supremo, Podgorni. Y desde que la comitiva
entró a la ciudad, a lo largo de todo el trayecto de más
de 100 cuadras, en medio del intenso frío ruso, miles
y miles de ciudadanos, trabajadores, estudiantes, jóvenes y niños le dieron también una calurosa acogida". Vale decir, el protocolo estuvo impecable. El problema se manifestó en la ayuda económica. Porque
ése era el principal motivo de la visita: concretar créditos que habían sido objeto de largo trámite. Los dos
equipos que precedieron la majestuosa llegada de
Salvador toparon un punto muerto en la negociación.
Entre muchos motivos, Breznev estaba molesto por
la experiencia reciente con Egipto, donde Anwar Sa-
dat, después de recibir millones de ayuda y armamento soviético, había terminado por alinearse con
los Estados Unidos. La URSS ya había facilitado 80
millones a la causa chilena –octava en su lista de prioridades– y Breznev esperaba que la Unidad Popular
se parase en sus dos pies (o tres). Por otra parte, el
acápite del "vino tinto y empanadas" junto a la palabra revolución no terminaba de convencerlo. Al respecto, señala Altamirano: "Hubo un instante en que
Allende estuvo a punto de volver a Chile, porque no
lograba más que unos simples acuerdos de cooperación. Los soviéticos mejoraron un tanto sus ofertas y
se evitó el escándalo que habría provocado el retorno
anticipado del presidente". La versión de Corvalán es
más extensa (y no se priva de señalar que poco ayudó
el espíritu antisoviético de algunos representantes del
Partido Socialista), pero la conclusión es la misma.
En cuanto a cifras, los moscovitas permitieron renegociar lo adeudado, aportaron 20 millones más en
efectivo y otro tanto en materias primas y alimentos.

No eran los 700 millones que se pedían, pero a caballo regalado...

Salvador también golpea las puertas de China, aunque no lo hace personalmente. Mao no se ve demasiado partidario de invertir en la "vía chilena". Al mismo Altamirano le explica: "Ustedes están en un camino imposible. Aunque usted me insista en la originalidad de la historia de Chile, llegar al socialismo por la vía de la democracia es absolutamente inviable... Van a ser desbordados, vendrá el golpe y serán liquidados". Confucio no habría sido más sabio, pero su óbolo es generoso: 180 millones. En marzo de 1973, Almeyda será portador de un sensato mensaje del anciano líder para Salvador Allende, entregado vía Chou-En-Lai: "El presidente Mao ha dicho que las cosas pueden resultar o no resultar y hay que prever ambas posibilidades. Usted me ha diseñado una política para salir de la crisis que enfrentan en el país, en especial en lo referente a la situación financiera y de la balanza de pagos. Si resulta está bien. Pero si esa política no resulta, ¿qué piensan hacer?".

Cuba es la nota dulce de la gira. Después del frío y despiadado examen que ha debido soportar la "vía chilena" en Argelia y Moscú, La Habana es todo calor fraterno. El abrazo firme de Fidel, un largo mojito en la Bodeguita del Medio, el goce de sumergirse en las tibias aguas caribeñas... Por fin Salvador puede esconder en la valija el gorro de astracán y el pesado abrigo de lana, para lucir su deportiva guayabera. La Plaza de la Revolución lo acoge como a un héroe, la misma plaza que en menos de un año se vestirá de luto por el amigo muerto. En lugar de un sombrío pronóstico, Castro le ofrece al pueblo chileno 40 mil toneladas de azúcar y todo el apoyo revolucionario de su gente. Quizás ambos líderes lo intuyen: no volverán a verse. En la vigilia misma del golpe, Fidel repetirá su promesa a través de dos emisarios. Trece años de amistad resumidos en esa carta, una sola carta, donde respeto por las diferencias no es sinónimo de indiferencia. Pero la solidaridad cubana no basta, tampoco la calurosa acogida brindada en Venezuela por el presidente Caldera o la renegociación feliz de la deuda externa en el Club de París. A su regreso a Santiago, Salvador tiene una doble recepción. Una multitud de leales partidarios lo espera, también una multitud de insalvables problemas. Pese al remanso tropical, en sólo catorce días de gira parece haber envejecido diez años. "¿Pero cómo está, presidente?", pregunta el doctor Jirón al enfrentar nuevamente a su ilustre paciente. Después de un largo suspiro, Salvador responde: "Jironcito, vengo con un puñal clavado en la espalda".

Salvador iba de piloto y yo de maquinista. Por los resultados pueden ver que no hubo ninguna baja. Hicimos el recorrido y regresamos a tierra sin accidentes, un éxito total. De la misma manera tenemos que hacer navegar el barco de la revolución en nuestros países.

Relato de Fidel Castro para *Chile Hoy*.

"La más alta expresión de solidaridad" para un gobierno acosado por un enemigo común. La Habana, Plaza de la Revolución, 20 de diciembre de 1972.

Hermanos en el dolor y la esperanza. Dos vías, un mismo mar agitado. La Habana será testigo del último abrazo.

EL
OCASO

"Este puede ser un gobierno de mierda, pero es mi gobierno." Así rezaba el cartel de un viejo manifestante y así quedó de manifiesto en las últimas elecciones parlamentarias. Ni la escasez, ni la inflación, ni las huelgas mellaban la lealtad incondicional hacia el gobierno. El 43,4% de la población sigue, obstinadamente, junto a Salvador. Aunque Frei señalara: "Nos basta con el 51%", la ley dice otra cosa. La destitución constitucional ha quedado reducida a un espejismo. Más preciso, *El Mercurio* sostiene que "una revolución marxista como la que ha estado desarrollándose en Chile no se detiene con una campaña publicitaria para convencidos ni con las tareas partidistas tradicionales". ¿Qué puede detenerla entonces? ... Éste es un triunfo de Allende, quien ha logrado superar las profundas trizaduras de su alianza y transmitir la sensación de que la "vía chilena" todavía se dirige a buen puerto. Pero es un triunfo relativo. El mecanismo electoral no ha servido para inclinar la balanza en favor de uno u otro bando. La lucha política deberá continuar, pero ¿dónde? En las calles. Ante las denuncias de "desvergonzada intervención y fraude electoral", se dispara una campaña de violencia y extremismo de derecha. Nada conseguirá el fallo del Tribunal Electoral "con amplia representación opositora" que desestima el fraude. Como contrapartida, el poder popular comienza a volverse una figura cada vez menos retórica, más combativa.

Tan pronto se conocen los resultados electorales, el general Prats anuncia al presidente la necesidad de implementar una "economía de emergencia". Crecen las tensiones dentro de las Fuerzas Armadas y ya se observan signos de insurgencia. Con su colaboración y la de Orlando Millas, se ha elaborado un nuevo plan para la creación del área social, mucho más modesto que en sus versiones anteriores. Para las expectativas de la UP significa amplias renuncias, como la devolución de empresas requisadas o el aumento de las compensaciones. Pero al mismo tiempo

"Ahora veremos la verdadera sedición." Pese a un cómputo favorable en las parlamentarias, Salvador no guarda demasiadas ilusiones. Para una derecha decidida a derrocarlo, la vía pacífica ha concluido.

Mientras los socialistas profetizan el estallido, yo veo por doquier la asfixia. Veo a unos luchadores que pugnan cerca del timón y que no pueden dejar su lucha, en tanto que el navío corre a la deriva y es desmantelado por la tempestad. La derecha no tiene solución política a la vista; se lanza a una campaña de destrucción del país. Para ella, todo vale más que Allende. Porque éste es el diablo, todo se vuelve permitido y casi sagrado.

Alain Touraine, *Vida y muerte del Chile popular.*

¡Demostrémosles que aquí
están todos los trabajadores!...
¡Primero, solucionemos los
problemas de los trabajadores
de El Teniente! ¡Y si queda
plata! ¡Y si queda plata,
podremos solucionar todos
los problemas que haya
a través del país!...
¡Pero primero están nuestros
representados!... Eso nomás,
y muchas gracias!...
Dirigente huelguista, El Teniente.

De Rancagua a Santiago. Iniciada
como un reclamo salarial, instrumentada
por la oposición, la huelga del cobre
significará un enorme desgaste político
para el gobierno.

es una distensión para lo que ha sido el nudo ciego
del conflicto. Superado el alivio postelectoral, emer-
gen las nuevas discrepancias. Ya ha habido un fuerte
intercambio epistolar entre Carlos Altamirano y Luis
Corvalán seguido de una movilización contra el proyecto Prats-Millas, centrada en los cordones industriales. Lo Curro, segunda parte. El Partido Socialista
rechaza todo intento conciliatorio, en favor de una
aceleración del proceso revolucionario. El Partido Comunista pide una pausa y la ampliación de la base política hacia los sectores progresistas de la Democracia
Cristiana –de existir todavía–. Son dos fuerzas vecto-
riales antagónicas que, sumadas, pueden significar la
inmovilidad para Salvador. Dentro del gobierno avanza la división entre "reformistas" y "revolucionarios".
Y eso es todo cuanto avanza porque a nivel parlamentario la obstrucción a la Unidad Popular se ha vuelto
un hostigamiento concertado. Las acusaciones constitucionales, la negativa al proyecto que crea la Educación Nacional Unificada, los embates contra las JAP
o cualquier otra iniciativa del Ejecutivo superan toda
racionalidad política. ¡La famosa ENU! Cualquiera
que haya leído este proyecto sabrá que, más allá de un
prólogo redactado en la lengua muerta de los ideólo-
gos de la UP, apenas consiste en una serie de generalidades basadas en las normativas de la UNESCO.

Misteriosamente, alrededor de ella se genera una
disputa que atraviesa todo Chile. Interviene la Iglesia, normalmente tan prudente, los colegios se manifiestan con marchas y huelgas, la Armada olvida
su papel no deliberante para señalar, a través del almirante Huerta: "No podemos permitir que los futuros oficiales lleguen a los cuarteles convertidos en
marxistas". El proyecto se detiene, uno entre muchos. La administración Allende es el rehén parlamentario de un enemigo que busca con insistencia
la Corte Marcial.

El 27 de marzo se crea un nuevo gabinete de
inclinación moderada, sin participación militar. El
saldo de los uniformados que vuelven a los cuarteles
es amargo, como reflejan las memorias de Prats:
"Había terminado una dura experiencia, durante la
que recibí ataques despiadados o destemplados,
aplausos sinceros o interesados". A su generalísimo
le dedicará algunas líneas de cariño: "Conocí muy de
cerca al presidente Allende... aprendí a respetarlo como gobernante y apreciarlo como humano". Pero el
nuevo gabinete durará sólo tres meses porque, entre
las acusaciones y el caos creciente, el único recurso
de poder que conserva Salvador es elegir a sus ministros. A tanto ha llegado el recambio que supera toda
posibilidad de planificación. Una mañana, a pocas
horas de un súbito anuncio, se encuentra con uno de
sus médicos a la salida del baño: "¿Arturo, andás con
corbata?". Ha nacido un nuevo ministro de Salud. En
esta fase de emergencia, la economía busca lo imposible: reducir los efectos de la inflación, controlar los
sueldos y el déficit fiscal, aumentar la producción,
además de perfeccionar la distribución directa de los
bienes de consumo a los sectores más pobres. Nobles
objetivos, ante una realidad que volverá a sublevarse
más allá de toda voluntad.

Sin el apoyo de los ministros uniformados,
Salvador recibirá el ataque más costoso de su gobierno: la huelga de los trabajadores del cobre. ...Ésta es
la culminación de un período de paros aislados en un
contexto de creciente polarización. El precalenta-
miento de octubre de 1972 ha mostrado el camino.
En lo aparente, la huelga del cobre comienza durante
el mes de abril, a causa de una disputa por mejora-
mientos salariales en el mineral de El Teniente. Esta
situación tiene un giro nuevo, ominoso: La Clase, el
proletariado (subdivisión "aristocracia obrera", Manual para Casos Genéricos) se ha sumado a las protestas contra el gobierno revolucionario. "Teniente
unido jamás será vencido", dice una consigna que tiene algo de burla. Con los mineros se consigue una

A las 19 se realiza una gran concentración pública frente a La Moneda... el presidente nos pide que nos asomemos al balcón junto a él, lo que en ese momento no pudimos eludir, ya que habríamos preferido no exhibirnos en ese acto después de los trágicos sucesos del día. Sin embargo, la intención del presidente con ese gesto era precisamente diluir el sentimiento de aversión popular contra la totalidad de las FF.AA.

Carlos Prats, *Memorias.*

Tanquetazo, 29 de junio de 1973. Gracias a la lealtad de las fuerzas constitucionalistas del ejército, un conato de golpe fue sofocado.

Después de la batalla, lectura optimista: el ministro de Defensa, Jose Tohá, entre dos generales leales a la Constitución, Carlos Prats y Augusto Pinochet. El tiempo dejará al descubierto el verdadero rostro de Pinochet.

rápida solución, sin embargo, los empleados se niegan a acatarla. Más aun, cuando algunos de ellos señalan su intención de volver al trabajo, comienza la violencia terrorista. Se ocupan las carreteras que llevan a la mina, hay atentados contra los buses que transportan al personal, las mujeres de los huelguistas toman una radio y un diario de la tarde destaca un titular de interés: "General Pinochet visitó a mujeres en huelga". Pero el plan es más amplio, mucho más amplio. En él está involucrado Patria y Libertad, en conjunto con las fuerzas más presentables de la oposición, y busca extender el conflicto a nivel nacional, con un gran paro centrado alrededor del cobre. Esta vez el objetivo es total: instigar el colapso de la economía, la paralización del país, el golpe militar.

Al cabo de un mes la huelga ya está en sus últimos estertores, pero en su dimensión simbólica cobra fuerza. Una columna de mineros se dirige en una larga peregrinación a la capital. Los perfumados jardines del Congreso se abren a este piquete proletario, las damas de la alta sociedad organizan ollas comunes para los agotados combatientes, los jóvenes de la Universidad Católica ocupan la Casa Central –si no estaba antes ocupada– para solidarizarse con esta lucha reivindicativa. Lienzos, discursos, marchas. Contra la voluntad del comité en pleno, Salvador recibe en La Moneda a una delegación de los huelguistas. ¡Horror! ¡Escándalo! Por una vez el Partido Comunista y el Socialista logran ponerse de acuerdo. Amplias y severas misivas condenando el proceder presidencial. Por una vez Salvador los pone en su justo lugar, con otra severa misiva. Es atribución del Ejecutivo recibir a quien juzgue necesario para asegurar la gobernabilidad de un país que vive del cobre. Luego relatará en un acto de masas el modo en que se dirigió a estos huelguistas, como un hermano mayor: "El trabajador del cobre, como el campesino de la patria, tienen que unirse para defender el futuro de Chile amenazado desde fuera y acosado desde dentro, camaradas". El hermano mayor les da consejo, afecto, cariño, pero no el "reajuste sobre reajuste" que reclaman. En su efecto más directo sobre la economía, la huelga es nefasta, pero se resuelve con la reasignación de recursos laborales. Sostenida con respiración artificial por la oposición, en lo simbólico el conflicto sólo llega a término con el conato golpista de junio. Curiosa coincidencia.

En su tercer mensaje a la Nación, 21 de mayo de 1973, Salvador dedica su discurso a los peligros que amenazan "a la democracia y la paz cívica". Posteriormente se dirige a sus partidos y expresa la seriedad

«_Haremos los cambios
revolucionarios en pluralismo,
democracia y libertad.
_¡A cerrar, a cerrar,
el Congreso Nacional!
_Tienen que entender cuál es
la situación real de este gobierno.
No voy, porque sería absurdo,
a cerrar el Congreso Nacional.
(silbidos de protesta)
_¡Pido respeto! (silbidos)
_¡He dicho respeto!
_¡Allende, Allende, el pueblo
te defiende!»
Allende y el pueblo, Plaza Constitución,
29 de junio de 1973.

El mismo día del Tanquetazo el Congreso negará a
Allende las facultades extraordinarias del estado de sitio.

de su enfrentamiento con el Poder Legislativo y el Judicial. Es preciso, les dice, aflojar las tensiones en que se debate el país. Debe llamar a un plebiscito para zanjar el tema del Área de Propiedad Social, que en dos años ha progresado de simple "neuralgia" a agonía. Sus partidos rechazan la iniciativa, pero el tema del referéndum volverá a discutirse con insistencia, hasta el penúltimo día de gobierno. El general Prats acaba de regresar de una gira técnica y, pese a la petición de Salvador, se niega a involucrar a las Fuerzas Armadas en la administración de un país sumido en una crisis económica irrescatable y convulsionado hasta la locura. Hacerlo significaría tomar el partido de la Unidad Popular, algo que escapa a su visión de las obligaciones castrenses. Altamirano le expresa una opinión más definitiva. Lo que se requiere es una enérgica acción legal del gobierno, con pleno respaldo de las Fuerzas Armadas. Imponer sobre la sedición todo el peso y rigor que permite el estado de sitio: reprimir, descabezar, encarcelar. ¡No más política de pasillos! Prats responde: "Yo no estoy con el golpe de la derecha, pero tampoco voy a ser jefe de las fuerzas populares que quieren defender al socialismo".

Un extraño suceso motiva la primera renuncia del comandante en jefe. Mientras está detenido en una luz roja, el general observa a una persona que, desde un auto vecino, saca la lengua. Abriendo la ventanilla, Prats toma su revólver y dispara un tiro hacia el guardabarros delantero. No tarda en descubrir que su adversario es una mujer. Da las explicaciones del caso, pero en ese mismo momento aparece una nube de fotógrafos y cientos de transeúntes que lo "insultan soezmente". Como la turba ha desinflado sus neumáticos, el general debe escapar en un taxi. A la humillación sigue la dimisión, pero Salvador no puede prescindir de él en esos álgidos momentos. Luego dirá: "Estamos bien jodidos, ¿ah? Hasta el general Prats ha perdido los estribos... La gente ya no tiene calma. Sólo yo la conservo todavía. ¿Hasta cuándo?".

No le falta razón al rechazar la renuncia de Prats. Dos días después del bullado incidente se produce el Tanquetazo, un primer ensayo golpista. Salvador se encuentra en su residencia de Tomás Moro cuando recibe una llamada telefónica. El coronel Souper, a cargo del Regimiento Nro. 2 de Blindados, solicita la rendición de la guardia del palacio y el eficiente Daniel Vergara, subsecretario del Interior, se reporta: "Pido instrucciones, presidente: ¿qué debo responder a este ultimátun?". El libreto del honor sólo tiene una posible respuesta. "La guardia muere, pero no se rinde ¡mierda!". Mientras tanto, los cordones industriales se han puesto en pie de guerra y, junto con la fuerza organizada de la CUT, han salido a las calles para mostrar su energía disuasiva. Cuando

Allende llega a La Moneda apenas quedan algunos tiros aislados y la cuenta de los generales leales es tranquilizadora. Hecha la aclaración que, entre los generales "leales", se incluye a Augusto Pinochet Ugarte. En su libro, éste señalará: "A muchos no podía extrañarnos lo que sucedió a estos jóvenes, pues se vivía en el país un clima casi insoportable de incertidumbre y angustia". Un típico caso de *stress* juvenil, con cierto agravante de parte de Patria y Libertad. El mismo día del Tanquetazo sus cinco máximos dirigentes se asilan en la embajada de Ecuador, emitiendo un comunicado donde se reconocen promotores del levantamiento. Pero El Golpe, único y verdadero, está en marcha. Por eso Pinochet afirma que este ensayo les sirvió para explorar las posibilidades defensivas del gobierno y el alineamiento de las fuerzas dentro del Ejército. El respaldo popular de Allende, según diría, era "un mito". Esa misma noche, frente a la Plaza de la Constitución, se da un duro intercambio entre el presidente y los trabajadores, que llaman a reprimir a los militares insurgentes, a cerrar el Congreso Nacional y, por supuesto, a ¡crear, crear, poder popular! Salvador debe continuar lo que ha sido su política por casi tres años. Entre los abucheos se escucha su voz firme: "Pero tienen que entender cuál es la real posición de este gobierno. No voy, porque sería absurdo, a cerrar el Congreso. ¡No lo voy a hacer!". Continúa la sibatina: "Pero si es necesario enviaré un proyecto de ley para llamar a un plebiscito. ¡Para que el pueblo resuelva esta cuestión!". Estallan los aplausos. ¡Allende, Allende, el pueblo te defiende!

Allende, a la Democracia Cristiana: "Quiero proponerles una solución concreta que concilie las posiciones jurídico-constitucionales del PDC y del gobierno, sin que las de ustedes se impongan sobre las nuestras, ni viceversa".

El Tanquetazo no pasó sin dejar secuelas. A partir de julio comenzó una laboriosa faena de allanamiento a fábricas y otros posibles "entierros" de arsenales, incluidos los cementerios. En el fragor del paro de octubre de 1972 se había aprobado una ley presentada por la oposición que regulaba estrictamente la posesión civil de armas de fuego. No obstante, su verdadera aplicación sería pospuesta para este momento, con especial foco en los cordones industriales. Por la severidad de muchos de estos operativos, podría decirse que comenzaba una silenciosa transición hacia la dictadura. ¿Había armas que justificaran tanto celo? Seguramente, aunque las versiones oficiales discrepan sobre su número. Carlos Altamirano da una cifra razonable: del Partido Socialista, unos mil quinientos hombres con armas livianas. También tenían sus propios contingentes armados el MAPU y la Izquierda Cristiana. Al MIR se le atribuyen 500 militantes armados y entrenados, de los cuales no más de 50 disponían de armamento superior. A nombre del Partido Comunista, Corvalán afirma: "Ciertamente, llegamos a disponer de una cantidad limitada de armas, pero todo ello era marcadamente insuficiente para enfrentar el levantamiento militar que estaba en marcha". Si era insuficiente antes de junio, con mayor razón habría de serlo en septiembre, después de tres meses de insistente aplicación de la Ley de Control. Dentro de una lógica justificatoria, Pinochet ofrece su propio balance: más de cien mil armas de todo calibre incluyendo bazookas antitanques. Curioso: ¡nunca tantas armas dispararon tan poco!

Más que la cantidad de armas, la pregunta se refiere a la estrategia militar de la izquierda. ¿Tenía alguna? Conscientes de sus posibilidades reales, los

Cuerpo a cuerpo. Ante la crisis institucional, el conflicto político encuentra un nuevo estilo de diálogo y un nuevo escenario.

Sería injusto negar que la responsabilidad de algunos es mayor que la de otros, pero entre todos estamos empujando la democracia al matadero. Como en las tragedias griegas, todos saben lo que va a ocurrir, todos dicen no querer que ocurra, pero cada cual hace precisamente lo necesario para que suceda...

Radomiro Tomic, carta al General Prats, agosto de 1973.

"No dejar pasar una a la UP." Con Aylwin liderando la DC y Eduardo Frei como presidente del Senado, todas las instancias de diálogo fracasan.

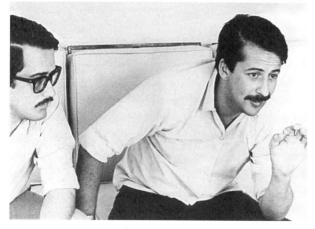

Para Carlos Altamirano, portavoz del ala radical del socialismo, "negociar es desmovilizar al pueblo".

Miguel Enríquez y Andrés Pascal Allende, máximos dirigentes del MIR, que denuncia la "claudicación de la UP".

comunistas no pueden haber fantaseado con aprovechar una contingencia golpista para cambiar de vía. Es más, jamás creyeron posible enfrentar un levantamiento militar con una respuesta armada. Los límites de su apuesta estaban claros desde el 29 de junio: al golpismo fascista, huelga general (dirigida por la CUT, por supuesto). Distinto es el caso del Partido Socialista, MAPU e IC. Desaprensivos y optimistas, el "polo revolucionario" justificaba esos "fierros" en la lógica de: "A la violencia contrarrevolucionaria responderemos con violencia revolucionaria". Cambio de vías, victoria (o derrota), horizonte utópico (o cementerio). Planes concretos: cero. Logística: cero. Con suerte podrían contar con algunos oficiales leales para trasladarse en la imaginación a un escenario tipo Guerra Civil Española. ¿Y cuánto sabe Salvador de todo esto? Según Joan Garcés, la defensa del gobierno era un tema tabú, jamás mencionado en las reuniones del co-

mité político. Pero la presencia de armas en su propia residencia no puede haberle sido desconocida. El punto es distinto: Salvador Allende sabía que ningún aparato paramilitar –por bien organizado que estuviese– podría defender al hijo de su genio, el "experimento chileno". Por otra parte, calculaba que enfrentamiento era sinónimo de aplastamiento para el pueblo. La única estrategia que diseñó, junto con Garcés y apoyado por el PC, fue la de crear milicias populares. Una articulación de la CUT con el Ejército que nuevamente suponía divisiones leales. Un escueto diálogo con Prats le hizo abandonar esta idea: en caso de golpe no habría tal lealtad. ¿Estrategia defensiva del gobierno? La "muñeca" de Allende. Más allá de eso, lo indefinible. La CUT, sin armas, custodiando los campos, las minas, las fábricas. Un pueblo alerta y vigilante.

2 de julio de 1973: Salvador se dirige a su Consejo de Gabinete, tres días después del Tanquetazo. La emergencia ha sido superada, pero ésta es la arenga de un general que ya anticipa la derrota. "La oposición nos ha ido cercando en el plano institucional. En el Parlamento hay acusaciones, rechazo del estado de sitio. En Contraloría, un mazazo. En Justicia estamos muy mal." La situación económica es crítica –dice– hay desabastecimiento e inflación, un eufemismo. Lo que en realidad se observa es una escasez paralizante y un diluvio de billetes que han dejado de tener todo valor. Alain Touraine, un brillante cronista del ocaso, señala: "Desde la eliminación de Vuskovic, el gobierno dejó de tener política económica. Jamás supo pasar de intenciones sociales a medios económicos. La inflación alcanzó una violencia extraordinaria, el mercado negro lo invadió todo, las administraciones se transformaron en adeptos, el Estado organizó su déficit, la Unidad Popular no funcionó jamás como una unidad política. Caos, crisis y corrupción era la situación a mi llegada (29 de julio)". Y Touraine es un sensible partidario del experimento chileno. Continúa Allende: "He buscado la salida política. Las Fuerzas Armadas ven la crisis económica y el sectarismo, pero también ven el fervor de la gran masa, especialmente en la Central Única de Trabajadores, más que en los partidos de la Unidad Popular". Salvador ha comprendido –finalmente– que la gravedad de la situación requiere de un partido federado, con una dirección única y fuerte. "Yo soy un factor aglutinante, no me puedo ir", anuncia a sus ministros. "Por mucho que me guste vivir, no me iré... Que me den tiempo para defenderme. No me pegaré un tiro. Veré si mi muñeca me acompaña una vez más." La reunión se interrumpe por un llamado

CREAR PODER POPULAR

"Crear, crear, poder popular", la consigna llena las calles a partir del paro de octubre. Alentados por los grupos más radicales de la izquierda, los cordones industriales se transforman en una fuerza impugnadora del rumbo elegido por Allende.

Óiganlo bien... para aquellos que creen que yo a veces vacilo. Hay que fortalecer el poder popular, los centros de madres, las juntas de vecinos, los Comandos Comunales... ¡Hay que fortalecerlos!... ¡Hay que fortalecer los cordones industriales!... ¡Pero no como fuerzas paralelas al gobierno, sino como fuerzas populares junto a las fuerzas del gobierno de ustedes, del gobierno popular!
Salvador Allende, abril de 1973.

del Ejército, malas noticias. Carlos Prats ha llegado al límite, se considera "un factor en contra".

Dos semanas más tarde muere asesinado el edecán naval, el comandante Arturo Araya Peters. A partir del 22 de julio, la Marina –la más "derechista" de las Fuerzas Armadas– se ha convertido en una caja negra. La carta final ha sido también la primera: el diálogo con la Democracia Cristiana. Si alguna vez existió otra opción, a fines de julio se ha vuelto el último salvavidas del Titanic. Los partidos Comunista, Radical y API, el propio Salvador, están dispuestos a entregar lo que sea necesario, excepto lo fundamental del programa. El Partido Socialista, MAPU e Izquierda Cristiana tienen dudas. Sobre la posibilidad de un acuerdo, sobre su eventual conveniencia: negociar es desmovilizar. Dejar al gobierno a la intemperie, entregado a la voluntad opositora. Una voluntad opositora que en el Sur ya está crucificando campesinos; que en los allanamientos ha tratado con brutalidad a los obreros; que en la Marina ha torturado a algunos suboficiales... El cardenal Silva Henríquez interviene con apremio, ante un pedido de Salvador. Entre mayo y junio ha existido la sombra de un acuerdo, todavía hay sectores de la Democracia Cristiana

dispuestos a presionar por el diálogo: Fuentealba, Leighton, Tomic. Sin embargo, corre el mes de agosto. El interlocutor para esta última reunión es Patricio Aylwin, presidente del partido y representante de su ala más conservadora. "Yo he venido solamente porque soy creyente y el cardenal me lo pidió. No hay otra razón, presidente". En su anuncio se advierte una despedida, pero la conversación avanza punto por punto y en todos los núcleos de discordia parece hallarse una solución intermedia. Cuando se retiran, el cardenal mira impotente a su secretario. Profético, anuncia: "No se va a lograr nada". Al cabo de pocos días, las conversaciones entre el ministro Briones y Patricio Aylwin llegan a término. El 22 de agosto la Cámara de Diputados alcanza un acuerdo sobre un proyecto presentado por demócratas cristianos y nacionales. Por primera vez se invoca un mecanismo jurídico para racionalizar el golpe militar. ¿De qué se acusa al gobierno? De todo. De atropellar las atribuciones de los poderes del Estado, de usar decretos de insistencia y resquicios legales, de violar las garantías de la Constitución, de sojuzgar la libertad de expresión, la libertad de enseñanza, el derecho de propiedad, los derechos de los trabajadores... La democracia chilena, la sólida

Ley de Control de Armas. Tras el Tanquetazo de junio, el Ejército y la Fuerza Aérea inician enérgicos allanamientos en busca de armas de fuego. Los cordones industriales son el blanco preferido.

Guerra en las barricadas. Aunque el gobierno exija devolver fábricas ocupadas, los cordones bloquean las carreteras y resisten la acción policial.

Sepan: el Partido Socialista no se dejará aplastar por una minoría oligárquica y sediciosa. Aquí hay un partido, vanguardia de la clase obrera, con 40 años de tradición de lucha proletaria, resuelto a resistir cualquier intento golpista. Chile se transformará en un nuevo Vietnam heroico si la sedición pretende enseñorearse. El golpe no se combate con diálogos. Se aplasta con la fuerza del pueblo, con la organización de la clase obrera.

Carlos Altamirano, 9 de septiembre, 1973

y estable democracia chilena, ha admitido sus hoyos negros. No tiene los mecanismos para corregir las tensiones que devienen de su libre ejercicio.

El 4 de septiembre se celebra la victoria de la Unidad Popular, en medio de una embatida opositora implacable que ya se ha vuelto rutina. Chile es una gran huelga, una larga cola. Hay trigo para pocos días. Los transportistas llevan más de un mes inmovilizados. Salvador no tiene el poder –aun con un gabinete que nuevamente incluye militares– de resolver la crisis. Nuevamente Touraine: "Los periódicos de la derecha e izquierda están llenos de las hazañas de Vilarín y de Jara... Es inquietante ver los cordones industriales o los grupos 'miristas' en pie de guerra, encaramados sobre una mesa cuyas patas carcomen los terroristas Jara y Vilarín". ¡Demasiado tarde! Un millón de personas acompañan a su presidente en esa vigilia que durará una semana, Noche de los Olivos para todos ellos. Por horas marchan hacia La Moneda, desfilan ante las columnas adosadas al palacio que miran hacia la Plaza de la Constitución, esta Constitución que tan poco los ha ayudado. Se apoyan como estatuas en las mismas columnas que una semana más tarde estarán rodeadas de humo. Un inmenso movimiento humano, que en sus gritos y sus volantes muestra la división existente desde las triunfales marchas de 1970. El Partido Comunista llama al diálogo, pide la lealtad de las Fuerzas Armadas. ¡NO A LA GUERRA CIVIL! El polo revolucionario llama a olvidarse del "vino tinto y empanadas" para enfrentar la hora crucial. Chile es un país escindido, la Unidad Popular es una coalición escindida, la clase obrera es una fuerza escindida. La izquierda acaba de perder las elecciones del sindicato metalúrgico, donde siempre tuvo una aplastante mayoría. Al mismo tiempo, los obreros textiles defienden a balazos la ocupación de la fábrica Sumar. Salvador es un presidente escindido entre la necesidad de imponer su autoridad y su promesa de respetar los acuerdos partidarios. Ya al borde del abismo, el 6 de septiembre, convoca al Comité de la Unidad Popular y pide un voto de confianza que le entregue poderes omnímodos. ¿Qué recibe? El apoyo del API, una cariñosa palmada en el hombro. El pueblo lo defiende, pero entre el pueblo y él se extiende el vacío. Nuevamente a solas con su deber, terrible deber, pero rodeado por la camisa de fuerza partidaria. Sólo una cosa tiene clara: su palabra. No renegará de sus acuerdos, no aplicará la ley contra sus propios aliados. Con dos caminos fantasmales por delante –traición a lo González Videla, fin trágico a lo Balmaceda– cree adivinar una salida.

"Siento al presidente consciente a la vez de las realidades, pero impotente para dominarlas." Alain Touraine, septiembre de 1973.

Patria y Libertad (balance de seis semanas): mil quince atentados, veinticuatro al día, uno cada hora, diez muertos, ciento diecisiete heridos...

Derrocaremos al gobierno sea como sea. Si es necesario que haya miles de muertos los habrá. Pero en esto no estamos solos. Apoyamos a los movimientos democráticos como los transportistas, porque sus fines son los nuestros. Por supuesto, que ellos solos nada pueden hacer. Por eso necesitamos la ayuda de las Fuerzas Armadas.
Roberto Thieme, Patria y Libertad .

La renuncia del general Prats anuncia el final. Sólo queda llamar al plebiscito, cuyo significado jamás conoceremos. ¿Se refería sólo a la creación del Área de Propiedad Social o tenía un sentido más amplio? ¿Habría conseguido Salvador el 55% que calculara con optimismo tan poco antes del fin? El anuncio al país se llevaría a cabo el 10 de septiembre. Por recomendación de los militares, lo posterga para el 12. Media un día, un solo día en que Chile tendrá la oportunidad de verse en el espejo. Para nunca volver a abrigar ilusiones.

JOSE BALMES

"Unidad y combate contra el golpismo. La Patria vencerá", consigna del gobierno para el tercer aniversario de su triunfo. Durante seis horas, casi un millón de personas desfila frente al presidente Allende para decir: "Aquí estamos".

¡Ju-ven-tud! ¡So-cia-lis-ta!
¡Obreros en acción,
a parar la sedición!
¡Jota, jota!... ¡Ce, ce!...
¡Juventudes comunistas
de Chile! ¡Luchando,
creando, poder popular!
¡Chicho, tranquilo,
el pueblo está contigo!
¡Pueblo, conciencia,
fusil, MIR, MIR, MIR!
¡Basta ya de conciliar,
es la hora de luchar!
¡Allende, Allende,
el pueblo te defiende!
Plaza de la Constitución,
4 de septiembre de 1973.

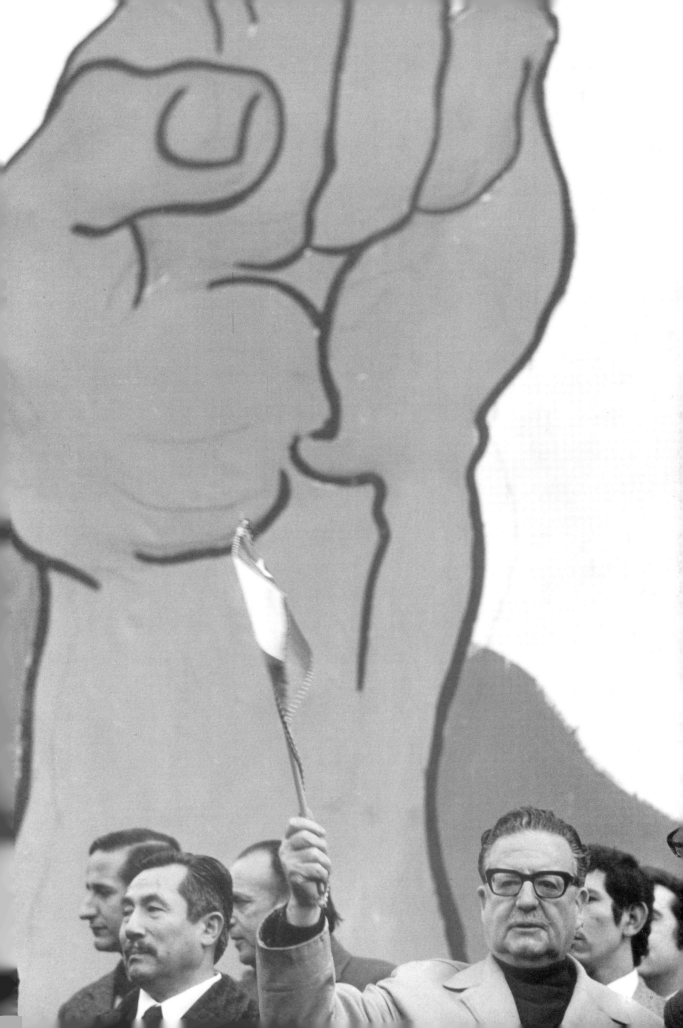

PLANES SEDICIOSOS EN BUSCA DE UN AUTOR

"Nosotros estamos orgullosos del
rol profesional del nuestras Fuerzas
Armadas. Su gran característica
ha sido la obediencia al poder civil,
el acatamiento irrestricto a la voluntad
popular expresada en las urnas,
a las leyes de Chile, a la Constitución."
Salvador Allende, mayo de 1971.

La "vía chilena" ha llegado a un callejón sin salida. El mensaje de la Cámara es inconfundible: ante la parálisis del país, ante la polarización ciega y final, los portavoces de la democracia piden un golpe. Le han negado a Salvador la única medida que, en ese punto de la crisis, podría dar un respiro. La razón es obvia, el estado de sitio supone entregar al Ejecutivo amplios poderes para reprimir la escalada opositora, su exacta relojería, su obra. Procede un *coup d'État*, orquestado y elaborado por militares. Y más que militares, oficiales. Soldados que públicamente suscriben la doctrina Schneider, pero han sido entrenados en la doctrina de seguridad nacional de los Estados Unidos. Hijos dilectos del Pentágono, discípulos de aquella tesis que sostiene que el enemigo de la patria no se encuentra más allá de sus fronteras, sino en la propia casa. *The enemy within*, inglés en el original, porque esta cosmovisión se inscribe en la lógica de la guerra fría. El "pronunciamiento" chileno sólo podrá llevar este sello, el signo marcial de la Escuela de las Américas, cuya dimensión represiva se conoció, en toda su severidad, en el golpe militar de Brasil, 1964. Nuestro amanecer de los tanques no será una contribución artesanal a la causa antimarxista, improvisada con luz de vela por unos pocos aficionados. Ha habido preparación, ayuda bélica, hay asesoría americana en las filas. Pero para llegar al día H se necesitará de cuatro generales bien dispuestos. O, cuanto menos, dispuestos.

Respecto de la participación de Pinochet, ¿qué puede asegurarse? Siempre se lo consideró un hombre fiel a la Constitución. El 29 de junio defendió La Moneda contra el Tanquetazo. Dos meses más tarde, cuando el comandante en jefe pidió un voto de solidaridad a sus generales, Pinochet estuvo entre los seis "leales". Para los sectores más intervencionistas, Pinochet era un "blando" y duraría muy poco en el cargo. Sin embargo, los servicios de inteligencia de

Entre los generales no hay ninguno dispuesto a asumir la responsabilidad de hacer frente a la conspiración. En el Ejército Prats, Pickering, Sepúlveda, han aguantado hasta la tercera semana de agosto (...) Los generales comprometidos con la oposición burguesa conspiran y desean combatir. Los partidarios del gobierno flaquean, dudan, abandonan. No tienen la motivación ideológica y de solidaridad con los intereses de los trabajadores que aquéllos tienen con la burguesía insurrecta.

Joan Garcés, *Salvador Allende y la experiencia chilena.*

Altamirano ya habían encendido una luz de alarma antes de su nominación. Y el general había realizado su histórica visita a las damas huelguistas de Rancagua, llevando una inyección de optimismo. ¿Puede todo conciliarse? Más allá del protagonismo retroactivo de Pinochet, lo probable es que el rol de libertador haya estado latente en su imaginario, pero el viraje operativo haya sido una decisión tardía. El general Leigh, por su parte, pidió "tiempo para pensarlo" cuando Allende le propuso ser comandante en jefe. No quería esa histórica responsabilidad. Sólo aceptó al comprender que su negativa significaría la defenestración de los altos mandos o, más grave, la intervención del Ejército en la Fuerza Aérea. El 20 de agosto, ante un puñado de hombres que clamaba por el golpe, Leigh impuso su cautela: solos, a ninguna parte. Por esas paradojas de la historia, Pinochet y Leigh serían luego los más duros.

Aunque la paternidad del levantamiento sea objeto de disputa, el "día decisivo" tuvo su cuna en Valparaíso. Tal como predijera Prats, Merino y los suyos habían desbordado al almirante Montero. La sagrada "verticalidad del mando" estaba rota. Pero, si hasta el 20 de agosto no había planes concertados, ¿qué precipitó el golpe? Mucho se ha insistido en el poder detonante del discurso pronunciado por Altamirano el 9 de septiembre. En un acto de masas, el *enfant terrible* del socialismo lanzó una arenga que podría resumirse en dos términos: un análisis lúcido y frío de la situación nacional, con énfasis en las denuncias presentadas por algunos suboficiales sobre un inminente golpe de la Armada y el cúmulo habitual de pirotecnia verbal. Al escuchar el discurso, Allende comentó meneando la cabeza: "Esto no tiene remedio". Pero un día antes, "esto" tampoco tenía remedio. En una reunión con sus oficiales, el almirante Merino había anunciado que pronto entrarían en acción. Ese mismo 8 de septiembre, el vicealmirante Carvajal, artífice del golpe, señaló que la Fuerza Aérea estaba lista para participar, pero el Ejército aún no confirmaba su adhesión. El 9 de septiembre, Merino firmó una carta dirigida a Leigh y a Pinochet: "Bajo mi palabra de honor, el día H será el 11 y la hora H 06.00". Luego agregaba: "Augusto: si no ponés toda la fuerza de Santiago desde el primer momento, no viviremos para el futuro. Pepe". "Pero, ¿te has dado cuenta de que esto nos puede costar la vida?", protestó Pinochet al leer la carta. Como medida de su inquietud, puso a su familia a buen resguardo en un regimiento bajo una comandancia leal a la Constitución. En su "día decisivo", asignándose una participa-

ción bastante más distinguida, el general recuerda: "Bastaba con que una sola guarnición militar no obedeciera, para que se corriera el peligro de que las Fuerzas Armadas se polarizaran y se produjera una guerra fratricida". En esos momentos nadie sabía con certeza cómo se alinearían las fuerzas, pero ambos generales firmaron la sentencia. El día y la hora se llamarían H. Como en herida.

> Los ojos se les pusieron redondos... y los generales preguntaron balbuceando: «pero, presidente... ¿es una resolución definitiva y firme la de llamar a un referéndum?». Sí, respondí, está resuelto. «Eso cambia toda la situación, presidente –agregó Pinochet–, ahora va a ser posible resolver el conflicto con el Parlamento.»
>
> Allende relata su última reunión con los generales Urbina y Pinochet, 10 de septiembre de 1973. (Citado en J. Garcés).

Tras la renuncia de Prats, Allende acepta su sugerencia y nombra a Pinochet al frente del Ejército, 23 de agosto de 1973.

Junto al ministro Tohá los dos rostros de la Armada: el leal Montero y el conspirador Merino (detrás de Allende).

LA
ULTIMA
ESCENA

D iario *El Siglo*, 11 de septiembre de 1973: "TODOS A SUS PUESTOS DE COMBATE". Después de veinticinco años, muchos chilenos siguen preguntándose cuáles eran esos puestos. Sólo una persona parece conocer el suyo con certeza, desde una mañana perdida al fondo de la memoria: Salvador Allende. "Estar aquí, en La Moneda, tiene un sentido político muy claro. Sería tremendo que después de todo esto el presidente de Chile termine huyendo como una rata, muerto en una calle dejado como un cobarde." Temprano ha llegado al palacio, ese símbolo del poder que quiso compartir con su pueblo, y espera la llamada final del libreto. Lo acompañan algunos colaboradores, amigos leales, sus guardias. Luego llegarán su hijas Isabel y Beatriz, la necesaria Miria, esta payita valiente que se escapa por los márgenes de todas las biografías. Allende, el hombre, tendrá la suerte de morir junto a muchos de los que lo han amado. Allende, presidente, está solo. Por las horas interminables que tenga que durar su espera, seguirá solo.

En la residencia presidencial, el 11 de septiembre se ha iniciado la noche del día anterior. Su esposa Hortensia viene recién llegando de México y le trae de regalo unas hermosas chaquetas de paño. Vanidoso como siempre, aun en los grandes momentos, Salvador las prueba ante el espejo. "A ver si estos me den la ocasión de usarlas", reclama. Están también su hija Isabel, el asesor español Joan Garcés, Carlos Briones y Augusto Olivares, director de Televisión Nacional. A mitad de la comida entra Orlando Letelier, que se desempeña como ministro de Defensa. Hay informes, indicios, rumores, pero Salvador mantiene su fe en los altos mandos de las Fuerzas Armadas. Prats le ha advertido que serán desbordados por los mandos medios, sin ofrecer mejor alternativa para el presidente que abandonar el país por un año. Respuesta de Allende: "Jamás". En la esfera más viciosa del poder, Altamirano ha pedido una agresiva depuración del ejército. Corvalán no

Las Fuerzas Armadas han asumido el deber moral que la Patria les impone de destituir al gobierno que, aunque inicialmente legítimo, ha caído en la ilegitimidad flagrante, asumiendo el poder por el sólo lapso que las circunstancias lo exijan, apoyado en la evidencia del sentir de la gran mayoría nacional, lo cual de por sí, ante Dios y ante la historia hace justo su actuar y, por ende, las resoluciones, normas e instrucciones que se dicten...

Junta Militar. Bando 5, 11 de septiembre de 1973.

está convencido de la oportunidad de esas medidas. Salvador ha sido siempre el único con la atribución de decidir. No es éste un territorio para dejar en manos del comité. Desde los inicios de su gobierno, el peso de las relaciones con las Fuerzas Armadas ha recaído sobre sus hombros y, tal como dice su ex ministro Carlos Briones: "Nunca metió las manos para quebrar los mandos". Su política es no confrontacional, diplomática y distensiva. Los límites de esta filosofía quedarán claros en pocas horas. Esta noche la ocupa en preparar su discurso para el 12, anunciando el plebiscito, la salvación nacional que ha concebido. Un centenar de voces telefónicas anuncian movimientos de tropas en Los Andes, en Santiago, en Valparaíso. El director de Investigaciones informa que hay acuartelamiento. Según fuentes de gobierno, la situación no es alarmante y se están tomando las "medidas necesarias". La autoridad militar asegura que reina calma absoluta. Los movimientos se deben a la operación Unitas, un ejercicio conjunto de la Armada chilena y la Marina norteamericana. ¿No? Entonces se deben a la preparación del desfile militar, tradicional cada 19 de septiembre. A algo tienen que deberse. Pasada la medianoche, por intermedio de Garcés, Salvador avisa a Luis Corvalán que temprano en la mañana sostendrá una reunión con los jefes de los partidos de la coalición. Ocho horas más tarde, todo Chile conoce la proclama de la Junta Militar. En las palabras de Corvalán, los acontecimientos se precipitaron de tal manera que el encuentro de la cumbre política no fue posible. Avanzada la mañana, al revelarse la verdadera magnitud del levantamiento, el Comité Central resolvió que los dirigentes más expuestos del partido quedarían marginados de labores de dirección. ¿Y las bases? Alertas y vigilantes: "Todos a sus puestos de combate". Tal vez esta actitud merezca una explicación. A lo largo de medio siglo, el crecimiento del Partido Comunista ha sido lento y sacrificado, en condiciones de histórica adversidad. Más de una vez ha sido traicionado por sus aliados; ha sido perseguido, mermado y desterrado; ha conocido el lenguaje de la represión desde Santa María de Iquique hasta la Ley Maldita. El heroísmo circunstancial no forma parte de sus principios. Para el Partido Comunista, la primera prioridad es "la gente del pueblo". Su gente, su dirigencia, su estructura partidaria. Afectos, lealtades y dolores personales no forman parte de la disciplina militante. Con la

Movimientos de tropas. Desde la madrugada del 11 se observan indicios sospechosos de un alzamiento. El golpe se iniciará en Valparaíso a las 6:00. A las 7:40 AM Allende se traslada a La Moneda. "¿Dónde tendrán preso a Pinochet?", pregunta el presidente al ministro Almeyda cuando sus intentos por comunicarse con él fracasan.

Puesto 1 (Pinochet):
rendición incondicional.
Nada de parlamentar.
Rendición incondicional...
Puesto 5 (Carvajal):
Conforme. O sea que se
mantiene el ofrecimiento
de sacarlo del país.
Puesto 1: se mantiene
el ofrecimiento y
el avión se cae, viejo,
cuando vaya volando.
Transcripción de la conversación
entre los mandos golpistas.

bendición de Allende (y acaso sin), con remordimiento o sin él, a las once del once, Luis Corvalán entra al mundo submarino.

La directiva del Partido Socialista, por su parte, ha decidido reunirse en MADEMSA, en el corazón de los cordones industriales. Por oscuros motivos, la reunión cambió de sede y desde ahí fue designado Hernán del Canto para "conversar" con el presidente y ver si existía un plan defensivo. Toda la insistencia telefónica para que Salvador abandonara La Moneda había sido inútil. A su regreso del palacio, Del Canto informa con gran pesimismo que Salvador está dispuesto a defender con su vida el mandato constitucional. "Ya no hay nada que hacer", agrega. Según el detective David Garrido (citado en *El último día de la Unidad Popular*), el presidente estaba muy molesto. Señaló cortante que le extrañaba que, después de tantos meses sin consultar su opinión, el Partido Socialista la requiriera justo entonces. Según la misma versión, el ex ministro tuvo que ser retirado por los hombres del GAP para no dañar la moral combativa. Exacto como podía ser su pronóstico, no resultaba oportuno: "Nos van a matar, nos van a matar". Desde otro ángulo del derrumbe, Altamirano dedicó algunos pensamientos a su gente. "Tenía una angustia enorme, no tanto por mi situación personal, porque yo ya era un muerto en potencia, sino por la enorme tragedia que estábamos viviendo como izquierda, como pueblo, como país." Vivo, muerto en potencia o muerto de miedo, su lugar ante la historia quedó vacío.

La conciencia no precisa subrayados. Fuera por necesidad o por decisión estratégica; fuera por voluntad de lucha o lucha por la supervivencia, lo concreto es que Salvador ha quedado solo. Sólo lo acompañarán aquellos pocos que han sabido entender el titular de *El Siglo*. Uno de los primeros en presentarse es Edgardo Enríquez, ministro de Educación, quien viene a ofrecer su apoyo. Es un radical moderado, padre de Miguel y Edgardo, dos de los máximos dirigentes del MIR. Cuando el embajador Ramón Huidobro llama desde Buenos Aires, Enríquez escucha que el presidente murmura cabizbajo: "Sí, se han alzado... No, no todo el mundo ha sido desleal. Aquí estoy con muchos amigos que están conmigo". Van sumándose durante la mañana Augusto Olivares, Fernando Flores, Carlos Briones, el ex ministro José Tohá y su hermano Jaime, Osvaldo Puccio y su hijo homónimo. Están presentes también Joan Garcés –tomando cuidadosos apuntes– y Carlos Jorquera, Oscar Soto, médico de la Presidencia, el equipo de médicos y enfermeras de La Moneda, las

Seguramente Radio Magallanes será acallada y el metal tranquilo de mi voz ya no llegará a ustedes. No importa. La seguirán oyendo. Siempre estaré junto a ustedes...
El pueblo debe defenderse, pero no sacrificarse.
El pueblo no debe dejarse arrasar ni acribillar, pero tampoco puede humillarse.
Salvador Allende.

11:30 AM. Francotiradores continúan la defensa desde los balcones de Palacio. Pinochet ordena que se descargue sobre ellos todo el fuego de artillería. En la foto, Antonio Aguirre, miembro del GAP, hasta la fecha desaparecido.

periodistas Verónica Ahumada, Frida Modak y Cecilia Tormo, los miembros del GAP, el ex director de Carabineros, que ha amanecido esa mañana como el almirante Montero, "sobrepasado por los generales golpistas". Y llega Miria Contreras, en una camioneta cargada con las armas de Tomás Moro. Con cierta energía logra superar a los carabineros apostados frente a La Moneda, pero los miembros del GAP que la acompañan y su hijo Enrique caen prisioneros –o en rigor: caen–. Las armas han quedado en el auto, como tantas otras, escondidas, enterradas, lejos de las manos que esperaban (o no) hacer uso de ellas. Superfluas, inútiles, comprometedoras. El golpe es total, los regimientos leales brillan por su ausencia, las radios transmiten mensajes ambiguos a los desorientados trabajadores, llamándolos a mantenerse en sus puestos. Para muchos, esos puestos se han transformado en la mesa del comedor, alrededor del infaltable aparato encendido, pues las calles están ocupadas por los comandos militares. Continúan los llamados de la Central Única de Trabajadores, como la voz de una cabeza que ya ha sido cortada, con ritmo de Víctor Jara, de Quilapayún, de los hermanos

Parra. Las radios de la nueva era intercalan sus amenazantes bandos entre música de Los Huasos Quincheros, folclore para la oligarquía. El Chile blanco ya ha encontrado a sus cantores.

Entre el presidente y el pueblo se extiende el vacío. El vacío y el hilo tambaleante de una mala transmisión de Radio Magallanes, una de las pocas que no ha caído en la Operación Silencio. Las palabras se escuchan con mucha dificultad, como si llegaran de ultratumba. El segundo mensaje casi no encierra esperanza: "Pagaré con mi vida la defensa de principios que son caros a esta patria. Caerá un baldón sobre aquellos que han vulnerado sus compromisos, faltado a su palabra, roto la doctrina de las Fuerzas Armadas. El pueblo debe estar alerta y vigilante... No debe dejarse provocar, ni dejarse masacrar, pero también debe defender sus conquistas, su

Acompañado por sus guardias, el presidente hace un reconocimiento táctico poco antes del bombardeo. Pese a versiones encontradas, todo indica que estas imágenes fueron efectivamente captadas la mañana del 11 de septiembre.

En estos momentos pasan los aviones. Es posible que nos acribillen. Pero sepan que aquí estamos, por lo menos con nuestro ejemplo, que en este país hay hombres que saben cumplir con las obligaciones que tienen. Yo lo haré por el mandato del pueblo...
Salvador Allende.

derecho a construir con su esfuerzo una vida digna y mejor...". No es todavía el adiós, algún batallón puede dar una sorpresa, pero Salvador no exige resistencia ciega e irracional. Solamente evitar la masacre. No ha pedido más desde ese primer 4 de septiembre, cuando advirtió a su pueblo que los problemas no se solucionarían rompiendo los vidrios de un automóvil ni causando desmanes. Evitar la provocación, evitar la revancha. ¿Habría sido suficiente? "Es posible que nos aplasten, pero el mañana será del pueblo, será de los trabajadores. La humanidad avanza para la conquista de una vida mejor." Metafóricamente hablando, tal vez. En esos momentos, la humanidad avanza hacia la destrucción absoluta de la democracia, los aviones ya sobrevuelan La Moneda, como si hubieran elegido el símbolo por excelencia. El anuncio del bombardeo está fijado para las 11:00 horas.

Salvador morirá junto con la democracia. Consciente del valor simbólico de sus gestos, no considera otra posibilidad. Si aceptara el avión que le ofrecen con insistencia, ésta sería la derrota del pueblo, de la Unidad Popular, la suya propia. Con ello protegería quizá a sus colaboradores más queridos, cierto, pero no salvaría a su gente del inminente exterminio. Ya han comenzado a bombardear los cordones industriales, Leviatán se ha lanzado a toda marcha. Vendrá el ojo por ojo, palabras contra hechos. Por cada joya de maximalismo discursivo, un implacable castigo; por cada doloroso avance en la batalla de papel, un retroceso. No, no se convertirá en el testigo remoto y protegido de esta barrida de la democracia que él y sus antepasados ayudaron a levantar. Cortados los hilos con el pueblo, él tendrá que ocupar su lugar en la lucha, representar la lucha,

Rockets sobre La Moneda. A las 11:52, un Hawker Hunter inicia la primera de ocho embestidas sucesivas.

convertirse en el sacramento de la derrota. Porque habrá Ritoque y Cuatro Álamos y Quirquinas, Salvador no puede renunciar... Porque habrá DINA y CNI y todo el silabario del miedo deberá caer entre las llamas... No es un final feliz, pero es el único. Lo ha dicho antes, está obligado a cumplirlo. "A la violencia reaccionaria responderemos con violencia revolucionaria." Con casco y arma en la mano ha dejado de ser el "compañero presidente" para convertirse en el "comandante Allende". En esa soledad histórica que lo rodea, tiene a su grupo de amigos personales, el rifle que le regaló Fidel y un siglo de gestas familiares para encontrar ejemplo. Pero todo cae un tanto fuera de medida. El casco no concuerda con su estilo y su tenida sport le resta solemnidad a la escena. ¿Tiene alguna alternativa? El rol estelar de su vida ha sido demasiadas veces anunciado. Deberá morir como mártir, un papel para el que siempre protestó no tener talento.

Se ha retirado la guardia del palacio, ha llegado la hora de evacuar. Con dolor, el presidente se despide de las mujeres. Isabel, Beatriz, su hija y colega a la que está tan apegado. Ella se resiste a abandonarlo; lo abraza, pide ayuda al ex ministro Palma. "Aníbal, convence al papá para que me deje". Parece olvidar que está embarazada, que tiene un esposo cubano, que hay una revolución que reinventar desde las cenizas. Por el resto de su vida, hasta su suicidio en La Habana, Beatriz se culpará de haber dejado a

General Palacios: "Misión cumplida. Moneda tomada. presidente muerto". Reportándose al alto mando luego de ocupar el palacio de gobierno.

Superarán otros hombres este momento gris y amargo en el que la traición pretende imponerse. Sigan ustedes sabiendo que, mucho más temprano que tarde, se abrirán las grandes alamedas por donde pase el hombre libre para construir una sociedad mejor.
Salvador Allende.

¡CHILENOS! La patriótica contribución de todos los ciudadanos facilitará la eliminación de los extremistas que aún permanecen en la capital. Ellos son extranjeros sin patria y algunos chilenos fanatizados que no ven más allá de su odio y sus ansias de destrucción. ¡DENÚNCIELOS!

Jefatura Estado de Sitio. Santiago, septiembre de 1973.

Pese al feroz bombardeo, la resistencia continúa por casi dos horas. Finalmente, Allende ordena la salida a guardias, médicos y colaboradores todavía presentes en La Moneda. Un tanque amenaza atropellar a los funcionarios para conseguir el cese de la resistencia armada desde los edificios vecinos.

su padre en ese trance. Al separarse, Salvador susurra en su oído: "Ahora es el turno de Miguel". Con eso alude a Miguel Enríquez, hijo de don Edgardo y cabeza del MIR, quien lo ha llamado varias veces solicitando instrucciones. ¿Quiere decir que es el turno de la lucha armada? ¿Acaso olvida la correlación de fuerzas? Miguel puede tener coraje, pero carece de la debida logística. El 9 de septiembre, Salvador y Enríquez han sostenido una reunión que duró hasta las dos de la mañana, sin lograrse un acuerdo. ¿O es el turno del MIR para su haraquiri? Tan ocupados han estado en impugnar la política "reformista" del presidente, que sus militantes no advirtieron que estaban a años luz de poder saldar con suerte el combate decisivo. Cuanto menos, demostrarán coherencia. El MIR se mantendrá en los cordones hasta que su obstinación se revele como un trágico desperdicio. No transarán, no se asilarán, caerán con las armas en la mano, bajo el cepo de la tortura, a veces en sus propias casas. Delatados, traicionados, incluso por sus propios compañeros de armas. Salvador será el rostro de esa izquierda mártir, el cuerpo se levantará fragmentado en el Informe Rettig. ¿No era inevitable? Nuestra Iglesia de la Memoria tendrá la forma de un documento débil e insuficiente. Un opaco monumento de papel.

Se acerca la hora del bombardeo. A quienes no tienen armas, Salvador los libera de su compromiso. Sólo su guardia personal, los jóvenes del GAP que han jurado acompañarlo hasta la muerte, están obligados a permanecer. Algunos funcionarios resisten amargamente, otros protestan aliviados, la orden es terminante. Joan Garcés se marcha a la tarea de contar la "verdadera historia" de estos mil días y una noche –noche de dieciséis largos años–. Quedan los doce médicos: Arturo Jirón, ex ministro de Salud que ha ido a sumarse a la causa; Oscar Soto, su médico de toda la vida; Patricio Guijón, médico de La Moneda; Eduardo Paredes, director de Investigaciones; el psiquiatra Jorge Klein; Enrique París; Santiago Pincheira; Danilo Bartulín; Víctor Hugo Oñate; Alejandro Cuevas; Patricio Arrollo; "Pollo" Ruiz. Casi hay más médicos que potenciales pacientes. Junto a ellos, la enfermera de La Moneda, que es imprescindible, pese a los criterios machistas de evacuación. Además del equipo médico, permanecen Fernando Flores, Daniel Vergara, Claudio Jimeno, "Cheno" Poupin, los hermanos Tohá, Arsenio Palma y Clodomiro Almeyda, quien venía recién llegado de una conferencia de países no alineados. ¿Alguien más? Un suboficial de Carabineros no quiso retirarse

"¡Ay canto, que mal me sales! ¡Cuánto tengo que cantar, espanto! Espanto como el que vivo, como el que muero, espanto." Víctor Jara, torturado y muerto en el Estadio Nacional, 15 de septiembre.

por lealtad al presidente. Y cómo olvidarlos: Osvaldo Puccio y Osvaldito Jr.

Ante nuevas llamadas pidiendo la rendición, Salvador responde con furia, ejercita todo el peso de su ironía, agrega insultos inéditos en un primer mandatario. Ha terminado el largo período de negociaciones, de ejercicios de muñeca, de diplomacia. Puesto que no hay salida, ¿por qué no dejar gritar estos tres años de dolor e impotencia? Va a perder, lo sabe, pero ya no es el rehén de la jaula de hierro. Su hija Isabel lo ha dicho: siente el alivio del fin. Y comienzan a llover los *rockets*, sobre el palacio, sobre la casa de Tomás Moro, que será saqueada por una bandada de aves de rapiña. ¿Dónde irá a parar la colección de gredas precolombinas, los cuadros de Guayasamín, de Siqueiros, la galería de retratos dedicados? ¿Dónde las chaquetas que no tendrá tiempo de usar, la despensa de licores que será exhibida como un grotesco botín de guerra? ¿Dónde el regalo de Balmes, ese retrato del Che que Salvador mostraba a sus visitantes militares como una grandiosa humorada? Mientras cae La Moneda en terrones, los revolucionarios de terno y corbata corren a ciegas en un laberinto de pasillos y sótanos que se ha tornado irrespirable. Un solo consuelo para el presidente. Burlando la caballerosa orden de "Mujeres y niños primero", Miria Contreras ha permanecido a su lado y lo acompañará hasta el último momento, con una entrega que va mucho más allá del deber. Esta mujer misteriosa –hada madrina del GAP, confidente de Beatriz, anfitriona de toda la izquierda unida y, antes que nada, amiga de Salvador– se ha borrado de la memoria colectiva como si fuera un mal pensamiento. El mundo no deja lugar para dos viudas ilustres y nunca Miria ha reclamado un sitial de honor. Pero lo tiene, aunque sea silencioso. En la foto de los "más buscados" por el régimen, Miria Contreras Bell lleva la corona: no hay otra mujer. ¿Por qué ella y no Marta Harnecker, por ejemplo? El enemigo tiene un extraño instinto para el homenaje.

No queda ya democracia, ni Moneda, ni serenidad, ni cordura. Han corrido vasos de whisky, últimos cigarrillos, deseos, nostalgias, despedidas. ¿Te acuerdas, Negrito Jorquera...? Han cantado abrazados el "Himno de las juventudes comunistas", han maldecido a la madre que los parió, al padre que parió al Ejército, han creído sentir en el cuello cien veces el aliento fétido de la muerte. Un peregrino telefonazo en medio de la humareda informa lo que faltaba por saber: están bombardeando algunas poblaciones de Santiago. Y no lo sabrán, pero en ese

mismo momento una columna de tanques avanza en las salitreras y abrirá fuego ante la población inerme. Será bombardeada la Universidad Técnica, sus profesores y alumnos caerán prisioneros, entre ellos Víctor Jara, quien se preparaba para un acto oficial que, en el jardín de los senderos que se bifurcan, debió haber presidido Allende. El Informe Rettig agregará la última estrofa a su canción "Estadio Chile": "El cadáver... con manos y rostro muy desfigurados, presentaba 44 orificios de bala". A golpes de culata le rompieron las manos y dispararon a sus piernas, dejándolo desangrarse. Ésta será una medida, singular medida, del ensañamiento militar para con el enemigo. El Estadio Nacional se convertirá en un parque de lamentos; el río Mapocho, en una tumba abierta. O, para no caer en el disfraz de la metáfora, por qué no citar un párrafo de *La historia oculta del régimen militar*: "El abogado Luis Vega, en tanto, era obligado a subirse a la espalda sangrante de un director de la Empresa Nacional de Minería y aplastar con sus pies la sal que habían derramado sobre las llagas abiertas". ¿De qué sirve? El infierno sólo se trivializa en el relato.

Ante la insistencia de algunos, que creen que la masacre se detendrá si se rinde La Moneda, Salvador accede a intentar una negociación con la Junta. Daniel Vergara, Fernando Flores, Puccio padre e hi-

jo, parten rumbo al Ministerio de Defensa con esta delicada misión. No regresarán. "Puchito" cumplirá sus veintiún años en el campo de concentración de Ritoque, pero antes conocerá el lado oscuro del Estadio Nacional y el lento escarnio de Dawson. Augusto Olivares se ha suicidado, la primera de las bajas. Sólo queda esperar el momento en que se derribe el último vestigio de nuestra historia y entren las fuerzas de la purificación para dar inicio a la humillación sistemática. ¿Por orden alfabético o escalafón funcionario? Alguien concibe una idea cinematográfica, escapar por la salida del palacio que da a la calle Morandé, seguir rumbo a Bandera y luego perderse en alguno de los cordones poblacionales, para dirigir desde ahí la resistencia. Ya es demasiado tarde para este nuevo guión. Después de un intercambio de mensajes telefónicos con los militares que esperan al otro lado de la puerta, Allende ordena que se forme una fila: Miria irá al frente, él será el último. Como bandera blanca usan el delantal del doctor Patricio Guijón, lo afirman con un palo de escoba. ¿Ha llegado la hora de entregarse? Quizá. Pero, al sentir el crujido de las puertas y el aire frío que traen las balas, Salvador vuelve sobre sus pasos para alcanzar el Salón Rojo, lleva en sus manos el rifle de Fidel. Dicen que grita: "¡Allende no se rinde, milicos c...!".

¿Cuál es la última palabra de estas "últimas palabras"? La frase, claramente, ha sido amputada. Es el principio de la desinformación y la censura. Para la mayoría de los chilenos, prisioneros del toque de queda, la radio será el vehículo de la historia. Vale decir, la pasión según la Junta Militar. A partir de las 10:20 horas del 11 de septiembre, Chile ha alcanzado la minoría de edad. Como en los cuentos de hadas, una patria huérfana e incapaz encuentra por fin a sus verdaderos padres. Por si hubiera duda, quedará claramente señalado en el primer decreto de ley: "Con esta fecha se constituyen en Junta de Gobierno y asumen el Mando Supremo de la Nación, con el patriótico compromiso de restaurar la chilenidad, la justicia, la institucionalidad quebrantadas...". A esa patria párvula e incontinente deberán ofrecérsele los hechos expurgados. Dirá Merino: "La nación entera formó un Estado. Este Estado, constituido por tres poderes, se estaba derrumbando. Había un poder, el Poder Ejecutivo, para ser exactos, que había olvidado sus deberes". ¿Realmente? De haber podido olvidarlos en ese preciso momento, Salvador Allende habría velado rumbo a un decoroso exilio. Mas teniendo la patria inmóvil y amordazada, reducida a ceniza por decreto, el nuevo orden cósmico puede seguir llenando la pizarra. Los ministros, los más altos funcionarios y dirigentes pasarán despectivamente a "jerarcas". Luego serán degradados a prisioneros, a delincuentes, finalmente a números. A aquellos que prometió tratar según la Convención de Ginebra, hasta el uso de su nombre les será negado; sobre ellos pesará una orden de captura, una cacería despiadada, un tejido de emboscadas y delaciones hasta que la Escuela Militar, Dawson, el buque escuela "Esmeralda", dejen impresas sus señas en el catálogo universal de la vergüenza.

¿Podrá el noble pueblo chileno, cuanto menos, alegar ignorancia? A veces sólo intuida, a veces distorsionada por la exageración, otra versión comenzaba a tejerse desde el silencio. Era el anverso inaceptable de esa paz pregonada en onda corta y larga. ¿Supimos? En las palabras de Primo Levi, "Creímos solamente la mitad, pero eso ya era suficiente". Para la derecha fue el inicio de la fiesta, la celebración con banderas en alto por el renacer de Chile. Para otros, la clausura del Congreso significó la medida justa del desastre. ¿Era ése el "pronunciamiento" que tanto se había pedido? Ante esta súbita cesantía, algunos democristianos debieron preguntarse ¿para esto la invocación parlamentaria a los nobles poderes militares? ¿Para esto las marchas, las concentraciones, el graffiti incendiario, el acaparamiento, los clavos en la carretera, el paro de los mineros, el odio, la histeria, la pura y simple paranoia? No, dirían, olvidando su real papel en el guión de la tragedia. Aquéllos eran "gestos", "señales", "lenguaje corporal" de un democrático desagrado. Éste era el enfrentamiento que se había creído evitar, un enfrentamiento indefensible. Extraña guerra civil, toda la fuerza de un lado, toda la pérdida del otro. Algunos parlamentarios guardaron impenetrable silencio. Otros –como Tomic, como Leighton– se atrevieron a protestar en la famosa declaración de Los Trece. No faltaron quienes, como Frei, corrieron a felicitar a los diestros cirujanos del "cáncer marxista". Curiosamente, sólo la Iglesia, la Iglesia que se había marginado del debate, levantó la voz con verdadera energía. Ya el 13 de septiembre el país escuchó congelado el llamado del cardenal Silva Henríquez: "Nos duele inmensamente y nos oprime la sangre que ha enrojecido nuestras calles, nuestras poblaciones y nuestras fábricas... Pedimos moderación frente a los vencidos. Que no haya innecesarias represalias, que se tome en cuenta el idealismo que inspiró a muchos de los que han sido derrotados". Las fotos recorrieron el planeta, la tragedia cubrió titulares. ¿Quién podrá hoy lavarse las manos? Aun niños incomunicados por el estado de sitio, supimos. Convencidos o escépticos, supimos. Sobre esta renuncia colectiva se escribirá el subtexto de nuestra culpa.

Urbi et orbi:
el concepto mismo del Horror.

¡Viva Chile! ¡Viva el pueblo!
¡Vivan los trabajadores!
Éstas son mis últimas
palabras y tengo la certeza
de que mi sacrificio no
será en vano, tengo la certeza de que, por lo menos,
será una lección moral que
castigará a la felonía,
la cobardía y la traición.
Salvador Allende.

IN MEMORIAM

Salvador Allende
(1908-1973)

IN MEMORIAM

Congreso, 11 de marzo de 1998.
Augusto Pinochet asume como
senador vitalicio.

En señal de protesta, parlamentarios socialistas levantan retratos
de las víctimas de la dictadura.
María Isabel Allende sostiene la
imagen de su padre.

I.   ¿Qué queda de Allende ya muerto, *"ya muerto, ya de pie, ya inmortal, ya fantasma"* en el decir de
Borges? Difícil precisar si poco o demasiado. De vez
en cuando resucita su imagen, reflota su iconografía
despojada de complejidades, como el perfume de un
tiempo perdido que se cuela por los cajones de la
memoria. La última vez fue en marzo de este año, en
el momento histórico en que se sellaban las dos caras del destino: Pinochet, símbolo del pasado, era investido senador vitalicio del futuro. Como una Pola-
roid que se revela ante nuestros ojos, todas las impli-
cancias de la Constitución de 1980 se hacían paten-
tes. El rostro y el *corpus* legal que han dado forma al
Chile actual coincidían en el Parlamento; la dictadura
dejaba de ser un pretérito del que pudiera hablarse
con creciente desapego, para enquistarse en el núcleo mismo de la vida política. Pocos meses antes
—como si no hubiera sido inminente durante los últimos dieciocho años—, los partidos de gobierno comenzaron a diseñar estrategias para evitar el trans-
formismo del ex dictador en tribuno. Los canales ciudadanos se movieron de acuerdo con lo esperado,
casi por costumbre. Hubo algunas manifestaciones,
marchas, actos testimoniales; en general dominó la
impresión de una historia escrita con tinta indeleble.
Con característica ambigüedad, algunos miembros
de la Democracia Cristiana presentaron una acusación constitucional contra Pinochet. Se reabrieron
también procesos detenidos por violaciones de los
derechos humanos, llamando por primera vez al ex
comandante en jefe del Ejército a asumir su deuda.
Coincidía esto con el juicio que en España informaba
el fiscal García Castellón por "delitos contra la humanidad" y los diarios monitoreaban el progreso del caso Chile. Una vez más los focos del mundo estaban
puestos sobre este borde tan frágil de la cordillera.
Como en 1970, cuando nos creímos los artífices de la
carretera pavimentada hacia la utopía, como en
1973, cuando pasamos a encabezar las listas de la
piedad mundial, como en 1989, cuando fuimos un
ejemplo de civilidad al quitarnos de encima un gobierno dictatorial con su propio permiso. Rarezas ya

Declarado el estado de guerra interna, quedan suspendidos todos los derechos civiles. Hay detenciones sin cargos, fusilamientos sin juicio, desapariciones sin rastros. Hay responsables y hay víctimas.

teníamos en la memoria, faltaba ver cómo se emergía con pudor de este nuevo aprieto ciudadano. Los días que precedieron el ascenso de Pinochet en el Senado hubo en Chile más de 500 periodistas acreditados, cada uno empeñado en imprimir heroísmo ilusorio a una gesta que ya se percibía más mediática que real. La historia, sin embargo, seguía su curso inexorable. Con lágrimas en los ojos, Pinochet hacía entrega de su espada al general Izurieta, el nuevo comandante en jefe, mientras el Ejército declaraba a Pinochet comandante benemérito, dejando claro el alineamiento de las lealtades castrenses. Los parlamentarios de más peso, albaceas de nuestra precaria libertad, hacían lo posible por mantenerse fuera del alcance letal de los micrófonos. En una tensa vigilia, la noche previa a la apertura del Congreso, algunos senadores del Partido Socialista intercambiaron llamados telefónicos, buscando inspiración. ¿Qué hacer ante la humillación inevitable? Fue entonces, sólo entonces, que decidieron dar testimonio con los rostros de sus mártires, comenzando por el de Salvador Allende, casi olvidado desde su segundo funeral —¿el definitivo?—, en 1990. Pudo haberse elegido entre mil formas de protesta, desde la ausencia concertada hasta la incendiaria arenga. Se eligió, sin embargo, ese silencioso desfile de imágenes robadas a la muerte. Del tiempo secuestrado de la incertidumbre, del reducto innombrable de la amnesia, emergieron los rostros de vidas interrumpidas siempre en su punto más alto. En plena juventud, en media madurez, en la temprana vejez. En ese lugar y tiempo se dieron cita los símbolos de todos los períodos de este fracturado siglo XX. Estaba Allende, por supuesto, para recordarnos desde la fundación de los partidos de izquierda hasta el colapso de la democracia en 1973. Estaban los detenidos desaparecidos, los insistentes ¿dónde están?, para recordarnos nuestra impotencia civil ante la dictadura. Estaba Pinochet en cuerpo y alma, causa y razón de esta impotencia. Estaban los herederos del orden, los parlamentarios de esta democracia, a menudo actores de la antigua. Brillaba por su ausencia el Partido Comunista, para señalar el precio de la "concertación" y lo estrecho de nuestro sistema de representatividad parlamentaria. Multiplicado por los medios, este despliegue fotográfico se convirtió en nueva foto para agregar al álbum. La democracia viva y la muerta coincidían en una imagen emotiva, pero difícilmente interpretable. Allende enfrentaba por fin a Pinochet para decir... ¿qué? Desde el punto de vista político, el acto fue efímero y de pocas consecuencias. Después de algunos minutos de

En los meses que siguen al golpe, la izquierda como palabra también debe ser eliminada.

Afiches y retratos del presidente Allende seguirán el mismo destino. Sus álbumes familiares son destruidos o robados durante el bombardeo y saqueo de Tomás Moro.

revuelo, las imágenes del pasado debieron someterse al orden presente. Sobre los curiles quedaron, como silenciosos testigos del paso del tiempo. Desde el punto de vista mediático, ese encuentro especular entre culpa y conciencia alcanzó la inmortalidad. Un nuevo Salvador Allende entró al mundo de las imágenes. *Ya muerto, ya de pie, ya inmortal, ya fantasma*, su espectro mira por algunos instantes a su eterno adversario y luego cae.

II. ¿Cuántas veces puede morir un hombre? ¿Cuántas veces debe ser enterrado hasta conocer el olvido? Con su suicidio, Allende emerge puramente significado, burla las leyes físicas de la violencia, cambia la dimensión metafísica del combate. Para la naciente dictadura es el peligro invisible, el fugitivo emblemático, el enemigo inmune ante la fuerza y el castigo. Una ausencia-presencia que hace volverse todos los tableros. El locus de su poder ya no estará en su cuerpo sino en el espacio virtual de la conciencia colectiva. A partir de su muerte, la batalla sólo podrá darse en el imaginario, en el oscuro territorio de los símbolos. Un cuerpo que no se enseña. Una tumba sin lápida. Un funeral sin testigos. Contraviniendo cada uno de los rituales de la muerte, los hombres de cuartel naufragan en la semiótica del duelo. ¿Qué hemos aprendido de todas las tragedias griegas? Si Salvador se rige por libretos ajenos –gestos olvidados de Aguirre Cerda, el trágico suicidio de Balmaceda–, Augusto Pinochet elige sus citas de un texto más remoto: *Antígona*. Discípulo directo de Creonte, parece repetir: "Ahora a todo ciudadano he dirigido un bando... Mi decisión es ésta y jamás los malvados recibirán honores en lugar de los justos: honrado será tanto en vida como en muerte sólo aquel que demuestre su amor por la ciudad". ... La muerte, el entierro, el duelo, derechos no vinculantes de nuestra cultura, quedan sujetos a valores relativos. Puede argumentarse que el Creonte moderno entrega el cadáver de Allende a sus deudos. Eso supone un acto de fe. No es el cuerpo, sino un ataúd sellado lo que recibe apurada sepultura, no hay mármol que inscriba su nombre en el callado cementerio viñamarino. ¿Por qué la autopsia a puertas cerradas? ¿Por qué no permitir que Hortensia Bussi diese una última mirada a su esposo? Como Antígona, no podrá el pueblo rendir honores a su presidente: pesará sobre aquellos que insistan una terrible sentencia. Ésta es una tragedia, en el sentido más literal de la palabra. Una tragedia griega. Un extraño discurso alrededor de la muerte y de la culpa.

Profanados o no, sus restos se entregan al secreto de la tierra. Debe proseguirse con su imagen. De todo el saqueo de Tomás Moro, lo que su viuda reclama con mayor pesar son los álbumes, ese Chicho familiar y secreto que habría querido enseñarles a sus nietos. Al solicitar ayuda en el rescate iconográfico que desearía ser este libro, muchos de sus amigos y colaboradores responden que no guardan fotografías. En los días que siguieron al golpe, cientos de retratos de Allende, con banda y sin banda, sonriente o adusto, paternal o mesiánico, fueron desgajados hasta la pulpa, quemados, a veces simplemente eliminados por el desagüe. Reconstruir su paso por la universidad, sus primeras campañas, sus días de senador, se vuelve una difícil tarea. Poco ayudan las capas de concreto que algunos medios han levantado alrededor de sus archivos o el secreto deseo de exclusividad que ciertos depositarios de esas imágenes supervivientes defienden como un derecho. Veinticinco años poco han servido para mitigar el sentido de propiedad que unos y otros mantienen sobre quien pertenece, en toda justicia, a la historia. El cuerpo simbólico de Allende, su iconografía, se revela en buena parte destruido, secuestrado, escondido. Poco a poco comienza a emerger, tímidamente al principio, decididamente después. A partir de los '80, un pequeño número de publicaciones burlan la censura y la autocensura para sacar del desván el rostro de quien fuera el creador de un pasado irrenunciable, nuestro pasado. Las revistas *APSI* y *Análisis* publican separatas sobre Salvador Allende que se agotan antes de llegar a los quioscos. Aparece el libro *Se abren las alamedas*, que junta imágenes con palabras del ex presidente. Una reciente exhibición del fotógrafo Luis Poirot, puerta giratoria al tiempo prohibido, es recibida con tanta nostalgia como avidez. La venda de la memoria comienza a caer.

III. 1973, venda y mordaza. Cuerpo e imagen de Allende han sido sometidos a la violencia depuradora del golpe. ¿Qué hacer, empero, con el recuerdo de él, que inevitablemente conservan millones de chilenos? Contra la memoria individual, contra la colectiva, se levanta la leyenda negra, que será repetida con metódica insistencia y lacerante desprecio por lo factual. Ya el 13 de septiembre, a pocas horas del golpe, el cardenal pide que se trate con respeto a "quien hasta hace pocos días fuera el presidente de la República". En noviembre aparece *El último día de Allende*, del Premio Nacional de Periodismo Ricardo "Picotón" Boizard, un ejercicio en el escarnio que bate los

Pese al secuestro de los símbolos, pese a la tradición clausurada, la imagen del presidente Allende sobrevive.

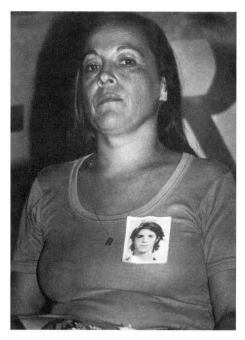

La madre de un detenido desaparecido lleva sobre su pecho la
ausencia como insignia.

Partidarios del gobierno militar
celebran su victoria con otras
insignias.

Víctor Jara y Pablo Neruda mueren
en septiembre. Una pequeña
multitud pelea al miedo la posibilidad de despedir a su poeta.

"En Chile no se mueve una hoja sin
que yo lo sepa." A. Pinochet.

récords de ventas en términos nacionales. A fuerza de repetición, este nuevo relato comienza a competir hasta anular la antigua construcción que cada uno hubiera formulado sobre el presidente. En silencio debe aceptarse la dictadura del libelo, aun cuando vulnere los pudores más elementales ante la muerte. El efecto de este secuestro y suplantación, y del mito blanco que surge como contrapartida, es devastador para las nuevas generaciones. Un hermoso artículo publicado por el diario *La Nación*, con motivo de los segundos funerales, da una idea de la confusión reinante entre los niños: "En ese pedazo de historia, Salvador Allende surge como el Quijote 'que les quitaba a los ricos para darles a los pobres', como el villano 'que fabricó las colas', en jeans y camisa abierta, siempre alto y fuerte. Para algunos es 'lo mismo que Aylwin' (el primer presidente postdictadura), para otros, el ejemplo que inspira y, para muchos, un rostro confuso que los convoca desde un pasado turbulento". A partir de un decreto nunca explícito, Allende-concepto se escinde entre versión oficial y tradición oral, para generar no sólo una incertidumbre sobre su figura, sino sobre toda la función del lenguaje. El inevitable enfrentamiento de los discursos deviene orfandad lingüística, ambigüedad, en último término desconfianza. Crecido a la sombra de mitologías sin posible consenso, el "futuro de Chile" es, sobre todo, escéptico. En una de las últimas escenas de *La memoria obstinada* –el documental más reciente de Patricio Guzmán– un alumno de colegio da palabras para el dolor innombrable: "Yo dejé de creer en todo. Dejé de creer en la gente. Dejé de creer en mis amigos, dejé de creer en los 'milicos', en mi familia, en todo... Porque yo no creo. Yo dejé de creer". Tiene razón. De un modo u otro, todos dejamos.

IV. La purga debe continuar. O quizá comenzar. Se ha dado la paradoja que produce la caída, en el sentido más bíblico de la expresión. Los dos supuestos sobre los que se basaba el éxito del golpe como interludio entre dos gobiernos democráticos han sido atrozmente desmentidos. Allende no acepta el cómodo exilio, la fácil huida que con "magnanimidad" le han ofrecido. La izquierda unida no se ha precipitado a las calles con sus inservibles rifles, sus metralletas importadas, sus tanques de confección artesanal. La resistencia civil, que habría legitimado toda violencia, nunca se hace evidente. Sí hay algunos mínimos tiroteos en el centro, en los cordones industriales, pero para Pinochet "tres días no fueron suficientes". El éxito de la maniobra fue demasiado rápido y absoluto para darse por satisfechos. ¿Dónde estaba el enemigo, ese enemigo armado que iba a incendiar el país por los cuatro costados, el que haría de Chile un nuevo Vietnam heroico? ¿Dónde, los incontinentes profetas del enfrentamiento? El único hombre cuya vida era preciso preservar a cualquier costo, el símbolo irreemplazable, está muerto en el Instituto Médico Legal esperando una autopsia hecha con tanta torpeza que bien constituye una admisión de culpa.

Mientras tanto, las metástasis del "cáncer marxista" resisten la ablación al dispersar sus células, esconderse en las penumbras, al cruzar las puertas salvadoras de alguna Embajada amiga. El blanco inmediato es el GAP, la Guardia Armada Presidencial. En las primeras horas del golpe caen más de sesenta de sus cien hombres, el resto muere o desaparece en los días sucesivos, sobreviviendo apenas un puñado para contar la historia, su historia, cualquier historia. Sigue el MIR y con igual fiereza es perseguido el Partido Socialista, operación en la que ayuda el hallazgo de una completísima nómina de todos sus militantes en el primer allanamiento de la sede del partido. Caen asimismo los altos, medios y bajos funcionarios, los dirigentes sindicales, los simpatizantes sindicados. Incitada a delatar, quizá con una secreta vocación por la denuncia, la población civil señala, uno a uno, a los sospechosos de portar en su conciencia el germen de "ideologías foráneas". Pero como las foráneas ideologías sólo se manifiestan en ciertas actitudes, son denunciados también todos los pelucones, los estudiantes de carreras subversivas, los que levantaban juerga por la noche, los que salían de casa en los días de las marchas populares. Lo que

debió ser un desembarco glorioso va complicándose hasta terminar en un naufragio en las arenas movedizas de la paranoia, el miedo, la culpa. Los estadios, los buques, las prisiones, se pueblan de sujetos desarmados cuya peligrosidad imaginaria resulta imposible calcular; testigos de la tortura y de la muerte, cuya libertad civil restituida, con plenos derechos, es ya un imposible. Antes de diseñar una estrategia depuradora, se ha cruzado el punto de no retorno. Los primeros días están marcados de indecisiones, torpezas, juicios de guerra, que dejan cuidadoso registro para un Nuremberg que no podrá llegar, que habrá que evitar a cualquier precio. Se liberan prisioneros que luego desaparecen misteriosamente, se entregan muertos mutilados más allá de toda posible justificación. Solamente cuando la policía política, la siniestra DINA, toma control del proceso, aparece

Dos caras de la Iglesia.
El cardenal Silva Henríquez, cabeza
de la Vicaría de la Solidaridad.
El sector más conservador es
solidario, pero con el nuevo poder.

¿Dónde están? La pregunta,
la angustia, el duelo. Funeral de
José Manuel Parada, militante
comunista degollado.

cierta racionalidad represiva. Antes de eso es la improvisación pura, el ensayo, el despilfarro aleatorio de violencia. ¿Qué justificó la brutalidad con que se efectuó el golpe? Una teoría sostiene que semejante rigor estaba destinado al único enemigo de cuidado: las fuerzas militares, no las civiles. Una clara advertencia para quienes, dentro de las Fuerzas Armadas, defendieran la causa de la Unidad Popular. Otra explicación sería el obvio deseo de desarticular a la izquierda, de inhibir toda futura resistencia, de cercenar todo posible espacio de disensión, para construir desde la impotencia ciudadana este Chile tan "blanco". Contra ambas hipótesis se podría contraponer, o quizás agregar, el efecto alud del cálculo equivocado. Al innecesario horror sólo puede seguir el horror.

Como una mancha de aceite en el agua, el círculo de enemigos se va extendiendo. No es el revolucionario armado o desarmado el que alguna vez defendió de palabra o de hecho la vía insurreccional al socialismo, el blanco final de la *razzia*. El Partido Comunista sufrirá su peor embestida a partir de 1976, llegando a perder dos directivos nacionales en los ministerios del miedo. La Iglesia, cuyas actividades humanitarias la han vuelto el opositor más conspicuo, será perseguida con la misma tenacidad. Hasta el Vaticano queda en entredicho. Antes de celebrarse el primer mes de dictadura, el Papa Pablo VI dirige una carta al Episcopado chileno donde manifiesta su preocupación por las violaciones de los derechos humanos, reclamando con urgencia el restablecimiento del orden democrático. Aunque no es dada a conocer públicamente, la misiva enfurece al general Pinochet. ¡Hasta el Santo Padre puede equivocarse! Los sacerdotes y abogados de la Vicaría de la Solidaridad ofrecerán el frágil amparo de sus recursos de amparo bajo un cerco de persecución y amenazas de muerte. En una tónica represiva distinta, pero igualmente eficiente, la fracción más crítica de la Democracia Cristiana caerá bajo el rastrillo depurador de la Junta. La paranoia no conoce límites territoriales. Dentro y fuera del país, el enemigo susurra, murmura, incluso piensa. Más allá de las fronteras son asesinados Orlando Letelier y Carlos Prats, por una misma mano que imprime todas las huellas de la DINA en sus atentados explosivos. En Roma es baleado Bernardo Leighton, demasiado aplicado a la causa de los perseguidos. Han pasado tres años de "lucha contra la insurgencia". ¿Dónde podrán detenerse? ¿En quién?

Finalmente la figura emerge con claridad: no será en *quién*, sino en *qué*. Es todo el sistema político el que debe ser destruido: la democracia "ilimitada"

La tragedia chilena convoca a una solidaridad sin fronteras. Como emblema de la resistencia, Hortensia Bussi recibe honores de Primera Dama. Calles, plazas, bibliotecas, llevarán el nombre de Salvador Allende.

(ergo irresponsable), los partidos políticos, los seño-res politiqueros, los demagogos del ayer que llevaron al país al caos y la ruina. El Chile de hoy sólo estará seguro en una democracia protegida; y ¿protegida de quién? De cualquier germen reivindicativo, populista, reformista. De cualquier variante de "marxismo", se esconda bajo el nombre que se esconda, de cualquier anticapitalismo soterrado. Aquello que llegó a repre-sentar el sentir de uno de cada dos chilenos es la gran amenaza: pasada, presente, futura. Para dar a luz esta democracia hemofílica, rodeada de precau-ciones algodonosas, se plebiscita sin las más míni-mas libertades la Constitución de 1980. La misma que nos rige hoy bajo la amable sonrisa de Pinochet, senador vitalicio, como garante y testigo.

V. ¿Qué queda de Allende *ya muerto, ya de pie, ya inmortal, ya fantasma* durante los años de la venda y la mordaza? Difícil precisar si poco o demasiado. Lo que fuere es subterráneo y no deja huella en el regis-tro. Se dice que las flores aparecen cada mañana en su tumba, pese a una sólida guardia militar destina-da a impedirlo. Las paredes de su casa de Tomás Mo-ro, las famosas dobles paredes, se cubren de velas como un altar. Se rumorea que sus pasos se escu-chan en la sección de Relaciones Exteriores de La Moneda refaccionada, en el lugar preciso donde algu-na vez estuvo su escritorio. Quizá busca la insignia presidencial de O'Higgins, a la que tuvo tanto apre-cio. Hoy los mandatarios llevan sobre la banda una réplica que Pinochet mandó hacer para sí. Se repite que cada hogar popular guarda alguno de los afiches de sus antiguas campañas, que las sillas donde algu-na vez repuso sus fuerzas son sagradas, que el pue-blo que Allende no olvidó se resiste a olvidarlo e ins-cribe su nombre en las paredes... De existir un culto, es un desafío silencioso al terror. Una pasión oscura e inconfesable.

Fuera de Chile ocurre un fenómeno distinto. Al amor público y confeso parece faltarle un toque de pasión. Por años se niega la única decisión que Sal-vador pudo quizás asumir sin el voto del Comité Po-lítico de la UP: el final de su vida. La solidaridad in-ternacional requiere de un mártir más que de un hé-roe. Ese suicidio belicoso no cuadra con la imagen del profeta de la paz, pero tampoco alcanza a llenar los sueños de arrojo revolucionario. Despojada la muerte de su sentido, sólo queda levantar un anda-miaje de supuestos. El testimonio del médico Patri-cio Guijón es descalificado por haber sido obtenido con "apremios ilegítimos", pese a que otros testigos leales coinciden con esta declaración. Dentro y fuera del país hablar de suicidio es la herejía. Hay tres versiones ilustres que se potencian. Primero la de Fidel Castro, un recuento detallado que no olvida el gesto de heroísmo de la guardia: ya muerto Salvador, los combatientes lo sientan en la silla presidencial, tercian en su pecho la banda y lo envuelven en la bandera chilena. Pero sigue un párrafo misterioso: "Incluso si Allende, herido grave, para no caer prisionero del enemigo, hubiera disparado contra sí mismo, ése no sería un demérito, sino que habría constituido un gesto de extraordinario valor". ¿Qué sugieren estas líneas? Se suman las de Pablo Neruda y Gabriel García Márquez. Tres variaciones para un mismo tema –el asesinato– que llega a ser aceptado por la prensa universal, incluido el *Washington Post*. En esta defensa quijotesca de la verdad, la izquierda empeña su palabra. Con el correr de los años, deberá desandar sus pasos para volver al escueto mensaje de Patricio Carvajal: *Allende has commited suicide*. Pero el oído del mundo es lento para cambiar sus refranes. Si hoy se le pregunta a cualquier europeo bienpensante cómo murió Salvador Allende, su respuesta será categórica: "Acribillado por Pinochet".

No puede separarse esta muerte del contexto histórico en que se inscribe. Es válido plantear, como hace Tomás Moulian, que el bombardeo de La Moneda supuso una determinación de destruir a Allende y todo lo que él representaba... Que los primeros *rockets* caen sobre el palacio cuando el presidente ya estaba simbólicamente muerto... Que su acto fue el de un hombre "acorralado, destruido, condenado a vivir siempre con la culpa de haberles dado poder a los conspiradores". Desde lo interpretativo, puede reconstruirse la escena hasta convertir una afirmación de voluntad en un simple sometimiento ante la circunstancia. No obstante, el hecho subsiste: Allende eligió el suicidio. Y es esta decisión la que resignifica su vida, obligándonos a una lectura más profunda de todos sus gestos.

VI. Allende, el mito, se funda sobre la elaboración narrativa de su muerte. La solidaridad internacional, sobre la dimensión política de la tragedia y su correspondiente implementación mediática. ¿Por qué otros golpes militares, tanto o más salvajes, no se han convertido en banderas de lucha sostenida para la izquierda mundial? ¿Puede plantearse acaso un fenómeno de "marketing de la pérdida"? La Unidad Popular es de por sí un paradigma: primer gobierno marxista elegido por voluntad democrática. Cuenta

JOSE BALMES

En todos los idiomas, un sólo mensaje: libertad para el pueblo de Chile.

Cine documental, arma de resistencia. *La guerra de los momios*, un film de Heynowski y Scheumann / Peter Hellmich.

además entre sus filas con un poderoso Partido Comunista, el más sólido de Sudamérica, el más leal a la URSS. El equipo de amplificación se pone en marcha, Radio Moscú nos mantiene al tanto de la masacre que nuestros sentidos no alcanzan a percibir. Ante la desinformación sostenida por el régimen de Pinochet, cualquier cifra, cualquier imagen, cobra verosimilitud: los cientos de miles de muertos, el río Mapocho caudal–de–sangre–revolucionaria. No es éste un problema de cifras, ceros de más o de menos para rectificar a posteriori la discursividad brutal de la muerte. La tragedia se construye en el interior de Chile con la violencia y su manipulación: negación en el texto, despliegue disuasivo en el subtexto. Una muerte única, singular, en manos de la policía política, convoca la Muerte para los cientos de miles que se pierden en sus dependencias. De nada vale la elaboración posterior. El Informe Rettig, de la Comisión de Verdad y Reconciliación, ha entregado una cifra cercana a cuatro mil muertos para la totalidad del gobierno militar, aunando las bajas de los primeros días, los "juicios de guerra" y los desaparecidos. Todavía hoy, quienes hemos revisado el tema, sentimos perplejidad ante una estadística tan poco elocuente. Eso ya se logró en una sola noche de Santa María de Iquique y el mundo no se enlutó por nuestra causa. Imposible calcular cuánto contribuye esta deformación mediática a la infelicidad que ha acompañado al proceso de nuestra transición. No sólo debemos hacer el duelo por los cuatro mil caídos, debemos también sumarles aquellas decenas de miles que aún pueblan el río ensangrentado de nuestra deuda.

Dentro de Chile, el miedo incuantificable lo invade todo. A la sombra del terror surge la complicidad civil, la servidumbre del silencio, la sorda huella de la culpa en el discurso. Se busca justificación para lo que públicamente se niega, se inventan delitos para castigos "inexistentes", cómplices y testigos se adscriben a una ciudadanía distinta a la de las víctimas: el noble pueblo chileno queda reducido a la mitad. En el exterior la tragedia se reconstruye en base a la interpretación libre de una realidad hermética, impenetrable. Las bajas, reales e imaginarias, engrosarán las listas internacionales de mártires del socialismo para pasar a ser arma y bandera. Por ambos caminos, la resignificación política de la muerte reemplaza el necesario duelo. Hasta el día de hoy, por cierto. Sólo separados de todo contexto ideológico, esas una o cien mil víctimas se revelarán como un problema moral que espera ser resuelto. Con imperiosa vigencia.

Desterradas emblemáticas, ilustres suicidas. Como cientos de miles de chilenos, Laura Allende y Beatriz conocen las dos caras del exilio. Entre la solidaridad y el desarraigo eligen su final.

Nacidos al margen de la memoria, para los pequeños chilenos del mundo el retorno será tan duro como el drama del exilio lo fue para sus padres.

Todas las formas de lucha.
La década de los ochenta ve crecer
la resistencia ciudadana. Huelgas,
marchas, atentados, con el
trasfondo invisible de impensadas
alianzas y secretas negociaciones.
El régimen ve acercarse su final.

VII. Punta del iceberg, la muerte. Bajo las aguas turbias del estado de sitio se esconden la cárcel, la tortura, el exilio. Desterradas emblemáticas, ilustres suicidas, dos mujeres de la familia Allende: Laura y Beatriz. Aquejada por un cáncer terminal, tras meses de indignidad en Cuatro Álamos, Laura Allende se asiló por fin en Cuba. Pudiendo entregarse a los cálidos homenajes oficiales, la embargó la obsesión fatal de todo exiliado: morir en la propia tierra. En la empresa consumió sus últimas energías, recurrió a todas las instancias para regresar a Chile, desde la invocación al Vaticano hasta la súplica a la Junta Militar. Agotada cada posibilidad, tomó impulso para dejarse atravesar por el vacío. Respetuosa carta a Fidel, balcón, fin de la agonía. La muerte de Beatriz ha sido menos explicada, pero ocurre también en Cuba y corresponde a un suicidio. Osvaldo Puccio, Daniel Vergara, tantos de los personajes que han ido llenando este libro, murieron por causas naturales, pero de un modo semejante. En el exilio como O'Higgins, invocando como O'Higgins —inútilmente— el nombre de una ciudad perdida: Magallanes.

Para algunos el destierro fue el comienzo de la muerte, el desgaste en la nostalgia, el ingreso al laberinto circular de la memoria. Para otros fue el choque cultural, la batalla por la integración, la pérdida de la identidad y del lenguaje. En sus memorias, recuerda uno de los cronistas del exilio una tarde de camaradería "en el local que mantiene la izquierda chilena en la capital belga, inmerso en el ambiente tan grato de nuestra gente, junto con un colectivo de familias comunistas... que en Lieja, Bruselas y Amberes reconstruyeron y han mantenido la manera de ser proletaria de Lota, La Calera y los cerros de Valparaíso". Duele imaginar esta fosilización de las costumbres, la sacramentalización de las empanadas, el pastel de choclos o los irreemplazables mariscos, la liturgia profana del pan (amasado) y del vino. Tampoco habrá faltado la nota humana en medio de la hermandad: recriminaciones pendientes desde la última marcha, disputas por el poder, el inevitable cuoteo de la verdad. Todo un legado cultural y de análisis político nació con este período, cuya huella perdurable se encuentra en la revista *Araucaria*, editada por el Partido Comunista en París y luego en Madrid. Ahí entregaron su colaboración nombres como Cortázar, García Márquez, Soriano, Skármeta, Isabel Allende y un centenar de autores chilenos. Se formaron también peñas a imagen y semejanza de las de antaño; Inti Illimani y Quilapayún adquirieron estatura diplomática para ese Chile sin suelo y sin fronteras, mientras en el anverso vedado y protegido se perfeccionaba el arte del silencio.

Sacudido por la tragedia, el mundo estaba ávido de acoger a los "patriotas chilenos", como se les llamaba en ruso, en francés, en alemán, en búlgaro, en polaco, en holandés; en el esperanto iconográfico de la solidaridad internacional. Los mismos países que inauguraban escuelas y bibliotecas Salvador Allende, avenidas, plazas y monumentos Salvador Allende, querían recibir en su tierra esa estirpe testimonial de la revolución en democracia. A ambos lados del Muro de Berlín, barrera ideológica por excelencia, se recibió de brazos abiertos a estos símbolos vivientes del paraíso perdido. Para ellos se construían torres de departamentos, se creaban cargos, cátedras universitarias, becas, sueldos... Jornadas de trabajos voluntarios con nombres ya convertidos en mitos —Pablo Neruda, Víctor Jara— iban a engrosar la ayuda económica de los organismos oficiales. Fue así cómo Hortensia Bussi tuvo que asumir su rol de Primera Dama Solitaria, recibida con honores presidenciales en países donde el Chile blanco de Pinochet encabezaba la lista negra. Alejandro Witker la recuerda en México, estudiando las bases de la teoría marxista para representar con honor a su esposo en ese cambiante escenario del socialismo mundial. Sin haber deseado un estrellato durante toda su vida, la nueva Tencha supo construir un lugar de respeto y dignidad para la izquierda chilena y aportar su valor simbólico a la restitución de la democracia.

VIII.

Pero, ¿qué queda de Allende *ya muerto, ya de pie, ya inmortal, ya fantasma* cuando la palabra "revolución" (*aquella* revolución) ha sido relegada al museo del lenguaje? Por fenómeno de suplantación, la verdadera originalidad de su propuesta ha quedado reducida a la mitad, de "revolución en democracia" a "cambio social en democracia", vale decir socialdemocracia. Lo último por lo que Salvador quiso ser acusado de promover. Allende no se pensó a sí mismo como un reformista; su lucha, su muerte se encuadran en un proyecto cuyo norte fue la abolición del capitalismo. Todos los esfuerzos por hacer un aggiornamiento cosmético de su discurso chocan contra la contundencia de su palabra. Curioso proceso de apropiación y negación parcial ha sufrido la imagen de Salvador en las últimas décadas. Quizá la relación más constante haya sido la del Partido Comunista, pero incluso dentro del mismo comunismo, tal como señala Orlando Millas: "Ha habido una abominación, a veces hipócrita pero evidente, de lo

Dos rostros del Chile neoliberal:
la nada persistente para unos
y la próspera vanidad para otros.

1989. Chile se prepara para el plebiscito. Votar "SÍ" representa un mandato extendido de Pinochet. El triunfo del "NO" abre paso a una democracia protegida.

que hicimos con Allende, de la revolución con empanadas y vino tinto, de la "vía chilena" al progreso social". ¿Y qué han dicho los demás actores? El MIR reivindica como suyo al comandante Allende, de casco y fusil en La Moneda, olvidando el compromiso de toda una vida con la vía pacífica. El socialismo, por su parte, en su constante evolucionar, siempre ha topado con aristas conceptuales del líder que le incomoda. Para el maximalismo de la década del '70, Salvador desperdició en juegos de muñeca una óptima situación "revolucionaria". Para el pragmatismo dominante en los '90, su postura anticapitalista resulta demasiado radical. Hubo un instante, un frágil instante durante la década de los '80, en que los primeros gérmenes de la renovación hallaron un lugar exacto para su discurso. Pero la caída de los socialismos realmente existentes y el advenimiento del "pensamiento único" privaron de destino tangible a la querida "vía chilena".

Un hombre, "con las flaquezas y debilidades de todo hombre", nos fuerza a los superlativos en virtud de la excepción de su muerte, un acto de consecuencia que impone distancia tanto como fascina. Enmarcado por este gesto marmóreo, de estatua más que de hombre vivo, el itinerario político de Allende es reescrito como una senda individida, marcada por la luz de la más profunda convicción. Se rescata al pilar de la unidad de la izquierda, al "demócrata intransigente", al visionario de los grandes consensos, olvidando esas horas insomnes antes y después de cada decisión, siempre a tientas, a menudo a solas, sin siquiera el consuelo de saberse un mesías o un mártir. Descentrado de la corriente ideológica de turno, nadando contracorriente, Salvador conquista su heroísmo en los márgenes del tiempo.

IX. ¿Cuántas veces puede morir un hombre? ¿Cuántas veces debe ser enterrado? La caída del Muro de Berlín significa una forma de réquiem para el socialismo, pero coincide también con nuestro regreso a la democracia. En el magma informe de los afectos urge hacer una reparación, aunque no exista el espacio discursivo donde reinsertar a Allende. Para llegar al segundo entierro hemos pasado por encima de los años de la dictadura, de la heroica resistencia, una imperdonable omisión. Dentro y fuera del país hubo resistencia y fue heroica. Ante la conculcación de todas las libertades civiles, la izquierda chilena descubrió lo que nunca había admitido con tanta claridad: amaba la democracia. No hubo esfuerzo que no estuviera dispuesta a realizar por recuperarla y en

4 de septiembre de 1990.
Desde una tumba sin lápida en
Viña, hasta el imponente mausoleo
del Cementerio General, llueven
claveles para el eterno Compañero
en su último itinerario.

ello se invirtieron los siguientes diecisiete años de lucha. Hubo todos los elementos que hacen una buena película: films escapados en valijas de doble fondo, armas ingresadas en la penumbra del litoral, líderes que retornaban, como Luis Corvalán, a dar su muda batalla bajo supuesta identidad, con otro nombre, con nuevo rostro. Hubo reuniones clandestinas en bares menesterosos, en sótanos mal iluminados, en viejas peluquerías. Hubo nombres de guerra, enlaces y contraseñas. Hubo marchas, huelgas y atentados. Hubo hermandad, hubo coraje y hubo muerte. O más y peor que muerte: muerte ejemplar, escarmiento. Nada fue dejado de lado por recuperar la añorada libertad: todas las formas de lucha, todas la formas de alianza. Santiago-Berlín-Santiago; Santiago-Moscú-Santiago; de un lado a otro viajaban los emisarios de las directivas interiores, tratando de construir una sola estrategia con esas directivas exteriores tan propensas, desde lejos, a la teoría. Hubo desacuerdos, duplicidad de órdenes, hubo desconcierto. Pero sobre todo hubo voluntad de sobrevivir, política y humanamente. El Partido Comunista, tan reticente de antiguo a la lucha armada, llegó a aceptar su imperiosa necesidad, pasando por una revalorización de su peor pesadilla, el MIR. El Partido Socialista recuperó en el exilio la forma entrópica original de pequeñas facciones. Vuelto a reunir en dos grandes vertientes, una de ellas estuvo con todas las formas de lucha; la otra, con todas las formas de alianza. Por último, supo adecuarse a los tiempos y deponer su animadversión al diálogo con el centro, aunque eso supusiera la marginación de sus antiguos aliados del comunismo.

Esto tenía "todos los elementos de una buena película", ya lo hemos dicho. ¿Quizá demasiados? Mientras los defensores de la antigua democracia jugaban sus roles, en otra pantalla del multicine se iba amarrando lentamente la nueva democracia. Administrativa, legal y económicamente el país no era, ni volvería a ser, el que conociéramos. Para bien o para mal, Chile se había convertido, en el sentido más religioso de la expresión, al modelo neoliberal. La economía se encumbraba como razón política. El gobierno militar fijó las etapas de la transición y a ellas se atuvo, casi sin variaciones en su programa. Correspondería a la política-ficción imaginar qué habría sido de nuestra historia de no existir el Acoso, como los politólogos chilenos llaman al período de lucha civil que se inicia en 1983 y acaba diluyéndose en la repetición rutinaria hacia 1986. Son las negociaciones invisibles —acuerdos, discrepancias, concesiones— entre poder militar y oposición, las que pavimentan la vía al plebiscito de 1988, la "victoria" de las fuerzas democráticas. Del mismo modo, correspondería a la política-ficción imaginar el grado de entrega consciente con que los futuros gobernantes se plegaron a la "transición pactada". Recién hoy se está escribiendo este capítulo, un complejo diálogo entre desencanto y justificación, donde el Estado tiene razones que el corazón no conoce.

X. El 4 de septiembre de 1990 tuvo lugar el segundo funeral, poco después que Patricio Aylwin asumiera como presidente en un clima de euforia y esperanza. Vendrían las debidas reparaciones, las demoradas reivindicaciones. Los rituales del duelo y de la muerte serían retroactivamente satisfechos. Salvador Allende recibiría, por fin, la solemne despedida de su Antígona. Los perentorios "¿dónde están?" unirían nombres con cuerpos, para dejar de ser una llaga abierta en la conciencia de aquellos que tienen conciencia. Para ellos hubo Informe Rettig y un sombrío memorial en el Cementerio General, una larga lista de nombres que hasta hoy sigue sin cuerpos. Para Salvador hubo un funeral privado, "con participación del Estado", un complicado ejercicio de diplomacia, donde la retórica superó su capacidad habitual de expresar lo mínimo. La derecha se encargó de reproducir a través de la prensa, casi sin innovaciones, discursos fugitivos de 1973. En cuarenta días, los mismos del diluvio, se construyó un hermoso mausoleo de mármol en el Cementerio General, mientras los diarios especulaban sobre los riesgos de reabrir las heridas. ¿Las creían acaso cicatrizadas? Tal como describe Roberto Brodsky, el egregio sepelio se dio a tres bandas: la chusma, el piquete y la pompa. Dentro del mausoleo, la familia enlutada, las grandes figuras, las elegías, las cámaras de televisión. Fuera, una muchedumbre desbordante, impaciente, asfixiante. Columnas organizadas, y no tan organizadas, de los partidos políticos, entre las que no faltó la presencia espectral del MIR. Grupos pequeños que, sin enarbolar la bandera de ideología alguna, sentían una deuda emocional con Salvador y querían depositar un postergado clavel rojo ante su tumba. Colegiales convocados desde ese "pasado turbulento", que saludaban al futuro con el retrato de un hombre que no alcanzaron a conocer o con gestos desprovistos de referencias inmediatas —el puño en alto, la "V" de la victoria, el signo de la paz—. Vendedores de flores, de efigies, de afiches, oportunos mercaderes de ocasión circulaban alegremente entre los deudos como lo habrían hecho a la salida de un estadio. Por un día la

Para algunos, dolor y pérdida;
para otros, rebeldía y desenfado.
La imagen de Salvador convoca
un mismo deseo de justicia
y esperanza.

memoria ocupó las candilejas, para luego dar paso al silencio concertado, al olvido pactado. Hasta el sombrío despertar de los recuerdos, el día en que el general Benemérito se instaló vitalicio en el Parlamento. Entonces Salvador Allende volvió a levantar su rostro, quizá para advertirnos algo.

¿Qué susurraba usted, presidente, esa mañana sombría en que Pinochet se apoderó del Congreso? ¿Qué nos pedía condenado al silencio elocuente de su imagen? Hace pocas semanas, la acusación constitucional fue rechazada. No supimos evitarlo, es cierto. Avales para un pasado del que no elegimos ser testigos, el sitio de la culpa hoy nos desgarra por el centro. Nuestro viaje nos devuelve a los inicios: Chile aparece en su memoria como una herida. Ésa es nuestra congénita deuda, nuestra seña primera de identidad. No construimos desde la perfección, sino para una reparación pendiente. ¿Era eso lo que quería decirnos? Hable fuerte, presidente, que hace mucha falta oírlo. Busco en sus palabras alguna clave, no es fácil. ¿Acaso aquello de que "los hombres y los pueblos sin memoria nada valen y nada significan"? Ciertamente, aunque dudo de que hayamos logrado el alivio circunstancial del olvido. ¿O esa diáfana promesa suya cuando ya nos miraba eterno desde la muerte? "Mucho más temprano que tarde se abrirán las grandes alamedas por donde pase el hombre libre, para construir una sociedad mejor." El siglo nos ha vuelto escépticos ante las necesidades históricas; pensamos: sólo persiste la huella de nuestra precariedad en el tiempo. De todo lo que usted ha dicho —tantas veces, de tantas maneras— elijo para mí un mensaje más severo, quizá implacable, pero tan válido hoy como el día en que usted murió. *La historia es nuestra y la hacen los pueblos.* Sea ésta, pues, nuestra historia. Ni un pasado retocado por la luz amable de la nostalgia, ni una letanía de pretéritos agravios para exculpar diecisiete años de espaldas a la razón. Apenas un frágil relato en medio de un discurso cambiante, del que no escribimos el principio ni conoceremos el final.

Mural callejero. Santiago de Chile, 1988.

CRONOLOGÍA

1908

26 de junio. Nace Salvador Allende Gossens, en Valparaíso. Hijo del abogado Salvador Allende Castro y la Sra. Laura Gossens Uribe. Nieto del médico y senador radical Ramón Allende Padín, entre sus antepasados figuran los hermanos Allende Garcés, que combatieron en las guerras de independencia.

1910

La familia se traslada al norte de Chile. Salvador pasa sus primeros años de vida en Tacna, Iquique y Valdivia.

1921

Regresa a Valparaíso. En estos años se agudiza su percepción de las desigualdades sociales. Se hace amigo de un zapatero anarquista, quien lo alienta en las lecturas políticas.

1922

Se funda el Partido Comunista de Chile, liderado por Luis Emilio Recabarren.

1925

Salvador Allende termina la educación secundaria y cumple con el servicio militar en Tacna. Luego comienza los estudios de medicina en la Universidad de Chile, en Santiago.

1926-1931

Estudia medicina y participa de la movilización estudiantil contra la dictadura del coronel Carlos Ibáñez del Campo. Es elegido vicepresidente de la Federación de Estudiantes de Chile (FECH). En 1929 se une a la masonería y a Avance, grupo de estudio de los clásicos marxistas.

1932

Liderada por el aviador Marmaduque Grove, una rebelión de civiles y oficiales progresistas da origen a la República Socialista. Allende es encarcelado luego de la derrota del movimiento. Ese mismo año muere su padre.

1933-1935

En 1933 se funda el Partido Socialista de Chile y Allende es designado secretario de la Regional Valparaíso. En 1935 es relegado al pueblo norteño de Caldera por su oposición al gobierno de Arturo Alessandri.

1936

Como en España y Francia, también en Chile se funda el Frente Popular, integrado por comunistas, socialistas, radicales y otros. Allende es presidente provincial por Valparaíso. En 1937 es elegido diputado del PS, iniciando su larga carrera parlamentaria.

1938-1940

En 1939 el radical Pedro Aguirre Cerda llega a la presidencia con el apoyo de la izquierda, Allende es nombrado ministro de Salubridad. En 1940 se casa con Hortensia Bussi.

1941-1942

Nacen sus primeras dos hijas, Carmen Paz y Beatriz.

1943-1945

En 1943 es elegido secretario general del PS y dos años más tarde es senador. Promueve una serie de leyes sobre salud pública, seguridad social y protección a la infancia. Participa en los movimientos antifascistas que piden la ruptura de relaciones con el Eje. En 1945 nace su hija Isabel.

1946-1952

En 1946, a diferencia de algunos sectores de la izquierda, no apoya la candidatura presidencial del radical Gabriel González Videla. Como senador vota contra la Ley maldita que proscribe al Partido Comunista y en 1948 visita la cárcel de Pisagua, donde están detenidos muchos de sus miembros.

1951-1952

Algunos socialistas apoyan la candidatura presidencial del Gral. Ibáñez. El PS se divide, una fracción liderada por Allende forma junto al PC el Frente del Pueblo, que lo lleva como candidato en 1952. Obtiene apenas 52 mil votos. Ese mismo año es nuevamente electo senador.

1953

El PS y el PC confluyen en la fundación de la Central Única de Trabajadores (CUT).

1954

Allende visita por primera vez la Unión Soviética y la República Popular China. Es vicepresidente del Senado.

1957-1958

El Partido Socialista se reunifica y forma el Frente de Acción Popular (FRAP) con el PC y otros grupos de izquierda y centro. Como candidato presidencial del FRAP, Allende obtiene el 28% de los votos y pierde por estrecho margen ante el conservador Jorge Alessandri.

1959

Visita Cuba poco después del triunfo de la Revolución. Conoce a Fidel Castro y al Che Guevara.

1964

Nuevamente es candidato a presidente por el FRAP y obtiene el 39% de los votos. Ante el temor de un triunfo de la izquierda, la derecha apoya la candidatura del demócrata-cristiano Eduardo Frei Montalva, que es electo con un 56% de los votos.

1966

Es elegido presidente del Senado.

1967

Allende participa activamente en la Organización Latino-americana de Solidaridad (OLAS), impulsada por Cuba. Muere el Che Guevara en Bolivia. En el Congreso de Chillán el Partido Socialista radicaliza su discurso político.

1968

Recibe y coloca bajo su protección a los sobre-vivientes de la guerrilla del Che. La derecha pide su renuncia a la presidencia del Senado y su desafuero como parlamentario. Ese mismo año condena la invasión de la URSS a Checoslovaquia.

1969

Se crea la Unidad Popular (UP) con la participación de socialistas, comunistas, radicales y socialdemócratas, pero no se nomina a Allende como candidato hasta el 22 de enero de 1970. En 1969 es elegido nuevamente senador y viaja a Cuba, Corea, Camboya y Vietnam, donde conoce a Ho Chi-Minh. Gobierno de la Unidad Popular

1970

Septiembre. Como candidato de la Unidad Popular, Salvador Allende obtiene la mayoría relativa en las elecciones presidenciales (36,3%) del día 4.

Octubre. El 26 es ratificado como presidente electo por el Congreso Pleno tras firmar un Estatuto de Garantías Constitucionales acordado con la Democracia Cristiana. En el interregno se produce una serie de maniobras para evitar el ascenso de la izquierda. Se atenta contra la vida de Allende y en un intento de secuestro alentado por la CIA norteamericana es asesinado el general René Schneider.

Noviembre. El 4 asume la presidencia de la República y se inicia la aplicación del programa de gobierno de la UP. Se reanudan relaciones diplomáticas con Cuba y en los meses siguientes con otros países socialistas.

Diciembre. Se suscribe el acuerdo UP-CUT que establece la "participación de los trabajadores" en todas las esferas de la sociedad civil. Comienza a aplicarse un plan económico redistributivo y se prepara la creación del Área de Propiedad Social (APS).

1971

Enero-febrero. Se acelera la reforma agraria ante la gran presión campesina, especialmente en Temuco y Cautín: Allende dispone el traslado del Ministerio de Agricultura a esa zona. Se inicia la nacionalización de bancos y empresas y la distribución de medio litro de leche diario a cada niño, como parte de las "Primeras 40 medidas". Se realiza el Congreso del PS en La Serena, que nombra secretario general a Carlos Altamirano y ratifica la orientación radical del socialismo.

Marzo. Comienzan los primeros conflictos con el Poder Judicial y no se logra comprometer el apoyo de la Democracia Cristiana a las medidas transformadoras.

Abril. Las elecciones municipales otorgan un amplio apoyo a la UP, que obtiene casi el 51% de los votos.

Mayo. El 21 Allende da lectura a su primer mensaje ante el Congreso Pleno, el discurso conocido como "La vía chilena al socialismo".

Junio. El 8 es asesinado el ex ministro demócrata-cristiano Edmundo Pérez Zújovic por un confuso grupo terrorista de izquierda. Aunque el gobierno rápidamente investiga y da con los culpables, el hecho interrumpe el acercamiento UP-DC. Sectores de izquierda abandonan la Democracia Cristiana y se unen a la UP. También se divide el Partido Radical.

Julio. Por unanimidad, el 15 de julio el Congreso aprueba la nacionalización del cobre.

Agosto. Allende realiza una gira por diversos países de la región (Perú, Ecuador, Colombia y Argentina).

Octubre. Salvador Allende presenta un proyecto de ley sobre "Áreas de la economía y participación de los trabajadores", donde propone la creación de tres áreas de propiedad: social, mixta y privada.

El proyecto no es aceptado por el Parlamento y la DC le opone otro, el "Hamilton-Fuentealba", que posteriormente se aprueba. La discusión sobre el APS constituirá la divergencia insalvable entre la DC y la UP.

Noviembre. El 10 llega Fidel Castro en visita oficial y permanece por más de tres semanas en Chile.

Diciembre. El 1º tiene lugar la manifestación opositora de "cacerolas vacías", que termina en hechos de violencia y posterior acusación constitucional contra el ministro del Interior José Tohá. Ésta será la primera de una serie de limitaciones de las facultades del Poder Ejecutivo impuestas por el Parlamento.

1972

Febrero. Primeros indicios de crisis económica. Allende se reúne con los líderes de la UP y los técnicos del gobierno en el cónclave del Arrayán para analizar cambios en la política económica. Chile acusa a la compañía Braden Cooper por el embargo de sus bienes en EE.UU.; el gobierno decide no pagar indemnizaciones a la Braden.

Marzo. El periodista norte-americano Jack Anderson denuncia la conspiración de la ITT y la CIA contra la asunción de Allende en 1970.

Junio. Ante la creciente crisis y la emergencia de conflictos laborales, se reúne la UP en Lo Curro. El ala más radical del gobierno propone "avanzar sin transar", Allende y el Partido Comunista impulsan una línea moderada que permita el diálogo con la DC.

Julio. El MIR llama en Concepción a constituir la Asamblea del Pueblo, propuesta a la que se adhieren el MAPU y el PS y se opone el PC. Allende condena las tendencias divisionistas en la UP.

Agosto. Se forma una alianza de los partidos de oposición, con miras a las elecciones legislativas de marzo de 1973. Durante este mes y el siguiente se suceden la huelga de comerciantes minoristas y empresarios del transporte y acciones del grupo de extrema derecha Patria y Libertad, que se conjugan con acusaciones en el Parlamento. Allende dice que, si es necesario, usará la fuerza para defender la revolución chilena.
Se produce un conflicto entre pobladores de Lo Hermida, dirigidos por el MIR, y funcionarios del gobierno; Allende interviene personalmente para solucionarlo.

Septiembre. La UP denuncia un plan Septiembre para precipitar al país a la guerra civil y llama a formar comités contra el fascismo y la sedición. Se inicia la huelga de camioneros. La Kennecott amenaza con el embargo de cargamentos de cobre con destino a puertos extranjeros.

Octubre. *Lock out* patronal en el que participan también sectores de la clase media. Choques entre partidarios de la UP y opositores; atentados y sabotajes de Patria y Libertad. El gobierno decreta estado de emergencia. Se constituyen los llamados cordones industriales y Comandos Comunales para paliar las consecuencias de la huelga y defender al gobierno. Muchas fábricas son

ocupadas e incorporadas al APS. Un cargamento de cobre es embargado por la Kennecott en el puerto francés de Le Havre. Solidarizándose con Chile, los estibadores se niegan a desembarcar el cobre, mientras que un tribunal francés levanta el embargo.

Noviembre. Se supera la crisis con el ingreso de los militares al gabinete: el general Prats es ministro del Interior; también participan los máximos representantes de la CUT.

Diciembre. Allende inicia una gira por varios países (Perú, México, Argelia, la URSS, Cuba y Venezuela). Habla ante las Naciones Unidas denunciando la agresión de los monopolios internacionales contra Chile. Obtiene respaldo político y cierta ayuda económica de los países socialistas. Se agudiza la crisis económico-social. Se inician en EE.UU. tratativas para renegociar la deuda externa y pagar compensaciones a la compañías de cobre nacionalizadas.

1973

Enero. Nuevo embargo de cobre por la Kennecott, en Hamburgo.

Marzo. El 4 la UP logra un 43,4% en las elecciones legislativas, clausurando la posibilidad de derrocamiento constitucional a que aspiraba la oposición. Allende, sin embargo, no logra alinear a los partidos de la coalición tras una política coherente. Los militares abandonan el gabinete el día 8. Concluyen las negociaciones con EE.UU. sin llegarse a acuerdos.

Abril. Se inicia la huelga de los mineros de El Teniente,

que durará 70 días, y se producen enfrentamientos por el proyecto de Educación Nacional Unificada (ENU).

Mayo. En su tercer mensaje presidencial, Allende advierte sobre los peligros que amenazan la democracia y la paz. Pide un relajamiento de las tensiones en que se debate el país.

Junio. El 29 se subleva un regimiento de blindados al mando del coronel Souper, el Tanquetazo, auténtico ensayo del golpe del 11 de septiembre. La CUT y los cordones industriales apoyan al gobierno. Las fuerzas militares comienzan a aplicar la Ley de Control de Armas, aprobada por la oposición en octubre de 1972, sobre poblaciones, fábricas y organizaciones populares. El bloqueo parlamentario es total. En EE.UU. el senador Church entrega el informe sobre las actividades desestabilizadoras de la ITT y la CIA en Chile.

Julio. Con la mediación del cardenal Silva Henríquez, Allende intenta dialogar con la DC pero sus intentos fracasan; el diálogo Allende-Aylwin no produce resultados. Se acentúan la crisis económica, la inflación y la escasez. Se incrementan las acciones terroristas de Patria y Libertad. El 27 es asesinado el edecán naval del presidente, comandante Arturo Araya.

Agosto. Se reanuda la huelga de camioneros, que se extiende hasta el golpe de Estado del 11 de septiembre, también se declaran en huelga los médicos. El 22 de agosto la Cámara de Diputados declara quebrantado el estado de derecho e ilegaliza al gobierno.

El 23, el general Prats renuncia a la comandancia en jefe de las Fuerzas Armadas y es reemplazado por Augusto Pinochet. El 28, Allende forma un nuevo Gabinete de Salvación Nacional, que recibe críticas del PS.

Septiembre. El 1º el Comando Nacional de Gremios, una coordinadora de organizaciones patronales, convoca a una ofensiva nacional contra el gobierno.
El 4, tercer aniversario del triunfo de la UP, se realizan manifestaciones en todo el país; en Santiago, varios cientos de miles de personas desfilan por última vez ante el presidente Allende.
El 9, Altamirano denuncia al golpismo; se opone al diálogo con la oposición y convoca a luchar por todos los medios.
10 de septiembre. Allende cita a una reunión extraordinaria de ministros. Ante la crisis institucional inmanejable, decide convocar a un plebiscito y así lo informa a los militares. A pedido de estos posterga el anuncio público hasta el 12 de septiembre.
En la noche, recibe noticias sobre movilización militar, que son negadas por los altos mandos.
Las últimas reuniones con dirigentes, asesores y amigos tienen lugar la noche del 10 y la madrugada del 11, en la residencia de Tomás Moro. A las 7:40 horas del 11 de septiembre Allende ingresa al palacio presidencial.
Al mediodía se inicia el bombardeo de La Moneda. Allende rechaza reiteradamente la oferta de exilio; combate junto a su guardia

y colaboradores. La resistencia de los trabajadores es débil y desorganizada. Cuando las primeras tropas logran ingresar a La Moneda, antes de entregarse, Salvador Allende se quita la vida.

1973-1974

La Junta Militar asume el mando general del país y los poderes Legislativo y Constituyente. La ideología que inspira el golpe es la llamada Doctrina de la Seguridad Nacional.
Los intentos de resistencia armada son sofocados rápidamente.
En los primeros días del régimen militar, decenas de miles de personas pasan por los campos de detención como el Estadio Nacional.
La represión se centra en los militantes del MIR y el Partido Socialista.
Organismos internacionales denunciaron la detención y posterior desaparición de 2.500 personas. A ello se agregan las numerosas muertes reconocidas por el régimen en virtud de la aplicación del Estado de Guerra Interno. La Iglesia Católica impulsa el Comité por la Paz en Chile para auxiliar a víctimas de violaciones a los derechos humanos y sus familiares.
En septiembre de 1974 son asesinados en Buenos Aires el general Carlos Prats y su esposa, por orden de la DINA (Dirección de Inteligencia Nacional), al mando del coronel Manuel Contreras.
En diciembre de ese año Pinochet se autodesigna presidente de la Nación.
Aproximadamente ciento cincuenta mil chilenos deben abandonar el país por motivos políticos.

1975

El gobierno militar orienta la política económica hacia un plan claramente neoliberal, implementado por economistas de la llamada Escuela de Chicago.
Octubre. El dirigente demócrata-cristiano Bernardo Leighton y su esposa sufren un atentado en Roma, también por orden de la DINA.

1976

Se organiza la Vicaría de la Solidaridad, con sede en el arzobispado de Santiago, que reemplaza al Comité por la Paz en Chile, prohibido en 1975.
Dos direcciones nacionales del PC son exterminadas en medio de una nueva ofensiva represiva.
El ex canciller del gobierno de Allende, Orlando Letelier, y su asistente Ronnie Moffitt son asesinados en un atentado en Washington D.C.

1977

Beatriz "Tati" Allende, hija de Salvador Allende, se quita la vida en La Habana. Durante su exilio participó con ahínco de las actividades de solidaridad con la resistencia chilena.

1979

En el cónclave de Ariccia, Italia, el Partido Socialista comienza su reorganización y aparecen los primeros signos de renovación ideológica.

1980

En un referéndum carente de mínimas garantías de control por parte de la oposición, se aprueba la Constitución de 1980; con algunas modificaciones, ésta continúa en vigencia hasta hoy.

1982

Una crisis económica cierra el ciclo de crecimiento 1977-1982. Las consecuencias son quiebras de empresas y bancos, elevada desocupación y pobreza.

1983

Congreso de Chantilly, Francia. El Partido Socialista consolida su renovación ideológica.
Se aleja del marxismo y adopta un enfoque social-demócrata.

1983-1986

Las protestas ciudadanas contra la dictadura militar adquieren un carácter masivo y son violentamente reprimidas.
Los sectores moderados de oposición se unen en la Alianza Democrática (AD), que incluirá a un sector del socialismo.
La izquierda socialista, el PC y el MIR conforman el movimiento democrático popular (MDP), cuya acción alcanza su momento culminante en 1986.

1986

En septiembre fracasa un atentado contra Pinochet, realizado por el Frente Patriótico Manuel Rodríguez. Decae la intensidad de las protestas.
En este contexto, un sector importante del socialismo abandona la perspectiva insurreccional y acepta la necesidad de proponer a las FF.AA. una transición pactada.
El modelo neoliberal se ha consolidado en Chile. Comienza una fase de crecimiento económico acelerado combinado con un empeoramiento de los indicadores sociales.

1988

El recurso plebiscitario pautado en la Constitución debía determinar si Pinochet permanecería en el poder por otros 9 años.
Triunfa el NO y Pinochet debe convocar a elecciones generales. Comienza la transición a la democracia.

1989

Patricio Aylwin Azócar, candidato a la presidencia por la Concertación de Partidos por la Democracia, que integra a demócrata cristianos, socialistas e independientes, triunfa en la elección de 1989.

1990-1991.

El 11 de marzo, Aylwin asume la presidencia de la República y el general Pinochet retiene el cargo de comandante en jefe de las Fuerzas Armadas.
Se crea la Comisión Nacional de Verdad y Reconciliación, que emite el Informe Rettig sobre violaciones a los derechos humanos durante la dictadura militar.
El 4 de septiembre de 1990 se lleva a cabo el segundo funeral de Salvador Allende.

1994-1998.

El 11 de marzo de 1994 asume el segundo presidente democrático, Eduardo Frei Ruiz-Tagle.
Marzo 1998. Tras 25 años, el general Augusto Pinochet deja la comandancia en jefe del Ejército.
En virtud de las disposiciones de la Constitución de 1980, es designado senador vitalicio, luego de fracasar una acusación constitucional en su contra.

BIBLIOGRAFÍA

Alegría, Fernando, *Allende, mi vecino el presidente*, Planeta, Santiago de Chile, 1989.

Allende Gossens, Salvador, *Obras escogidas*, (presentación, Víctor Pey C. ; prólogo, Joan E. Garcés; compilación, Gonzalo Martner G.), Centro de Estudios Políticos Latinoamericanos Simón Bolívar, Madrid, 1992.

Allende Gossens, Salvador, *Obras escogidas, 1933-1948*; (recopilación, selección e introducción de Patricio Quiroga Z.), Instituto de Estudios Contemporáneos: Ediciones Literatura Americana Reunida, Concepción, 1988.

Allende Gossens, Salvador, *Obras escogidas, 1970-1973*, (edición al cuidado de Patricio Quiroga Z.; nota preliminar y coordinación de César Yáñez), Barcelona, Editorial Crítica, 1989.

Allende Gossens, Salvador, *La realidad médico social chilena*, Ministerio de Salubridad, Santiago de Chile, 1939.

Almeyda, Clodomiro, *Reencuentro con mi vida*, Ediciones del Ornitorrinco, Santiago de Chile, 1987.

Arrate, J., Hidalgo, P., *Pasión y razón del socialismo chileno*, Ediciones del Ornitorrinco, Santiago de Chile, 1989.

Bitar, Sergio, *La caída de Allende y la huelga de El Teniente*, Ediciones del Ornitorrinco, Santiago de Chile, 1986.

Bitar, Sergio, *Transición, socialismo y democracia. La experiencia chilena*, Siglo XXI, México, 1979.

Boizard, Ricardo, *El último día de Allende*, Ed. del Pacífico, Santiago de Chile, 1973.

Castels, Manuel, *Movimientos sociales urbanos*, Siglo XXI, México, 1988.

Castro, Fidel, *El más alto ejemplo de heroísmo*, Editorial de Ciencias Sociales, Instituto Cubano del Libro, La Habana, 1973.

Cavallo, Ascanio (comp.), *La historia oculta del régimen militar*, Grijalbo, Santiago de Chile, 1997.

Corvalán, Luis, *Lo vivido y lo peleado*, LOM, Santiago de Chile, 1997.

Chile 1971: habla Fidel Castro, Editorial Universitaria, Santiago de Chile, 1971.

Chili. Special reporter-objetiv, Gamma, Paris, s./f.

Davis, Nathaniel, *The Last Two Years of Salvador Allende*, I.B. Tauris, Londres, 1985.

De la Parra, Marcos y Dorfman, Ariel, *Chile, from within*, Norton, Nueva York, 1990.

Debray, Régis, *Conversación con Allende*, Siglo XXI, Bs. As., 1973.

Dooner, Patricio, *Periodismo y política. La prensa de derecha en Chile, 1970-1973*, ICHEH, Santiago de Chile, 1985.

Dooner, Patricio, *Periodismo y política. La prensa de izquierda en Chile, 1970-1973*, ICHEH, Santiago de Chile, 1985.

Drake, Paul, *Socialismo y populismo. Chile 1936-1973*, Universidad Católica de Valparaíso, Santiago de Chile, 1992.

Garcés, Joan. E., *Allende y la experiencia chilena. Las armas de la política*, Ediciones Bat, Santiago de Chile, 1991.

Garretón, Manuel A. (comp.), *Cronología del período 1970-1983*, FLACSO, Santiago de Chile, 1978.

Gil, Federico, *Chile 1970-1973. Lecciones de una experiencia*, Tecnos, Madrid, 1977.

González Camus, Ignacio, *El día en que murió Allende*, CESOC, Santiago de Chile, 1988.

González Pino, Miguel y Fontaine, Talavera (comps.), *Los mil días de la Unidad Popular*, CEP, Santiago de Chile, 1997.

Guzmán, Patricio, *La Batalla de Chile*, Ayuso, Madrid, 1977.

Heinowsky y Scheumann, *Más fuerte que el fuego. Las últimas horas en La Moneda*, Studio H&S, Berlín, s./f..

Henfrey, Colin y Sorj, Bernardo, *Chilean voices: activists describe their experiences of the Popular Unity Period*, Harvester Press, Sussex, 1977.

Horne, Alistair, *Small earthquake in Chile. A visit to Allende's South America*, Basingstoke Macmillan, Londres, 1972.

Jarpa, Sergio Onofre, *Creo en Chile*, Sociedad Impresora de Chile, Santiago de Chile, 1973.

Jorquera, Carlos, *El Chicho Allende*, Ediciones Bat, Santiago de Chile, 1990.

Junta de Gobierno de Chile, *El libro blanco del cambio de gobierno en Chile*, Lord Cochrane, Santiago de Chile, 1973.

Kay, Cristóbal, "Reforma agraria y transición al socialismo en Chile" en *Estudios sociales centroamericanos*, Nro. 21, San José, 1978.

Labarca Goddard, Eduardo, *Chile al rojo. Reportaje a una revolución que nace*, Universidad Técnica del Estado, Santiago de Chile, 1971.

Lafourcade, Enrique, *Salvador Allende*, Grijalbo, Barcelona, 1973.

Larrea, Antonio y Montealegre, Jorge, *Rostros/Rastros de un canto*, Nunatak, Santiago de Chile, 1997.

Millás, Orlando, *Memorias 1957-1991*, LOM, Santiago de Chile, 1991.

Mouesca, Jaqueline, *Plano secuencia de la memoria de Chile. Venticinco años de cine chileno (1960-1985)*, © Ediciones del Litoral, 1989.

Moulian, Tomás, *La forja de ilusiones: el sistema de partidos 1932-1973*, ARCIS-FLACSO, Santiago de Chile, 1993.

Moulian, Tomás, *Chile actual, anatomía de un mito*, LOM, Santiago de Chile, 1997.

Moulian, Tomás y Garreton, Manuel A., *La Unidad Popular y el conflicto político en Chile*, CESOC-LOM, Santiago de Chile, 1993.

Neruda, Pablo, *Confieso que he vivido*, Barcelona, Seix Barral, 1974.

Petras, James y Morley, M.H., *La conspiración yanqui para derrocar a Allende*, México, Nuestro Tiempo, 1974.

Pinochet, Augusto, *El día decisivo. 11 de septiembre de 1973*, Empresa Periodística La Nación, Santiago, 1982, s./f.

Politzer, Patricia, *Altamirano*, Grupo Editorial Zeta, Santiago, 1990.

Prats, Carlos, *Memorias. Testimonio de un soldado*, Pehuén, Santiago de Chile, 1996.

Puccio, Osvaldo, *Un cuarto de siglo con Allende: recuerdos de su secretario privado*, Emisión, Santiago de Chile, 1985.

Salazar, Gabriel, *Violencia política popular en las "Grandes alamedas"*, Sur, Santiago de Chile, 1990.

Se abren las alamedas, Producciones del Ornitorrinco, Santiago de Chile, 1992.

Timossi, Jorge, *Grandes alamedas, el combate del presidente Allende*, Editorial de Ciencias Sociales, Instituto Cubano del Libro, La Habana, 1974.

Tohá, Moy de y De Letelier, Isabel, *Allende, demócrata intransigente*, Amerinda Ed. Santiago de Chile, 1987.

Touraine, Alain, *Vida y muerte del Chile popular*, Siglo XXI, México, 1974.

Valle, Eduardo, *Allende. Cronología*, FCE, México, 1974.

Varas, Florencia y Vergara J.M., *Coup! Allende's last day*, Stein & Day, Nueva York, 1975.

Whelan, James R., *Allende, Death of a marxist dream*, Arlington House, Westport, 1981.

Witker, Alejandro, *Salvador Allende, 1908-1973*. *Prócer de la liberación nacional*, UNAM, México, 1980.

Periódicos

Chile: *Clarín*, *El Mercurio*, *La Época*, *El Siglo*.
Estados Unidos: *The New York Times*, *The Washington Post*.

Revistas chilenas

Análisis, Araucaria (publicada en el exilio), *APSI, Chile Hoy, Encuentro XXI, Ercilla, Hoy, Paula, Punto Final*.

CRÉDITOS

Créditos fotográficos

Alborta, Freddy: 58b.
Al____ia, 192b, 196a.
Archivo Douglas Hübner:
112-11_ Cortesía.
Archivo José Balmes: 184a,
219b. Cortesía.
Archivo *La Nación*: 91.
Archivo Luis Ladrón de
Guevara: 20a, 23, 47.
Cortesía
Archivo Luis Poirot: 27, 29,
33b, 3___ 7b, 38, 39, 42b, 43.
Cortesía.
Archivo Margarita Aguirre:
115. Cortesía.
Archivo Moy de Tohá:
188. Cortesía.
Archivo revista *APSI*:
19__ __, 25, 28, 31, 32,
36, 48, 59c, 62, 63b,
66-6__ __a, 90, 94b, 189.
Archivo revista *Hoy*: 227a.
Cortesía.
Archivo revista *Propuesta*:
__ __4a, 218b, 220a, 222b.
Cortesía.
Archivo revista *Punto Final*:
22b, __ 20, 178b. Cortesía.
Archivo Salvador Allende,
Concepción, Chile: 30, 42a,
44__ __7. Cortesía.
Arce, Luis: 57a, 64b,
64, __76a.
Benange, Ebe: 118. Cortesía.
Billhardt, Thomas: 65b, 68a,
68b, 69b, 69c, 72c, 77, 78,
79b, 88-89, 111a, 116-117,
11__ 121a, 132b, 135b,
1__ __ 143, 149a, 174b, 186-187.
Borowicz, Bob: 82a, 170a.
Bundesarchiv: 52a, 63a, 64a,
73, 82c, 93, 153. Cubierta
de tapa.
Burnett, David / Contact Press
Images: 203, 212a.
Bustamante, Julio: 85a, 95a,
95b, 107a, 174a, 175.
Centro de Documentación
COPESA: 17, 44a, 52b, 54,
55a, 55b, 56a, 58a, 96, 125,
126, 131b, 132a, 136a, 136b,
139, 141a, 144a, 144b, 144c,
149b, 150a, 150b, 151a, 152b,
152c, 154, 156, 157a, 157b,
170b, 172b, 173, 176b, 177a,
177b, 178a, 179a, 180, 181a,
181b, 183b, 192a, 195, 199a,
199b, 200b. Cortesía.
Comité de Solidaridad de la
República Democrática
Alemana: 110, 219a.
Depardon, Raymond /
Magnum: 121b, 131a, 133.

Derechos Reservados: 59a,
72a, 111b, 139a, 145, 193, 194,
196b, 202abcd.
Diario *Clarín* (Argentina):
208, 209.
Editorial Siglo XXI: 113.
Fundación Salvador Allende
(FSA): 33a, 37a, 40a, 40b,
41a, 41b, 50, 56b, 57b, 59b,
75, 80b, 92a, 92b, 114, 128,
158, 212b, 226a. Cortesía.
FSA/Depardon R.: 229.
FSA/La Época/Arangúa, R.:
226b.
FSA/La Época/Salinas,M.:
226c.
Gerretsen, Chas / Nederlands
Fotoarchief: 147, 184b, 185,
200a, 201, 205.
Hoppe, Alejandro: 224a,
225a, Cubierta de contratapa.
Hoppe, Alvaro: 214b, 216b,
217a, 224c, 225b.
Hughes, Helen: 223a.
Ianisewski, Jorge: 217b.
Jara, Claudio: 227b.
Ladrón de Guevara, Luis: 53,
99, 182. Cortesía.
Larrea, Antonio: 65a, 82b,
84, 106a, 106b, 107b, 108a,
108b, 108c, 108d, 108e,
109, 142a.
Larrea, M.A.: 222c.
Marinello, Juan Domingo:
120, 210a.
Montecino, Christian: 210b.
Cortesía.
Montecino, Marcelo: 211a,
211b, 214a, 215b, 216a, 221a,
228. Cortesía.
Museo Histórico Nacional
de Chile: 18, 20b, 21, 119b.
Orellana, Fernando: 223b.
Cortesía.
Paireault, J.P.: 160.
Pérez, Claudio: 215c, 222a.
Poirot, Luis: 76, 105, 137,
159b, 172a, 179b, 184c, 191,
215a, 220b.
Prensa Latina: 14-15, 45,
48a, 51, 79a, 80a, 81, 85b,
86, 87, 94a, 97, 98, 100-101,
102a, 102b, 103, 123, 127a,
127b, 129, 138a, 138b, 140,
141b, 151b, 155, 159a, 161,
163a, 163b, 164b, 165, 166a,
166b, 169, 213a, 218a,
218c, 221b.
Salas, Osvaldo: 48b.
Slachevsky, Paulo: 224b.
Studio H+S: 152a, 183a.
Cortesía.
Universidad de Chile: 7, 22a.
UPI/Corbis-Bettmann: 71b,
198, 213b.

Las citas que aparecen
acompañando a las fotografías
han sido tomadas de las
siguientes obras:

Allende Gossens, Salvador,
Obras escogidas, (presentación
Víctor Pey G., prólogo de Joan
Garcés y compilación de
Gonzalo Martner G.) ©Centro
de Estudios Políticos Latino-
americanos Simón Bolívar y
Fundación Presidente Allende,
Madrid, 1992: 32, 48, 69,
76, 83, 86, 89, 90, 96, 101,
129, 132, 134, 140, 144, 153,
161, 162, 195, 196, 199, 204.
Almeyda, Clodomiro,
Entrevista con los autores,
agosto de 1997: 50.
Chile 1971: habla Fidel Castro,
©Editorial Universitaria,
Santiago de Chile, 1971: 102.
Debray, Régis, *Conversación
con Allende*, ©Siglo XXI,
Bs. As., 1973: 24.
Dorfman, Ariel y Mattelart,
Armand, *Para leer al pato
Donald. Comunicación de masa
y colonialismo*, ©Siglo XXI
Argentina, Bs. As., 1973: 113.
Drake, Paul, *Socialismo y
populismo. Chile 1936-1973*,
Univ. Católica de Valparaíso,
Santiago de Chile, 1992: 30.
Fundación Salvador Allende,
Centro de Documentación: 59.
Fundación Víctor Jara, *Víctor
Jara. Obra musical completa*,
©Ocho libros, Santiago de
Chile, 1997: 124, 142.
Garcés, Joan. E., *Allende y la
experiencia chilena. Las armas
de la política*, ©Ediciones Bat,
Santiago de Chile, 1991: 70,
72, 187, 188.
González Pino, Miguel y
Fontaine, Talavera (comps.),
*Los mil días de la Unidad
Popular*, ©CEP, Santiago de
Chile, 1997: 148, 156, 158.
Guzmán, Patricio, *La batalla
de Chile*, ©Ayuso, Madrid,
1977: 120, 171, 175, 179, 184.
Huidobro, Ramón, *Entrevista con
los autores*, octubre de 1997: 34.
Jorquera, Carlos, *El Chicho
Allende*, ©Ediciones Bat,
Santiago de Chile, 1990: 28,
42, 98.
Labarca Goddard, Eduardo,
*Chile al rojo. Reportaje a una
revolución que nace*, ©Univ.
Técnica del Estado, Santiago
de Chile, 1971: 55, 60, 119.

Lafourcade, Enrique, *Cuando
los políticos eran inteligentes*,
©Planeta Chilena, 1996: 26.
Lafourcade, Enrique, *Salvador
Allende*, ©Grijalbo, Barcelona,
1973: 16, 122, 137.
Neruda, Pablo, *Navegaciones
y regresos, Vol. 4 de Odas
elementales*, ©Losada, Bs. As.
1984: 114.
Neruda, Pablo, *Confieso que
he vivido*, ©Seix Barral,
Barcelona, 1974: 62, 74.
Neruda, Pablo, *Incitación
al nixonicidio y alabanza de la
Revolución Chilena*, ©Ed.
Nacional Quimantú, Santiago
de Chile, 1973: 117.
Parra, Isabel, *Obra mayor de
Violeta Parra*, ©Meridión,
Madrid, 1985: 106.
Politzer, Patricia, *Altamirano*,
©Grupo Editorial Zeta,
Santiago de Chile, 1990: 181.
Prats, Carlos, *Memorias.
Testimonio de un soldado*,
©Pehuén, Santiago de Chile,
1996: 73, 173, 177.
Programa Básico de Gobierno
de la Unidad Popular, s./f.: 78.
Puccio, Osvaldo, *Un cuarto
de siglo con Allende: recuerdos
de su secretario privado, Osvaldo
Puccio*, ©Emisión, Santiago
de Chile, 1985: 48, 67, 110.
Rodríguez Musso, Osvaldo,
*La nueva canción chilena.
Continuidad y reflejo*, ©Casa
de las Américas, La Habana,
1988: 22, 126.
Studio H+S, *Operación silencio.
Chile Nach Salvador Allende*,
©Verlag der Nation, Berlín,
1974: 201.
Touraine, Alain, *Vida y muerte
del Chile Popular*, ©Siglo XXI,
México, 1974: 168.

Periódicos
La Época: "Documentos de
La Época, 11 de septiembre de
1973": 190 y 193 (11/9/1993).

Revistas
*APSI. Salvador Allende.
Campañas presidenciales
1952, 1958, 1964, 1970*: 39,
44, 53.
Chile Hoy : 81, 104 (Nro. 32),
83 (Nro. 3), 109 (Nro. 36), 112,
182 (Nro. 39), 146 (Nro. 38),
154 (Nro. 24), 167 (Nro. 28)
Punto Final: 46 (Nro. 67),
130 (Nro.121).
Paula: 19 56, 84 (Nro. 75).

Esta edición se terminó de imprimir en
VERLAP S.A. Comandante Spurr 653
Avellaneda - Prov. de Buenos Aires, Argentina,
en el mes de julio de 1998